"十三五"普通高等教育应用型规划教材

国际贸易系列

跨境电子商务

主　编　赵慧娥　岳　文

副主编　李晓波　张　波　成　丽　高连廷　梅　开

中国人民大学出版社

· 北京 ·

图书在版编目（CIP）数据

跨境电子商务/赵慧娥，岳文主编. —北京：中国人民大学出版社，2020.4
“十三五”普通高等教育应用型规划教材·国际贸易系列
ISBN 978-7-300-28060-8

Ⅰ.①跨… Ⅱ.①赵… ②岳… Ⅲ.①电子商务-高等学校-教材 Ⅳ.①F713.36

中国版本图书馆 CIP 数据核字（2020）第 067938 号

“十三五”普通高等教育应用型规划教材·国际贸易系列
跨境电子商务
主编 赵慧娥 岳 文
Kuajing Dianzi Shangwu

出版发行	中国人民大学出版社		
社 址	北京中关村大街 31 号	邮政编码	100080
电 话	010－62511242（总编室）		010－62511770（质管部）
	010－82501766（邮购部）		010－62514148（门市部）
	010－62515195（发行公司）		010－62515275（盗版举报）
网 址	http://www.crup.com.cn		
经 销	新华书店		
印 刷	北京密兴印刷有限公司		
规 格	185 mm×260 mm 16 开本	版 次	2020 年 4 月第 1 版
印 张	11	印 次	2020 年 4 月第 1 次印刷
字 数	255 000	定 价	35.00 元

出版说明

应用型本科教育对于满足中国经济社会发展对高层次应用型人才的需要以及推进中国高等教育大众化进程起到了积极的促进作用。人们已经越来越清醒地认识到，实践教学是培养学生实践能力和创新能力的重要环节，也是提高学生的职业素养和就业竞争力的重要途径。许多非研究型院校师生反映，市场上现有的国际贸易教材大多重理论轻实践，难以满足应用型本科院校的人才培养需要。根据这些院校的特点和培养目标，他们认为在教材内容上不仅要包含本领域的基本理论问题，让学生对于基本概念、基本原理有完整的掌握，同时还要包含本领域的实践问题，让学生掌握一定的实务操作方法，以应对未来工作的挑战。本着这一要求，中国人民大学出版社组织浙江大学、西北大学、安徽大学、西安翻译学院、北京第二外国语大学、天津财经大学、广东外语外贸大学、大连海事大学、广东海洋大学、沈阳师范大学等高校的一线教师和专家、学者，设计推出了这套"'十三五'普通高等教育应用型规划教材·国际贸易系列"。本系列教材突出了以下几点：

第一，教材内容深入浅出、详略得当、结构合理、难度适中，数据翔实可靠，引用案例新颖，力求体现当前国际贸易领域的最新发展。

第二，根据应用型本科的人才培养目标，教材强化了各项业务的操作规程和实践做法，通过对案例的分析和点评让学生对实务操作有一个真切的体验。

第三，压缩了教材的篇幅，学生可以通过网络获取学习资料、练习题等相关内容，从而减轻了学生的负担。

我国应用型本科教育理念还未完全确立，对应用型本科的教育思路、教学规律、专业建设、教学方法、人才培养模式等关键问题尚未透彻理解和深刻把握，对建设应用型本科院校及专业的路径和方法还处于摸索当中，因此在本系列教材的编写方面，出版社并没有提出过于严格的要求，只是在教材的定位、篇幅、编写体例上提出了一些原则性的建议，具体的编写工作则实行主编负责制，由作者全权处理各教材的编写工作，并对各自编写的内容负责。

本系列教材的出版凝结了所有参编教师、专家和学者的辛劳与智慧，凝结了他们对应用型本科人才培养的探索和追求，在此一并表示感谢！

真诚地期待广大教师、学生和其他读者的批评及意见。

中国人民大学出版社

序　言

2008年，国际金融危机引发了全球经济危机，导致国际市场需求持续严重低迷，许多发达国家贸易保护主义开始抬头，国际贸易中传统的大额集装箱外贸交易模式面临极大的挑战，我国不少外贸企业经营困难甚至倒闭。在这种情况下，一些外贸企业为了降低成本、开拓国际市场，开始建立电子商务网站，小额的B2B、B2C、M2C、C2C等外贸交易规模不断上升，跨境小额外贸电子商务业务开始蓬勃发展。当前，随着互联网和信息技术的快速发展以及经济全球一体化的不断加速，跨境电子商务（cross-border e-commerce）已成为时代新潮流。可以认为，全球的跨境电子商务正在重塑国际贸易的格局，包括生产模式、消费模式、流通模式以及全球的产业链、价值链和供应链的各个环节。在我国对外贸易增速放缓的背景下，跨境电子商务正在各地扮演着驱动外贸增长新动力的角色，试点城市之间的竞争日趋激烈。

跨境电子商务作为推动经济一体化、贸易全球化的技术基础，具有非常重要的战略意义。跨境电子商务不仅冲破了国家间的障碍，使国际贸易走向无国界贸易，同时它也正在引起世界经济贸易的巨大变革。对企业来说，跨境电子商务构建的开放、多维、立体的多边经贸合作模式，极大地拓宽了进入国际市场的路径，大大促进了多边资源的优化配置与企业间的互利共赢；对于消费者来说，跨境电子商务使他们非常容易地获取其他国家的信息并买到物美价廉的商品。

为了适应新形势的需要，我们编写了本教材，希望能为我国跨境电子商务人才的培养尽微薄之力。本书具有如下特点：

第一，时效性强。本书力求体现当今跨境电子商务的理论和实践的最新变化，书中引用了该领域的最新研究成果和数据资料，使读者能够了解到跨境电子商务的最新动态，做到所学与所用无缝对接。

第二，实用性强。本书内容深入浅出，详略得当，结构合理，难度适中，引用的案例新颖，可操作性强。本书既可作为应用型本科院校和高职高专院校跨境电子商务、国际贸易等相关专业的教材或教学参考用书，同时，对从事跨境电商业务的企业运营人员、管理人员以及营销人员等也具有实战指导作用。

第三，系统性强。本书以培养复合型人才为宗旨，从跨境电子商务业务的角度出发，深入贯彻产、学、研一体化的教育理念，结合相关企业实践经验，系统地分析和讨论跨境电子商务业务中所涉及的主要问题。

根据跨境电子商务业务的特点，本书共分为九章，主要包括跨境电子商务概述、跨境电子商务营销、跨境电子商务交易、跨境电子商务贸易术语、跨境电子商务物流、跨境电子商务保险、跨境电子商务通关和商检、跨境电子商务支付、跨境电子商务法律法规等方面的内容。

本书的写作大纲由赵慧娥、岳文提出，并由赵慧娥、岳文进行最后的统稿和审定。本书由赵慧娥、岳文担任主编，李晓波、张波、成丽、高连廷、梅开担任副主编。编写人员的具体分工如下：

第一章：梅开（沈阳农业大学）、赵慧娥（沈阳师范大学）；

第二章：李晓波（沈阳农业大学）、赵慧娥（沈阳师范大学）；

第三章：李晓波（沈阳农业大学）；

第四章：岳文（沈阳师范大学）、赵慧娥（沈阳师范大学）；

第五章：岳文（沈阳师范大学）；

第六章：成丽（沈阳航空航天大学）；

第七章：张波（沈阳航空航天大学）；

第八章：岳文（沈阳师范大学）、赵慧娥（沈阳师范大学）；

第九章：高连廷（沈阳航空航天大学）。

本书是在借鉴国内外众多专家学者和跨境电子商务业务人员研究成果的基础上写成的，编者在此向对本书的出版作出贡献的各界人士表示衷心感谢！

同时，由于知识水平的限制，再加上时间仓促，本书还存在着不足乃至疏漏之处，全体编写者恳请读者批评指正。

目　录

第一章

跨境电子商务概述

第一节　跨境电子商务概念和流程

近年来，随着人们购买力的逐渐增强、互联网普及率的快速提升，特别是移动互联网的迅速发展、第三方支付软件的进一步成熟、物流等配套设施的完善，网络购物已经成为一种重要的消费模式，完全改变了人们的消费习惯和生活方式。

随着经济全球化的推进，人们借由互联网与世界范围内的企业和商品建立联系、产生交易成为人们满足不断迭代的需求升级的重要工具，因此，通过搭建一个自由、开放、通用、惠普的全球贸易跨境电子商务（简称"跨境电商"）平台实现全世界的商品和贸易的连接具有广阔的前景，未来随着跨境电商不断取代传统贸易市场，跨境电商有望成为全球贸易的重要组成部分。

据阿里研究院预测，到 2020 年，中国跨境电商交易额会占到外贸总额的接近 40%，跨境电商将会是我国经济增长的新动力、新业态，也是改革开放的新窗口，还是我国实现供给侧改革的重要出口，更是我国实现"一带一路"倡议的重要抓手。

一、跨境电子商务的概念

跨境电商是指分属于不同国家的交易主体，通过电子商务手段将传统进出口贸易中的展示、洽谈和成交环节电子化，并通过跨境物流及异地仓储送达商品、完成交易的一种国际商业活动。

按照交易的类型来看，我国跨境电商主要分为跨境零售和跨境 B2B（Business-to-Business）贸易两种模式。跨境零售是跨境电商的重要部分，据商务部和海关的最新数据显示，2018 年我国跨境电商零售进出口总额达到 1 347 亿元，同比增长 50%，跨境零售是成长十分迅速的贸易模式。跨境零售包括 B2C（Business-to-Consumer）和 C2C（Consumer-to-Consumer）两种模式，这两种模式主要是面对最终消费者。

跨境 B2C 电子商务是指分属不同关境的企业直接面向消费者个人在线销售产品和服务，通过电商平台达成交易、进行支付结算，并通过跨境物流送达商品、完成交易的一种国际商业活动。在 B2C 模式下，我国企业直接面对国外消费者，以销售个人消费品为主，物流方面主要采用邮政物流、商业快递、专业及海外仓储等方式，其报关主体是邮政或快递公司，目前大多还未纳入海关统计。

跨境 C2C 电子商务是指分属不同关境的个人卖方对个人买方在线销售产品和服务，由个人卖家通过第三方电商平台发布产品和服务售卖信息、价格等内容，个人买方进行筛选，最终通过电商平台达成交易、进行支付结算，并通过跨境物流送达商品、完成交易的一种国际商业活动。

另一种重要的跨境电商模式是跨境 B2B 贸易。跨境 B2B 贸易是指分属不同关境的企业对企业，通过电商平台达成交易、进行支付结算，并通过跨境物流送达商品、完成交易的一种国际商业活动，现已纳入海关一般贸易统计。

二、跨境电子商务的流程

从跨境电商出口流程看，生产商或制造商将生产的商品在跨境电商企业平台线上展示，在商品被选购、下单并完成支付后，跨境电商企业将商品交付给物流企业进行投递，经过两次（出口国和进口国）海关通关商检后，最终送达消费者或企业手中，也有的跨境电商企业直接与第三方综合服务平台合作，让第三方综合服务平台代办物流、通关、商检等一系列环节，从而完成整个跨境电商交易的过程。图 1－1 描述了未考虑第三方综合服务平台的跨境电子商务的流程。

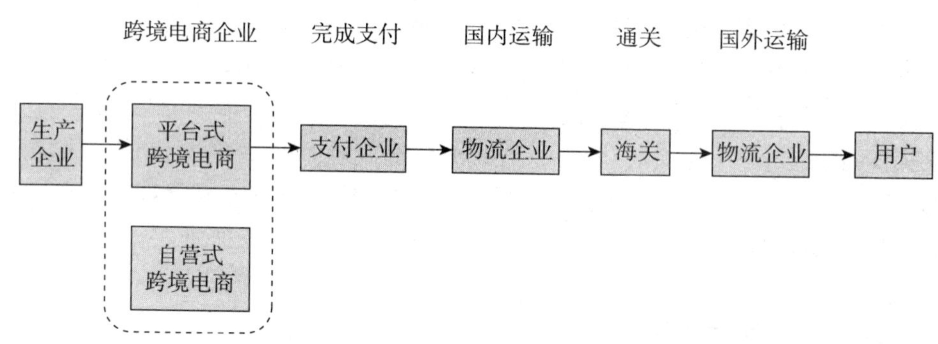

图 1－1　跨境电子商务的流程

第二节　跨境电子商务与传统国际贸易

一、跨境电子商务对于行业价值链的改造

与传统贸易模式相比，跨境电商模式对于贸易行业价值链的改造是十分巨大的，主要是缩短了行业价值链的长度，进而对消费者和生产商产生双重利好，最终导致跨境电商产品的价格更低、利润更高、实时性更强、消费体验更好。

接下来，以生产企业—国外消费者为起点和终点，对比传统贸易模式和跨境电商模式在行业价值链上所表现出来的不同。大多数传统贸易存在众多中间环节，通常需要跨越至少 5 个中间环节（国内生产商、国内贸易商、目的国进口商、目的国分销商、目的国零售商），产品才能到达最后消费者手里，每一个环节都有相应的企业来承担和运作（见图 1-2），因此，其行业价值链的环节多，导致层层加价，生产商的利润被分割出去，消费者承担高价格。而跨境电商跳过传统外贸冗长的流通环节，直面终端买家，极大地降低了商品出口的成本，因而商品价格优势更为明显，且企业利润更高。对于消费者来说，产品时效性、性价比、消费体验更高。

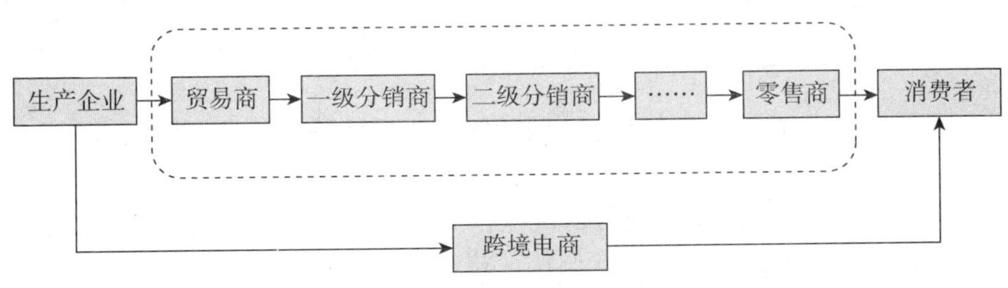

图 1-2　跨境电子商务的流程

二、跨境电子商务与传统国际贸易模式对比

跨境电子商务虽然极大地缩短了行业价值链的长度，给企业和消费者带来双重好处，但是，行业价值链长度的缩短仅仅是减少了行业价值链中的参与者数量，并不会导致商品在跨国流动中交易程序的减少，又因为跨境电商和传统贸易在贸易规模、对象和属性上存在差异，所以跨境电子商务与传统国际贸易模式相比，在通关、结汇和退税障碍、贸易争端处理等方面存在较大差异，表 1-1 对两者进行了对比。

表 1-1　跨境电子商务与传统国际贸易模式对比

差异的来源	传统国际贸易	跨境电子商务
交易主体交流方式	面对面，直接接触	通过互联网平台，间接接触
运作模式	基于商务合同的运作模式	须借助互联网电子商务平台
订单类型	大批量、少批次、订单集中、周期长	小批量、多批次、订单分散、周期相对较短
价格和利润率	价格高、利润率相对低	价格实惠、利润率高
产品类目	产品类目少、更新速度慢	产品类目多、更新速度快
规模和速度	市场规模大但受地域限制，增长速度相对缓慢	面向全球市场，规模大，增长速度快
交易环节	复杂（生产商—贸易商—进口商—分销商—零售商—消费者），涉及中间商众多	简单（生产商—跨境电商—消费者），涉及中间商较少

续表

差异的来源	传统国际贸易	跨境电子商务
支付	正常贸易支付	须借助第三方支付
运输	多通过空运、集装箱海运完成，物流因素对交易主体影响不明显	通常借助第三方物流企业，一般以航空小包的形式完成，物流因素对交易主体影响明显
通关和结汇	按传统国际贸易程序，可以享受正常通关、结汇和退税政策	通关缓慢或有一定限制，无法享受退税和结汇政策（个别城市已尝试解决）
争端处理	健全的争端处理机制	争端处理不畅，效率低

归纳来看，跨境电子商务呈现出传统国际贸易所不具备的5大新特征：多边化、小批量、高频度、透明化、数字化。

（1）“多边化”是指与跨境电商贸易过程相关的信息流、商流、物流、资金流已由传统的双边逐步向多边方向演进，呈网状结构。跨境电商可以通过A国的交易平台、B国的支付结算平台、C国的物流平台，实现与其他国家间的直接贸易。而传统的国际贸易主要表现为两国之间的双边贸易，即使有多边贸易，也是通过多个双边贸易实现的，呈线状结构。

（2）“小批量”是指跨境电商相对于传统贸易而言，单笔订单大多是小批量，甚至是消费者订单。这是由于跨境电商实现了单个企业之间或单个企业与单个顾客之间的交易。跨境电子商务比传统贸易方式下产品类目多、更新速度快，具有海量商品信息库、个性化广告推送、支付方式简便多样等优势，并且由于掌握更多的顾客数据，跨境电子商务企业能设计和生产出差异化、定制化的产品，更好地为顾客提供服务。

（3）“高频度”是指跨境电商实现了单个企业或消费者能够即时按需采购、销售或消费。在传统国际贸易模式下，信息流、资金流和物流是分离的，而跨境电子商务可以将信息流、资金流和物流集合在一个平台上完成，而且可以同时进行，因此相对于传统贸易而言，跨境电商交易双方的交易频率大幅度提高。

（4）“透明化”是指跨境电商不仅可以通过电子商务交易与服务平台，实现多国企业之间、企业与最终消费者之间的直接交易，而且在跨境电子商务模式下，供求双方的贸易活动可以采用标准化、电子化的合同、提单、发票和凭证，使得各种相关单证在网上即可实现瞬间传递，提高贸易信息的透明度，降低信息不对称造成的贸易风险。特别是在跨境电商模式下，传统贸易中一些重要的中间角色被弱化甚至替代了，国际贸易供应链更加扁平化，形成了制造商和消费者的“双赢”局面。跨境电子商务通过电子商务平台大大降低了国际贸易的门槛，使得贸易主体更加多样化，大大丰富了国际贸易的主体阵营。

（5）“数字化”有两层含义，一是越来越多的传统跨境贸易借助于电子化平台开展，传统的贸易环节相关信息也更好地以无纸化的方式呈现；二是随着信息网络技术的深化应用，数字化产品（软件、影视作品、游戏等）的品类和贸易量快速增长，且通过跨境电商进行销售或消费的趋势更加明显。与之相比，传统的国际贸易主要存在于实物产品或服务中。

第三节　跨境电子商务的商业模式

一、以交易主体类型分类

1. B2B跨境电商或平台

在传统贸易中，企业与企业之间的贸易是贸易的主体，即使处于电子商务在贸易领域的作用越来越大的今天，B2B跨境电商仍然占跨境电商的最大份额。B2B跨境电商或平台所面对的最终客户为企业或集团客户，提供企业、产品、服务等相关信息。目前，在中国跨境电商市场交易规模中，B2B跨境电商市场交易规模占总交易规模的90%以上。在跨境电商市场中，企业级市场始终处于主导地位。在B2B跨境电商模式下，我国很多企业进行了很好的尝试和运作，代表企业有敦煌网、中国制造网、阿里巴巴国际站、环球资源网等。

2. B2C跨境电商或平台

近年来，随着面向消费者的电商平台的快速崛起，电子商务也越来越为普通消费者所熟悉和习惯，在跨境电商领域，B2C跨境电商的发展也十分迅速。B2C跨境电商面对的最终客户为个人消费者，它针对最终客户，以网上零售的方式将产品售卖给个人消费者。其商品流动的方向不同，有些B2C跨境电商是将国外商品介绍给我国消费者，有些B2C跨境电商是将我国的商品推向国外消费者。在B2C跨境电商模式下，世界范围内比较著名的代表企业有速卖通、亚马逊（Amazon）、DX、兰亭集势、米兰网、大龙网等。

3. C2C跨境电商或平台

在电子商务中，C2C是现实生活中存在的最为活跃的一种电子商务模式，国内最大的C2C电商平台是阿里巴巴集团的淘宝网，C2C跨境电商所面对的最终客户为个人消费者，商家也是个人卖家。由个人卖家发布售卖的产品和服务的信息、价格等内容，个人买家进行筛选，最终通过电商平台达成交易、进行支付结算，并通过跨境物流送达商品、完成交易。在C2C跨境电商中，比较具有代表性的企业有eBay、速卖通等。

二、以服务类型分类

1. 信息服务平台

信息服务平台主要是为境内外会员商户提供网络营销平台，传递供应商或采购商等商家的商品或服务信息，促使双方完成交易。代表企业有阿里巴巴国际站、环球资源网、中国制造网等。

2. 在线交易平台

在线交易平台不仅提供企业、产品、服务等多方面信息展示，并且可以通过平台线上完成搜索、咨询、对比、下单、支付、物流、评价等全购物链环节。在线交易平台模式正逐渐成为跨境电商中的主流模式。代表企业有敦煌网、速卖通、DX、炽昂科技（FocalPrice）、米兰网、大龙网等。

三、以平台运营方分类

1. 第三方平台

第三方平台通过线上搭建商城，并整合物流、支付、运营等服务资源，吸引商家入驻，为其提供跨境电商交易服务。同时，平台以收取商家佣金以及增值服务佣金作为主要盈利模式。从世界范围来看，最著名的第三方平台运营企业为美国的 eBay 公司，在我国也有很多成功的第三方平台运营企业，代表企业有速卖通、敦煌网、环球资源网、阿里巴巴国际站等。

2. 自营型平台

自营型平台通过在线上搭建平台，并整合供应商资源，通过较低的进价采购商品，然后以较高的售价出售商品，自营型平台主要以赚取商品差价作为盈利模式。从世界范围来看，最著名的自营型平台运营企业为美国的亚马逊公司，在我国也有很多成功的自营型平台运营企业，代表企业有兰亭集势、米兰网、大龙网、炽昂科技等。

3. 外贸电商代运营服务商

外贸电商代运营服务商模式是服务提供商不直接或间接参与任何电子商务的买卖过程，而是为从事外贸电商的中小企业提供不同的服务模块，如“市场研究模块”“营销商务平台建设模块”“海外营销解决方案模块”等。这些企业以电子商务服务商身份帮助外贸企业建设独立的电子商务网站平台，并能提供全方位的电子商务解决方案，使其直接把商品销售给国外零售商或消费者。服务提供商能够提供一站式电子商务解决方案，并能帮助外贸企业建立定制的个性化电子商务平台，盈利模式是赚取企业支付的服务费用。代表企业有四海商舟（BizArk）、锐意企创等。

四、以跨境电商的经营模式分类

从经营模式来看，跨境电商主要分为平台型、自营型与混合型（平台＋自营）（见表1－2）。

表1－2　跨境电商经营模式及分类情况

经营模式	平台型	自营型	混合型
跨境 B2B（出口）	阿里巴巴国际站、中国制造网、环球资源网、敦煌网	—	—
跨境 B2B（进口）	1688.com、海带网	—	—
跨境电商零售（出口）	全球速卖通、eBay 中国、Wish	DealeXtreme、米兰网	—
跨境电商零售（进口）	淘宝全球购、Amazon、洋码头	考拉海购、聚美优品	天猫国际、京东全球购

第四节　跨境电子商务的职业素养

一、语言

对于跨境电商来说，进行交易的双方或者多方往往是跨越国界的，在语言、文化、习惯等方面存在巨大差异，而语言是保障跨境电商成功的基础和前提。对于语言（主要是英语）在跨境电商中的重要性，众说纷纭，但有一点是肯定的，良好的外语是做好跨境电商的必要条件。英语是当今世界在贸易领域或者其他国际事务领域的通用语言，世界上绝大多数的文明都靠英文记载，世界上绝大多数的商业交易是靠英语来实现的。因此，良好的英语能力是从事跨境电商的企业和人才的必要素质。

二、贸易实务

跨境电商其实是在解决贸易的问题，只是电子商务在贸易领域的一个扩展和应用，因此，了解贸易流程、贸易政策等一系列贸易实务对于跨境电商来说是非常重要的。一个跨境电商从业者应懂得外贸流程与操作、掌握国际贸易的术语应用、了解信用证和通关业务、熟悉国际物流的运行周期、了解通关周期和关税情况等。

三、法律法规

跨境电商的参与主体往往处于不同的国家和法律环境，对于跨境电商来说，对其影响最大的是各国法律法规的规范和约束，这既是跨境电商成功达成交易的前提，也是决定跨境电商健康发展的保障，因此，熟悉本国、交易国法律法规以及与跨境电商重点关注行业相关的法律法规的变化是跨境电商企业的重点工作，也是跨境电商从业者的重要素养之一。

由于电子商务的发展，全球贸易规则正在发生巨大的变化，需要跨境电商从业人员能及时了解国际贸易体系、政策、规则、关税细则等方面的变化，在政策和法规的变化中找寻更有价值的行业和产品，同时，对进出口形势也要有更深入的了解和分析能力，避免在跨境电商贸易中出现侵权行为。例如，我国出台的关于跨境电商的政策可见表 1-3。

表 1-3　我国出台的关于跨境电商的政策

发布者	发布日期	政策
海关总署	2014 年 7 月 30 日	《关于增列海关监管方式代码的公告》
海关总署	2014 年 7 月 23 日	《关于跨境贸易电子商务进出境货物、物品有关监管事宜的公告》
财政部、海关总署、税务总局	2018 年 11 月 29 日	《关于完善跨境电子商务零售进口税收政策的通知》

四、人文软环境

在跨境电子商务中，要保障交易的达成、企业或者平台的健康发展，对于销售国的文化、习惯、风俗等人文软环境的把握至关重要。即使是巨无霸式的企业也会面临这个难题，过去如微软的MSN、亚马逊等优秀企业在中国开展业务的时候由于对中国人的文化和消费习惯不熟悉，所以遇到了经营上的难题和困境。

跨境电商需要对国际化流量引入、国际营销、国外当地品牌知识等有更深入的了解，需要对海外贸易、互联网、分销体系、消费者行为有很深的理解，更需要对拓展市场所在的国家和地区的风俗人情、购物习惯有足够的了解和把握。

五、行业知识

对于跨境电商的运营企业来说，核心的问题是实现商品的跨国流动，电子商务只是实现交易、精简流程的一个工具，促成交易达成的前提是商品在各国间的价格差异，因此，对于行业背景的研究是跨境电商企业选择产品以及在销售推广地区和国家能够成功的重要前提。

除了产品的竞争，在跨境电商的运作中也会存在跨境电商平台同其他电商平台的竞争问题，对于跨境电商经营所在的国家和地区现存的电子商务行业竞争格局的研究也是跨境电商成功的关键，对于竞争对手、现有市场需求的满足程度、未满足的市场需求等重点的研究将会是跨境电商成功的关键。

六、营销素养

在互联网上，信息的传播是爆炸式的、指数级的，互联网完全改变了信息传递的方式和速度，电子商务的核心就是在互联网上快速传播产品和品牌信息并达成交易，因此，营销或者国际营销是跨境电商企业必须要懂得的电子商务方法和技巧。

通过阿里巴巴国际站以及其他互联网流量入口推广产品信息，利用搜索引擎、社交网站等推广产品和品牌，利用自有的品牌互动窗口宣传企业品牌、产品，利用移动新媒体设计互联网营销广告不断推广企业品牌，都将考验跨境电商企业的国际营销能力，因此，国际营销能力是跨境电商企业、跨境电商从业人员必需的知识和素养。

案例

全球速卖通

全球速卖通（AliExpress）正式上线于2010年4月，是阿里巴巴旗下唯一面向全球市场打造的在线交易平台，被广大卖家称为“国际版淘宝”。全球速卖通面向海外买家，通过支付宝国际账户进行担保交易，并使用国际快递发货，是全球第三大英文在线购物网站。

全球速卖通是阿里巴巴帮助中小企业接触终端批发零售商，小批量多批次快速销售，拓展利润空间而全力打造的融合订单、支付、物流于一体的外贸在线交易平台。

一、发展现状

全球速卖通已经覆盖230多个国家和地区的买家；主要交易市场为俄罗斯、美国、西班牙、巴西、法国等。覆盖服装服饰、3C、家居、饰品等共30个一级行业类目；流量瞩目，支持世界18种语言站点，海外成交买家数量突破1.5亿；AliExpress App海外装机量超过6亿，入围全球应用榜单TOP 10；交易额年增长速度持续超过400%；全球网站Alexa排名第131位，并在快速提升中。

2019年3月，阿里巴巴旗下跨境电商零售平台全球速卖通在俄罗斯推出在线售车服务。俄罗斯消费者可以直接在速卖通上一键下单，支付预付款，到指定线下门店支付尾款即可提车。

二、行业分布

全球速卖通覆盖3C、服装、家居、饰品等共30个一级行业类目；其中优势行业主要有服装服饰、手机通信、鞋包、美容健康、珠宝手表、消费电子、电脑网络、家居、汽车摩托车配件、灯具等。

三、适销产品

要有适宜通过网络销售并且适合通过航空快递运输的商品。这些商品基本符合下面的条件：

a. 体积较小，主要是方便以快递方式运输，降低国际物流成本。

b. 附加值较高，价值低于运费的单件商品不适合单件销售，可以打包出售，降低物流成本占比。

c. 具备独特性，在线交易业绩佳的商品需要独具特色，才能不断刺激买家的购买。

d. 价格较合理，在线交易价格若高于产品在当地的市场价，就无法吸引买家在线下单。

根据以上条件，适宜在全球速卖通销售的商品主要包括服装服饰、美容健康、珠宝手表、灯具、消费电子、电脑网络、手机通信、家居、汽车摩托车配件、首饰、工艺品、体育与户外用品等等。

四、禁限售商品

很多淘宝上允许销售的商品，在速卖通上会被禁止销售，比如减肥药。所以卖家在开店前需要做好充分的了解。

（一）禁售的商品

比如：毒品及相关用品，医药相关商品，枪支、军火及爆炸物，管制武器，警察用品，间谍产品，医疗器械，美容仪器及保健用品，酒类及烟草产品等等。

（二）限售的商品

限售商品，指发布商品前需取得商品销售的前置审批、凭证经营或授权经营等许可证明，否则不允许发布。若已取得相关合法的许可证明的，请先提供给全球速卖通平台。

（三）侵权的商品

在全球速卖通平台，严禁用户未经授权发布、销售涉及第三方知识产权的商品，包括但不局限于三大类：

（1）商标侵权：未经商标权人的许可，在商标权核定的同一或类似的商品上使用与核准注册的商标相同或相近的商标的行为，以及其他法律规定的损害商标权人合法权益的行为。

（2）著作权侵权：未经著作权人同意，又无法律上的依据，使用他人作品或行使著作权人专有权的行为，以及其他法律规定的损害著作权人合法权益的行为。

（3）专利侵权：未经专利权人许可，以生产经营为目的，实施了依法受保护的有效专利的违法行为。

五、跨国快递

在全球速卖通上有三类物流服务，分别是邮政大小包、速卖通合作物流以及商业快递。其中90%的交易使用的是邮政大小包。

中国邮政大小包、香港邮政大包的特点是费用便宜（如：一斤货物发往俄罗斯，费用只需要四五十元人民币），但邮政大小包时效相对较慢，且存在一定的丢包率，建议在与买家做好服务沟通的前提下使用。

合作物流的特点是经济实惠、性价比高、适应国际在线零售交易，由全球速卖通分别与浙江邮政、中国邮政合作推出。

四大商业快递特点是速度快、服务高、专业、高效，但快递价格相对比较高。适用于货值比较高、买家要求比较高的宝贝或交易。

卖家发货时，可以根据不同的物流服务，选择在速卖通上线上发货，也可以联系各主要城市的货代公司上门收件发货。

六、商品价格、物流价格核算

一般情况下，建议在淘宝原价的基础上增加20%～50%的利润，不过不同品类价格不同，建议同时参考平台同类产品的售价。

通过物流价格查询器或咨询本地货代拿到物流价格，可以以 free shipping（包邮）的形式，将物流价格包含在售价里，也可以单独列出物流价格。

七、语言翻译

英文其实没有大家想象的那么复杂。有基本的英语阅读能力，再借助翻译工具，发布商品和询盘的处理都很简单。速卖通在流程的关键环节上提供翻译支持。

商品整体搬家：可以借助“淘代销”工具将淘宝的商品信息翻译成英文。

部分文案修改：如部分标题、部分服务描述等，可以借助翻译工具，将中文翻译成英文，再进行编辑。

八、交流沟通

与淘宝不同的是：速卖通平台上超过7成的买家直接下单，因此注意商品信息的细节、配套服务的描述有助于提升买家下单转化率。

部分买家会通过邮件和站内信跟卖家进行沟通，因此，请留意您的邮箱和站内信。可以通过翻译工具将买家的询盘翻译成中文阅读，再将写好的回复通过工具翻译成英文后，进行回复。

九、淘代销

淘代销是一个工具，帮助将淘宝宝贝信息自动翻译成英文，发布到海外。用起来很简单，只需要输入掌柜昵称、宝贝链接或者一个宝贝名称的搜索结果页面的链接，淘代销就自动完成翻译，接下来只需要补全一些基本信息就可以发布了。

不过也需要注意，部分商品是不能销售的，比如侵权、限制销售的品类，具体哪些类目不能销售，可以在速卖通卖家频道的“速卖通规则”中看到。

十、速卖通入驻

入驻速卖通以及后续发布商品、开店都是收取年费的，且交易成功之后收取交易额5%的手续费。

普通个人开速卖通店铺其实就跟开淘宝店铺一样，在线免费注册，然后进行身份认证，通过后发布10个商品即可开通店铺了。

针对淘宝卖家，速卖通有更方便的流程。淘宝卖家点击淘宝后台导航的“卖往海外”，进入特定流程，可以借助“淘代销”工具将店铺的宝贝信息自动翻译成英文并快速批量发布到速卖通。

十一、付款和收款

平台主要支持买家通过信用卡（分人民币通道和美元通道）、WebMoney（简称WM）、TT汇款、西联汇款、Qiwi wallet这几种方式收付款。

卖家通过支付宝国际账户进行收款，支付宝国际账户是支付宝为跨境交易的国内卖家建立的资金账户管理平台。支付宝国际账户仅针对阿里巴巴国际站会员开放，如果您是AliExpress（速卖通）用户，您将自动拥有一个支付宝国际账户。

关键术语

跨境电子商务的商业模式　跨境电子商务的职业素养　价值链

复习思考题

1. 跨境电子商务与传统的国际贸易模式有哪些不同？
2. 请结合一种具体商品或者服务，思考跨境电商对于行业价值链的改造是怎样的？
3. 请登录几个跨境电商平台，并考查这些平台的商业模式、运作流程等内容。

第二章 跨境电子商务营销

第一节 跨境电子商务市场调研

一、国际市场调研的内容

国际市场调研是指运用科学的方法，有目的有系统地搜集一切与国际市场活动有关的信息，并对所收集到的信息进行整理和分析，从而为营销决策提供可靠的科学依据。从广义上讲，国际市场调研的内容包括任何与跨境电子商务有关的、直接或间接的信息，远至天文地理、社会人文，近至企业内部的各类管理材料。从狭义上来看，国际市场调研内容是指商业情报，或简称商情、行情，是指那些反映国际市场发展变化规律、直接影响企业从事跨境电子商务的信息。随着国际市场竞争日趋激烈，跨境电子商务市场调研的地位在不断提高，作用也越来越明显。

国际市场调研的内容主要包括目标市场环境调研、目标市场总量调研和目标市场要素调研等。

（一）目标市场环境调研

跨境电子商务市场调研中的市场环境主要是指影响企业在目标市场经营活动的宏观因素，主要包括国际市场上各个潜在目标市场政治、经济、文化、技术环境的具体情况。

1. 政治环境

随着世界经济的发展，政治因素在各国的贸易政策中占据越来越重要的地位。跨境电子商务作为国际贸易的重要组成部分，对政治因素具有高度敏感性。对于目标市场政局稳定性、对外贸易政策的制定、涉外经贸活动管理、贸易干预程度、经济外交、国际经济协调等国际经济关系政治化的具体表现，都需要详细了解和分析。

2. 经济环境

调研内容包括目标市场的人均消费水平、购买力、消费结构、消费意愿、物价水平、社会经济发展阶段等。

3. 文化环境

文化差异是跨境电子商务的重要制约因素。文化是包括知识、信仰、艺术、道德、法律、习俗和任何人作为一名社会成员而获得的能力和习惯在内的复杂整体。对目标市场的文化具备充分了解并给予理解与尊重，是跨境电子商务能够成功的至关重要的一步。

4. 技术环境

跨境电商业务伴随着互联网行业一同发展，是互联网企业拓展国际市场的重要落脚点。调研内容包括：目标市场的电子商务基础设施、物流信息化和海外仓建设情况、国际电子支付的安全环境等。

（二）目标市场总量调研

市场需求总量，是指一定时期内消费者在一定购买力条件下的商品需求量，商品价格会影响供需量，而供需关系也会影响商品价格。企业应当充分了解目标市场同类产品的价格、供需关系、市场占有率、消费者偏好等情况。只有通过跨境电商市场调研深刻了解市场需求，才能迎合目标市场消费者，培养顾客基础，提高顾客忠诚度。具体包括：

1. 目标市场规模

市场规模包括现实的规模和潜在的规模。现实规模可以用目前的销售总量来表示，潜在规模可以用统计中的回归分析技术进行预测。

2. 目标市场顾客特征

目标市场顾客特征包括目标市场顾客的规模、收入水平、年龄、地理位置、资信情况、职业、受教育程度、价值观念、审美观点、消费习惯、消费者购买行为等。

3. 目标市场竞争对手分析

目标市场竞争对手分析包括对目标市场主要竞争对手所属国家、所占市场份额、营销策略、竞争优势及劣势等的分析。

（三）目标市场要素调研

1. 产品调研

产品调研内容包括目标市场上产品生命周期所处的阶段、产品生产技术的变化、目标市场对同类产品的接受程度以及改进意见等。

2. 价格调研

价格调研内容包括目标市场供求变化情况以及影响产品供求的各种因素、产品的市场价格弹性及替代品价格高低情况、目标市场的外汇政策、竞争对手的价格策略等。

3. 销售渠道调研

销售渠道调研主要是对产品所针对的目标市场的销售方式进行调研，例如对分销渠道、直销渠道、代理商信用状况和能力以及对竞争对手产品进入该国市场的方式进行考察。

4. 促销调研

促销调研的内容包括促销手段的调查和促销策略的可行性研究等，是对企业在产品或服务方面的促销过程中所采取的各种促销方法的有效性进行测试和评价。

二、国际市场调研的方法

国际市场调研首先要确定调研目标，其次要制订调研计划、设计调研方案、实施调研方案、分析调研数据，最后撰写调研报告。具体的调研方式，有如下几种：

1. 网上调研

互联网是世界上最大的信息库。真实世界的任何动态都会反映到虚拟世界。明确目标以后，我们可以通过搜索引擎，找到需要的信息，再归纳整理，将资料条理化。可能提供有用信息的网站主要包括：国际贸易门户、行业门户、专业协会、商会、大公司网站和专业杂志网站等。网上调查的特点是费用低、速度快、信息量大。也可以通过将调查问卷投放在各大社交媒体等网站页面，对用户进行直接调研，获得第一手数据。

2. 付费调查或者购买现成的市场报告

国际上有很多知名的调查公司。它们在接到客户申请以后，利用科学的方法，采用多种收集信息的方式，按照客户要求给出相关报告。同时，它们也有专题组，制作各种专题报告，售卖给需要者。专业调查公司编制的报告，方法可靠、内容翔实、结论科学。按需定制的报告针对性强、建议具体，可立即实施，但成本比较高。还有一些专门的调研公司，分工非常细，会定期对某些专题进行调研、总结，这些报告同样具有很高的专业性，如气象经济信息。公司可以根据自己的情况选择购买。

3. 实地调研

实地调研分不同的层次。产品生产出来以后，可以组团报名参加相关的展览，在展会上等客户上门。有一定经验和市场基础时，可以单独拜访已有客户。参展和拜访客户可以一并进行。在国外还可以实地拜访交易场所、当地商会、行业协会和驻外使领馆，获取一手的客户资料。实地考察的费用稍高，但是结果具体，因而可能会有所突破。

第二节　跨境电子商务营销策略

从事跨境电子商务的企业在选定了目标市场后，就要制定相应的营销策略。营销策略包括产品策略、定价策略、渠道策略和促销策略。

一、产品策略

产品策略主要包括商标、品牌、包装、产品定位、产品组合、产品生命周期等方面的具体实施策略。

（一）产品相关概念及产品组合策略

1. 产品的概念

产品应该是能够被顾客理解的，并能满足其需求的、由企业营销人员所提供的一切，包括实体产品、服务、地点、组织等。产品整体概念可表述为：产品是能够满足消费者特定需求的有形和无形属性的统一体，包含实质层、实体层和延伸层三个必不可少的层次。

（1）市场营销产品策略的实质层（核心产品）。

这是指产品所具有的功能和效用，是消费者购买产品的目的所在。

（2）市场营销产品策略的实体层（有形产品）。

这是产品的基础，是消费者通过自己的眼、耳、鼻、舌、身等感觉器官可以接触到、感觉到的有形部分，包括产品的形态、形状、式样、商标、质量、包装、设计、风格、色调等。

（3）市场营销产品策略的延伸层（附加产品）。

这是指产品各种附加利益的综合，也称为附加产品。通常指各种销售服务，包括维修服务、培训服务、融资服务以及各种保证等。

2. 产品的分类

产品分类方法通常有以下三种：

（1）按产品的耐用性和有形性可分为非耐用品、耐用品、服务（劳务）。

（2）根据消费者购买习惯对消费品进行分类，可将商品分成便利品、选购品、特殊品和非渴求商品。

（3）按工业品分类，即通常按照它们如何进入生产过程及其与产品成本的关系进行分类，可将其划分为原材料和零部件、固定资产、供应品和劳务。

3. 产品组合策略

（1）产品组合策略的相关概念。

产品组合，也称产品搭配，是指一个企业提供给市场的全部产品线和产品项目的组合或搭配，即产品的经营范围和产品结构。

产品线，是指互相关联或相似的一组产品，即我国通常所谓的产品大类。产品线的划分依据是产品功能上相似、消费上具有连带性、供给相同的顾客群、有相同的分销渠道，或属于同一价格范围。

产品项目，是指市场营销产品大类中各种不同品种、档次、质量和价格的特定产品。例如，某商店经营鞋、帽、服装、针织品四大类产品（4 条产品线），每大类中又有若干具体品种（产品项目），所有这些产品大类和项目按一定比例搭配，就形成该店的产品组合。

（2）产品组合策略决策的内容。

产品组合策略决策，一般是从产品组合的宽度、长度、深度和相关性等方面做出决定。

产品组合的宽度，是指一个企业生产经营的产品大类的多少，即拥有的产品线多少，多则宽，少则窄。

产品组合的深度，是指产品线中每种产品所提供的花色、口味、规格的多少。

产品组合的相关性，是指各个产品线在最终使用、生产条件、分销渠道或其他方面相关联的程度。

产品组合策略的三个方面对于营销决策有重要意义：

第一，增加产品组合宽度，扩大经营范围，可充分发挥企业各项资源的潜力，提高效益；

第二，增加产品组合的深度，可适应不同顾客的需要，吸引更多的买主；

第三，产品组合相关性的高低，可决定企业在多大领域内增强竞争地位和获得声誉。

（二）产品生命周期的营销策略

产品生命周期可以理解为市场上产品的产生、发展和衰亡的过程在时间上的表现。

从营销的角度来看，产品生命周期可分为四个阶段，即试销阶段、畅销阶段、饱和阶段和滞销阶段，企业会根据产品处于不同阶段的市场状况而采取不同的策略。

（1）试销阶段。

又称引入期（或介绍期），是指产品从设计投产直到投入市场进入测试的阶段。在这个阶段，顾客对产品不熟悉，因而呈以下特点：生产不稳定，生产的批量较小；成本较高，企业负担较大（通常没有利润，甚至亏损）；人们对该产品尚未接受，销售增长缓慢；产品品种少；市场竞争小。

本阶段营销策略主要有：加强促销宣传；利用现有产品辅助发展的办法，用名牌产品提携新产品；采取试用的办法；给经营产品的批发、零售或其他类型后续经销企业加大折扣力度，刺激中间商推销。

（2）畅销阶段。

又称成长期，是指产品通过试销之后效果良好，购买者逐步接受该产品，产品在市场上站住脚并且打开销路的阶段。这一阶段的特点是：大批量生产经营，成本降低，企业利润迅速增加；销量上升较快，价格也有所提高；生产同类产品的竞争者开始介入。

本阶段的市场营销策略主要有：扩充目标市场，积极开拓新的细分市场；广告宣传的重点从建立产品知名度转向厂牌、商标的宣传，使人们对该产品产生好的印象，产生好感和偏爱；增加新的分销渠道或加强分销渠道。

（3）饱和阶段。

又称成熟期，是指产品投入大批量生产并稳定地进入市场销售，产品需求趋向饱和的阶段。这一阶段的特点主要有：产品普及并日趋标准化；销售数量相对稳定；成本降低，产量增大；生产同类产品的企业之间在产品质量、花色、品种、规格、包装、成本和服务等方面的竞争加剧。

本阶段的市场营销策略主要有：稳定目标市场，保持原有的消费者，同时使消费者提高对产品的忠诚程度；增加产品的系列，使产品多样化，增加花色、规格、档次；扩大目标市场，最少也要维持原市场占有率（覆盖率），改变广告宣传的重点和服务措施，要重点宣传企业的信誉；同时，还要加强售后服务工作及做好产品的开发和研制工作。

（4）滞销阶段。

又称衰落期或衰退期，是指产品逐渐走向淘汰的阶段。这时，产品在市场上已经老化，不能适应市场需求，市场上已经有其他性能更好、价格更低廉的新产品足以满足消费者。与此同时，产品的销量和利润呈锐减状态，产品价格显著下降。

在这一阶段，对大多数企业来说，应及时实现产品的更新换代。

（三）品牌（商标）的营销策略

品牌（商标），是卖家给自己的产品规定的商业名称，通常是由文字、标记、符号、图案和颜色等要素或这些要素的组合构成，它可用来识别一个卖方或卖方集团的产品，以便同竞争者的产品相区别。

品牌（商标）的营销策略包括以下几种：

1. 品牌化策略

品牌化策略，是指企业决定是否在自己的产品上使用品牌。一般来说，绝大部分企业

或者产品都会使用品牌和注册商标，但在某些特殊情况下，只注明产地或生产厂家名称。例如差异较小的均质产品，如煤炭、电力等；或者是临时性或一次性生产的产品，如一些大型活动的纪念品等。

2. 品牌归属策略

品牌归属策略，是指使用制造商品牌还是中间商品牌。

如果制造商具有良好的市场信誉，拥有较大的市场份额，则使用制造商品牌。如果中间商在某一市场领域拥有良好的品牌信誉及庞大完善的销售系统，那些新进入市场的中小企业则往往借助于中间商商标。在必要的情况下，同一制造商可以在自己有优势的市场使用自己的品牌，同时在中间商具有优势的市场使用中间商品牌，这样既能扩大销路又能保持本企业的品牌特色。

（四）包装和包装决策

包装是商品实体的重要组成部分，通常是指产品的容器或包装物及其设计装潢。产品包装包括三个层次：第一层是直接包装；第二层是间接包装；第三层是运输包装。

产品的包装策略常用的有七种：

1. 类似包装策略

类似包装策略，是指企业生产的各种产品在包装上采用类似的图案、色彩或其他共有特征。采用这种策略有助于增进消费者对新产品的信任感，节省包装设计成本，但如果个别产品质量下降，则会影响其他产品的信誉。

2. 等级包装策略

等级包装策略，是指企业可以对同一种商品采用不同等级的包装，以适合不同的购买力水平，也可以对不同档次、不同等级的产品采用不同等级的包装，使包装的风格与产品的质量和价值相称。这种策略能显示出产品的特点，易于形成系列化产品，便于消费者选择和购买，但包装设计成本较高。

3. 组合包装策略

组合包装策略，即将若干小包装件组合成一个较大包装件的策略。一般是运用组合化原理，设计出主体造型优美的组合化包装系列，将同类产品或相近的产品先包装成一个个小单位，再把多个小包装单位组合成一个大包装单位。采用这种策略，可以增强产品的货架冲击力，便于消费者成件购买，有利于扩大产品销售。

4. 复用包装策略

复用包装策略，又称为再使用包装策略，可分为复用包装和多用途包装。复用包装可以回收再使用，从而大幅度降低包装费用，节省开支，加速和促进商品的周转，减少环境污染。多用途包装在商品使用后，其包装品还可以作其他用途。

5. 附赠品包装策略

附赠品包装策略，是指在包装容器内附赠某些小商品，如赠奖券或奖品，以吸引消费者购买的一种策略。

6. 更新包装策略

更新包装，一方面是由于科学技术的日益发展，新工艺、新技术和新的包装材料必然要取代旧的包装工艺和材料，为企业新产品开拓市场创造条件；另一方面是人们消费习惯的改变，推动着包装的不断更新。同时，包装的更新可以带给顾客新鲜感，有利于促进消费者持续关注。

7. 绿色包装策略

绿色包装，是指以天然植物和有关矿物质为原料研制成的对生态环境和人类健康无害、有利于回收利用、易于降解、可持续发展的一种环保型包装。采用这种包装策略易于被消费者认同，从而有利于产品的销售。

二、定价策略

（一）新产品定价策略

1. 撇脂定价策略

当生产厂家把新产品推向市场时，首先利用一部分消费者的求新心理，定一个高价，像撇取牛奶中的脂肪层那样，从他们那里取得一部分高额利润，然后再把价格降下来，以适应大众的需求水平，这就是所谓的撇脂定价策略。

能够成功使用撇脂定价方法的前提是企业独家经营，无竞争者，同时在市场上拥有足够的购买者，且其需求缺乏弹性。

使用撇脂定价方法的优点是：企业拥有较大的调价空间，能够迅速回笼资金，方便扩大再生产；商品能够形成高价、优质的品牌形象。

其缺点也是很明显的：高价产品的需求规模有限；容易引起竞争，仿制品、替代品会大量出现；在某种程度上损害消费者权益。

2. 渗透定价策略

此种策略表现为企业将它的新产品的价格定得相对较低，以吸引大量购买者，提高市场占有率；或者将新产品价格定得低于竞争者的价格，积极竞销，以促进销售、控制市场。

如果符合下面的条件，即可使用渗透定价法：市场需求对价格极为敏感；企业产品的单位成本会随生产经验的增加而下降；低价不会引起实际或潜在竞争。

渗透定价法的优点是：新产品能迅速占领市场；微利阻止了竞争者进入，增强了企业的市场竞争能力。

缺点是利润微薄，同时还可能会损害企业优质产品的形象。

3. 满意定价策略

满意定价策略是一种介于撇脂定价和渗透定价之间的折中定价策略，其新产品的价格水平适中，同时兼顾生产企业、购买者和中间商的利益，能较好地得到各方面的接受。该策略适用于需求价格弹性较小的商品，包括重要的生产资料和生活必需品。

满意价格策略的优点是该价格对企业和顾客都是较为合理公平的，并且由于价格比较稳定，在正常情况下盈利目标可按期实现。缺点是价格比较保守，不适于竞争激烈或复杂多变的市场环境。

（二）折扣定价策略

折扣定价策略是指对基本价格做出一定的让步，直接或间接降低价格，以争取顾客，扩大销量。折扣价格的主要类型包括：现金折扣、数量折扣、功能折扣、季节折扣、价格折让等。影响折扣定价策略的主要因素有：竞争对手的实力、折扣的成本、市场总体价格水平等。企业实行折扣定价策略时，还应该考虑企业流动资金的成本、金融市场汇率变化、消费者对折扣的疑虑等因素。

（三）地区定价策略

地区定价策略是根据商品销售地理位置不同而规定差别价格的策略。地区定价的形式包括以下几种：

1. 产地交货价格（即 FOB 价格）

产地交货价格，是卖方按出厂价格交货或将货物送到买方指定的某种运输工具上交货的价格。交货后的产品所有权归买方所有，运输过程中的一切费用和保险费均由买方承担。产地交货价格对卖方来说较为便利，费用最低、风险最小，但远地的顾客就可能不愿意购买这个企业的产品，而选择就近购买。

2. 目的地交货价格（即 CIF 价格）

目的地交货价格，是由卖方承担从产地到目的地的运费及保险费的价格。目的地交货价格由出厂价格加上产地至目的地的手续费、运费和保险费等构成，虽然手续较烦琐，卖方承担的费用和风险较大，但有利于扩大产品销售。

3. 统一交货价格

统一交货价格，即卖方将产品送到买方所在地，不分路途远近，统一制定的价格。这种定价策略能使企业维持一个全国性的广告价格，易于管理。该策略适用于体积小、重量轻、运费低或运费占成本比例较小的产品。

4. 分区运送价格

也称区域价格，是指卖方根据顾客所在地区距离产地的远近，将产品覆盖的整个市场分成若干个区域，在每个区域内实行统一价格。实行这种办法，处于同一价格区域内的顾客中，距离较近的顾客就得不到来自卖方的价格优惠；而处于两个价格区域交界地的不同顾客因为被分在不同价格区域就得承受不同的价格负担。

5. 运费津贴价格（又称运费免收价格）

运费津贴价格，是指为保持市场占有率、开拓新市场，由卖方补贴给买方部分或全部运费的价格。

6. 基点价格

基点价格，即企业选定某些城市作为重点，按照一定的出厂价加上从基点城市到顾客所在地的运费来定价。

（四）心理定价策略

心理定价策略是指企业定价时，利用顾客心理有意识地将产品价格定高些或低些，以扩大销售。心理定价策略主要包括声望定价策略、尾数定价策略和招徕定价策略等。

1. 尾数定价策略

尾数定价，也称零头定价或缺额定价，即给产品定一个零头数结尾的非整数价格，如0.99元、9.95元等。价格虽离整数仅相差几分或几角钱，但给人一种经过精确计算、低一位数的感觉，既符合消费者的求廉心理，也能够让消费者产生信任感。

2. 整数定价策略

整数定价与尾数定价正好相反，它是指企业有意将产品价格定为整数，以显示产品具有一定质量，也符合部分顾客求方便的心理。

3. 声望定价策略

声望定价，即针对消费者“便宜无好货、价高质必优”的心理，对在消费者心目中享有一定声望、具有较高信誉的产品制定高价。购买这些产品的人更关心的是产品能否显示其身份和地位，价格越高，心理满足的程度也就越大。

4. 习惯定价策略

有些商品需要经常、重复地购买，因此这类商品在长期的市场交换过程中已经形成了为消费者所适应的价格，成为习惯价格。企业对这类产品定价时要充分考虑消费者的习惯倾向，采用“习惯成自然”的定价策略。

5. 招徕定价策略

又称特定商品定价策略。这是适应消费者“求廉”的心理，将产品价格定得低于一般市价，个别的甚至低于成本，以吸引顾客、扩大销售的一种定价策略。

6. 最小单位定价策略

最小单位定价策略是指把同类商品按照不同的数量包装，以最小包装单位制定基数价格。这种定价方法能够满足消费者在不同场合下的不同需求。

（五）差别定价策略

差别定价策略是指针对不同的顾客、不同的市场，对同一产品制定不同的价格的策略。主要形式有：顾客差别定价、地理差别定价、用途差别定价、时间差别定价。

实施差别定价策略的产品需要有两个或者两个以上的被分割的市场，且企业对价格必须有一定的控制能力。

（六）产品组合定价策略

产品组合定价策略是根据产品组合中不同产品之间的关系和市场表现进行灵活定价的策略。一般是对相关商品按一定的综合毛利率联合定价，对于互替商品，适当提高畅销品价格、降低滞销品价格，以扩大后者的销售，使两者销售相互得益，增加企业总盈利。对于互补商品，有意识降低购买率低、需求价格弹性高的商品价格，同时提高购买率高而需求价格弹性低的商品价格，以取得各种商品销售量同时增加的良好效果。产品组合定价策略包括：

1. 产品线定价策略

产品线定价是根据购买者对同样产品线不同档次产品的需求，精选设计几种不同档次

的产品和价格点。

2. 选择品定价策略

选择品定价，即在提供主要产品的同时，还附带提供一些可供选择的产品或特征。

3. 互补产品定价策略

互补产品定价是指以较低价销售主产品来吸引顾客，以较高价销售备选和附属产品来增加利润。如美国柯达公司推出一种与柯达胶卷配套使用的专用照相机，定价较低。结果带动柯达胶卷销量大大增加，尽管其胶卷价格较其他品牌的胶卷更加昂贵。

4. 副产品定价策略

在许多行业中，在生产主产品的过程中，常常有副产品产生。制造商需寻找一个需要这些副产品的市场，并接受任何足以抵补储存和运输副产品成本的价格。

5. 产品群定价策略

产品群定价是将相关联的数种产品组合在一起，做“一揽子”定价、“捆绑”定价。采用这种策略，必须使价格优惠到有足够的吸引力。

三、渠道策略

（一）国际分销渠道的定义

国际分销渠道是指通过交易将产品或服务从一个国家的制造商手中转移到目标国的消费者手中所经过的途径以及与此有关的一系列机构和个人。分销渠道包括中间商（因为它们取得所有权）和代理中间商（因为它们帮助转移所有权），以及处于渠道起点和终点的生产者和最终消费者或用户，但是不包括供应商、辅助商。国际分销渠道的设计直接影响和决定企业对国际市场营销的控制程度。

（二）国际分销系统的结构

国际分销系统一般具有三个基本因素：制造商、中间商和最终消费者。

制造商和消费者分别居于分销系统的起点和终点。当企业采取不同的分销策略进入国际市场时，产品或服务从生产者向消费者的转移就会经过不同的营销中介机构，从而形成不同类型的国际分销结构。出口企业管理分销渠道主要有两个目标：一是将产品有效地从生产国转移到产品销售国市场；二是参加销售国的市场竞争，实现产品的销售和获取利润。

国际分销渠道系统可以简化为一定的模式，其结构如下所示：

出口企业→最终用户

出口企业→零售商→最终用户

出口企业→批发商→零售商→最终用户

出口企业→进口中间商→零售商→最终用户

出口企业→进口中间商→批发商→零售商→最终用户

出口企业→出口中间商→最终用户

出口企业→出口中间商→零售商→最终用户

出口企业→出口中间商→批发商→零售商→最终用户

出口企业→出口中间商→进口中间商→批发商→零售商→最终用户

从上面可以看出，有多种分销模式可供从事国际市场营销的企业选择。前五种模式是企业直接向外出口，称为直接渠道，其中第一种模式为企业把产品直接卖给国外最终用户，层次最少、分销渠道最短。后四种模式是企业通过国内中间商向国外出口，称为间接渠道，其中最后一种模式为企业产品依次经过四个层次才卖给最终用户，销售渠道最长。

（三）国际分销渠道管理

1. 影响国际分销渠道决策的因素

企业在选择国际分销渠道时一般要考虑六个因素：

(1) 成本。渠道成本包括开发渠道的投资成本和维持渠道的持续成本。后者包括维持企业自身销售队伍的直接开支，支付给中间商的佣金，物流中发生的运输、仓储、装卸费用，各种单据和文书的费用，提供给中间商的信用、广告、促销等方面的维持费用，以及业务洽谈、通信等费用。

渠道成本是任何企业都不可避免的，营销决策者必须在成本与效益之间作出权衡和选择。如果增加的效益能够补偿增加的成本，渠道策略的选择在经济上就是合理的。

(2) 资金。如果制造商使用自己的销售队伍，通常需要大量的投资。如果使用独家中间商，虽可减少现金投资，但有时却需要向中间商提供财务上的支持。这些都对国际市场营销者选择渠道类型产生影响。

(3) 控制。渠道越长、越宽，企业对价格、促销、顾客服务等的控制就越弱。

(4) 覆盖。渠道的市场覆盖面，是指企业通过一定的分销渠道所能达到或影响的市场。市场覆盖面并非越广越好，主要看其是否合理、有效，能否给企业带来好的效益。

(5) 特性。营销者在进行国际市场分销渠道设计时，必须考虑自身的企业特性、产品特性以及东道国的市场特性、环境特性等因素。

(6) 连续性。保持渠道的连续性是营销者一项重要的任务。与中间商合作的终止、激烈的市场竞争、新的分销渠道模式的出现，都会破坏分销渠道的连续性。

2. 国际分销渠道的管理和控制

国际分销渠道的控制包括对中间商的业绩评估、激励、约束及各分销商之间关系协调的过程。国际分销渠道的控制可分为以下几个方面：

(1) 评估渠道成员。企业可以确立一些标准来对渠道成员加以对照衡量，如备选渠道成员是否接受配额，销售指标完成情况，是否努力完成既定目标，付款是否及时，以及市场覆盖面、促销工作的合作情况等。通过对这些指标的分析来发现问题，进行渠道成员的选择、诊断和改进。

(2) 激励渠道成员。分销渠道网络的有效运行需要渠道的每个成员作出贡献，保证渠道成本最低。对分销中间商的激励不仅包括给予丰厚的报酬，还包括人员培训、信息沟通、感情交流、给中间商独家专营、共同开展促销等一系列行动，以确保渠道成员之间的长久合作关系。

(3) 调整渠道成员。销售渠道各成员之间既存在合作，又存在矛盾和竞争，企业除了让各中间商了解企业本身的目标政策外，还应平衡各成员间的关系，使它们互相协调，共同受益。国际市场分销渠道的调整方法主要有分销渠道功能调整、分销渠道素质调整和分销渠道数量调整。

四、促销策略

（一）促销策略的含义

促销策略是指企业在国际市场上，通过人员或者非人员的方式，如人员推销、广告、公共关系和营业推广等各种促销手段，向消费者传递产品信息，引起他们的注意和兴趣，激发他们的购买欲望和购买行为，以达到扩大销售的目的的营销活动。

（二）促销组合策略及促销的基本方式

促销组合策略，是一种组织促销活动的策略思路，即企业把人员推销、广告、营业推广和公共关系这四种基本促销方式组合成为一个策略系统，使企业的全部促销活动互相配合、协调一致，最大限度地发挥整体效果，从而实现促销目标。

1. 人员推销

人员推销是指企业推销人员与一个或者多个预期顾客进行面对面接触以展示、介绍产品，回答问题，化解异议和取得订单的活动。与广告相比，人员推销可以与目标顾客面对面接触和沟通，能够获得即时的响应。

人员推销的优点是使消费者详细了解产品的相关信息；成交率高、容易促成交易；能够及时反馈消费者的信息，改进工作；树立良好的企业形象。缺点是人员推销的范围窄、销售成本高；推销人员的素质决定了推销商品的数量和带来的效益。

2. 广告

广告是由明确的发起者以公开付费的方式，通过各种形式的传播媒体进行的任何对创意、商品和服务的非人员展示和促销的活动。

广告的主要特点是通过公开展示的方式进行单向传递，需要媒体的介入，但是效果持续的时间较长。

广告根据不同的特点，可以划分为不同类型。

(1) 根据传播媒介分类。

印刷类广告：主要包括印刷品广告和印刷绘制广告。印刷品广告有报纸广告、杂志广告、图书广告、招贴广告、传单广告、产品目录、组织介绍等。印刷绘制广告有墙壁广告、路牌广告、工具广告、包装广告、挂历广告等。

电子类广告：主要包括广播广告、电视广告、电影广告、计算机网络广告、电子显示屏幕广告、霓虹灯广告等。

实体广告：主要包括实物广告、橱窗广告、赠品广告等。

(2) 根据广告进行的地点分类。

销售现场广告：指设置在销售场所内外的广告，主要包括橱窗广告、货架陈列广告、室内外彩旗广告、卡通式广告、巨型商品广告。

非销售现场广告：指存在于销售现场之外的一切广告形式。

（3）根据广告的内容分类。

商业广告：是广告中最常见的形式，是广告学理论研究的重点对象。商业广告以推销商品为目的，是向消费者提供商品信息为主的广告。

文化广告：是以传播科学、文化、教育、体育、新闻出版等为内容的广告。

社会广告：是指提供社会服务的广告，如社会福利、医疗保健、社会保险以及征婚、寻人、挂失、招聘工作、住房调换等。

政府广告：是指政府部门发布的公告，也具有广告的作用，如公安、交通运输、法院、财政、税务、市场监管、卫生等部门发布的公告性信息。

（4）根据广告的表现形式分类。

图片广告：主要包括摄影广告和信息广告，表现为写实和创作形式。

文字广告：是用文字创意来表现广告内容的形式，文字广告能够给人提供形象和联想的空间。

表演广告：是指利用各种表演艺术形式，通过表演人的艺术化渲染来达到广告的目的。

说辞广告：是指利用语言艺术和技巧来影响社会公众。大多数广告形式都会采用游说性语言，重点宣传企业或产品的某一方面，甚至某一点特性。在特定范围内利用夸张的手法进行广告渲染。

综合性广告：是把几种广告表现形式结合在一起，以弥补单一艺术形式的不足。

3. 销售促进

销售促进也称为营业推广，是指除了人员推销、广告和宣传报道以外的，刺激消费者购买和提高经销商效益的非连续的推销方法与手段。与其他促销方式相比，营业推广的方式更加直接和迅速，只追求即期效应。

4. 公共关系

公共关系是指设计面向公众或其他利益相关者的各种方案，以推广或维护公司形象，促进产品销售的活动。公共关系更注重间接的、长期的效果。相比而言，公共关系促销方式可信度更高，影响面更广，更加广告化，费用也更低。

公共关系的着眼点，是在社会公众中树立良好的企业形象与产品形象。公共关系的对象，不单纯是企业产品的购买者，而是各种社会关系。公共关系的基本方针是长远打算、平时努力，同时更注重运用现代信息的沟通理论、方法和形式，实现企业与社会公众之间的双向沟通。公共关系的基本原则是真诚合作、互利互惠。

公共关系广告的主要形式：

（1）创造和利用新闻：公共关系部门可以编写有关企业、产品的新闻，或者举办活动以吸引新闻界和公众的注意，借机扩大影响，提高知名度。

（2）开展各种社会活动：可以是展览会、研讨会，也可以是有奖比赛、纪念会等。此外，企业还可以开展一些有意义的赞助活动。

（3）编写和制作各种宣传材料。这些材料主要是介绍企业或产品的业务通信、期刊、

录像带、幻灯片或电影等公众喜闻乐见的宣传品。

(4) 加深公众印象的其他办法。如为了树立企业形象，培育目标顾客的偏好，企业可以确定具有个性和特色的企业名称或者产品名称。设计企业独特的标志，建造具有特色的厂房、办公楼。统一员工制服。印刷专用信笺、信封、名片等。

第三节　跨境电子商务营销方法

一、社交媒体营销

(一) 社交媒体的发展情况

根据“We Are Social”和“Hootsuite”披露的数据，截至 2017 年末，全球互联网用户数量已经突破了 40 亿大关，证实全球有一半的人口“触网”。报告指出，2017 年新增网民人数为 2.5 亿人。受智能手机和移动数据的推动，新增移动互联网用户的占比也更高。2017 年，有超过 2 亿人获得了他们的第一款移动设备。

全球 76 亿人中，约 2/3 已经拥有手机，且超过半数为“智能型”设备，因此人们可以随时随地、更加轻松地获得丰富的互联网体验。社交媒体用户数量保持持续增长。每天都有接近百万人开始使用社交媒体，平均每秒新增 11 人。并且增长趋势没有减缓迹象。全球使用社交媒体的用户增加了 13%。报告同时指出，现今活跃的社交媒体用户数量大致等同于 29%的全球人口总量。换句话说，全球近 1/3 的人口活跃在社交媒体上。

根据中国互联网络信息中心（CNNIC）发布的第 42 次《中国互联网络发展状况统计报告》，截至 2018 年 6 月 30 日，我国网民规模达 8.02 亿，普及率为 57.7%；手机网民规模达 7.88 亿，网民中使用手机上网人群的占比达 98.3%。国内社交媒体月活跃用户已经发展到 9.38 亿，微信以其超过 8.7 亿月活跃用户独占鳌头。企业积极开展社交媒体营销，将会给企业自身带来诸多利益。

(二) 社交媒体营销的定义

社交媒体，也称为社会化媒体，指允许人们撰写、分享、评价、讨论、相互沟通的网站和技术。社交媒体经过多年的发展，类别呈现多样性，主要有论坛社区、社交网站、博客、微博、位置签到、问答、微信等类型。

社交媒体营销就是要企业借助这些社交媒体，倾听用户的声音，宣传自己的产品，在潜移默化中影响客户。

(三) 社交媒体营销的特点

1. 形式丰富多样

目前的社交媒体无论是内容还是形式，都更复杂，进化速度更快，呈现多样化发展趋势，从最初的文字、图片，到现在的问答、短视频、长视频、直播等。

2. 实时性和互动性

J. D. Power and Associate 公司在关于社交媒体标准的研究中发现，67%的消费者使用公司的社交主页寻求服务，33%的消费者关注社交媒体营销。他们在社交媒体上提出问题，并希望得到回应。而社交关系管理不仅仅是推式营销，社交媒体正在成为个性化、及时性和分享性客户服务的平台。

3. 用户依赖度高

社交媒体在一定程度上已经成为人际交往中不可缺少的一部分。传统媒体渐行渐远。曾经，电视、广播、印刷媒体是人们最主要的休闲娱乐方式，但随着互联网的兴起与普及，传统媒体离我们的生活越来越远，更多的人选择线上娱乐方式，沟通交流等通信工具也逐渐向线上转移。来自 GlobalWebIndex 的数据显示，互联网用户每日平均在线 6 个小时（通过使用互联网驱动的设备和服务），互联网已经占据了人们清醒时间的 1/3（总在线时长已破 10 亿年）。中国互联网络信息中心发布的第 42 次《中国互联网发展状况统计报告》显示，截至 2018 年 6 月，我国网络直播用户规模达到 4.25 亿，较 2017 年末增加 294 万，用户使用率为 53.0%。

（四）社交媒体营销的平台选择

企业做营销的终极目的是最大化地兜售自己的品牌、产品或者服务等，而社交媒体平台扮演的角色是制造话题、建立链接、引发共鸣，这时候传播的效率最高。企业在制定社交媒体营销方案之前，首先应该明确需要在哪些社交媒体平台进行营销。

1. 各社交媒体平台的特点分析

每个社交媒体平台都有自己的专攻领域，只有了解平台专攻领域，企业营销才能更加有针对性。社交媒体平台可分为不同种类：

图像类平台：Pinterest，Instagram 和 Tumblr

“多面”平台：Facebook，Twitter

视频平台：Vimeo，YouTube

商务专业类平台：LinkedIn

SEO 和作者平台：Google

基于位置的平台：Foursquare，Yelp

利基平台：Reddit

要想知道哪种平台适合自己，需要分析每个平台的特色，以及这些特色与企业要宣传的理念是否一致。

2. 结合企业特点选择平台

社交媒体平台虽然具有强大的用户基数，对营销企业的行业有很强的兼容性，但并不是所有的平台对每个行业都适用。如果企业是时尚、美容、餐饮等靠视觉驱动的行业，Instagram、Pinterest、Snapchat 等平台将更加适用；如果公司的行业是软件等依赖文本多过依赖视觉的行业，Twitter 平台就更合适，因为企业可以在 Twitter 上展示自己的专业文本内容，引导用户进入企业网站。而 Pinterest 是针对女性的头号社交媒体平台，每月 1.5 亿活跃用户中，81%是女性，装饰品、室内设计、烹饪和服装这类主题就做得非常好。

因此，在选择社交媒体平台之前，企业需将自己的行业特点与社交媒体平台相结合，以选择适合自己行业的社交媒体平台进行营销。

3. 分析目标客户特征

目标客户，即企业提供产品和服务的对象。在选择社交媒体平台时，无论是B2B企业还是B2C企业，企业在分析目标客户特征时首先应该从企业产品和服务的应用场景着手，其次再分析该场景下具体个人的特征。

分析目标客户具体个人的特征可以从人口属性（性别、国家、年龄、婚姻状况）、兴趣特征（兴趣爱好、品牌偏好、浏览/收藏内容）、消费特征（收入、购买力、购买渠道偏好）等方面进行分析。

明确目标客户的特征，不仅能帮助企业选择正确的社交媒体平台，还有助于企业制订后续的营销计划。

4. 紧跟目标受众脚步选择社交媒体平台

分析完目标客户特征后，企业需要思考的就是目标受众喜欢使用哪个社交媒体平台。如果企业的目标客户主要在俄语地区，那么企业首选的社交媒体当然是VK；如果企业目标客户中的大部分受众更喜欢看视频，那么YouTube就是企业首选的社交媒体平台。因此，在明确了目标客户的特征后，下一步要做的就是把目标受众特征和社交媒体统计资料相匹配。

二、搜索引擎营销

（一）搜索引擎营销的概念

搜索引擎营销（Search Engine Marketing，简称SEM），就是根据用户使用搜索引擎的方式，利用用户检索信息的机会，尽可能地将营销信息传递给目标用户。简单来说，搜索引擎营销就是基于搜索引擎平台的网络营销，利用人们对搜索引擎的依赖和使用习惯，在人们检索信息的时候将信息传递给目标用户。搜索引擎营销的基本思想是让用户发现信息，并通过点击进入网页，进一步了解所需要的信息。企业通过搜索引擎付费推广，让用户可以直接与公司客服进行交流、了解，实现交易。

在国际上，谷歌占领的市场份额占有绝对优势，由于中国用户数量庞大，百度搜索量排在第二位，但除中国外，其他国家很少使用百度。

截至2019年6月，Net Applications网站上的统计显示，各大搜索引擎占领的市场份额如表2-1所示：

表2-1　主要搜索引擎市场份额排行表

名称	电脑/平板端（%）	手机端（%）
谷歌	76.03	82.42
百度	9.64	14.81
必应	8.59	0.82
雅虎	3.61	1.06
Yandex	1.27	0.41
Ask	0.62	0.07
DuckDuckGo	0.12	0.15
Naver	0.12	0.61

资料来源：Net Applications.

（二）搜索引擎营销的特点

1. 使用广泛

互联网第三方数据挖掘及分析研究机构比达咨询（BDR）发布的《2018 上半年度中国移动搜索市场研究报告》指出，2017 年我国搜索引擎整体用户规模达到 6.4 亿，其中，移动搜索用户规模达到 6.2 亿，在整体用户规模中的占比达到 97.6%。伴随移动互联网产品技术的成熟，移动搜索在搜索领域占比逐年提高，已经成为主流的搜索方式。移动搜索呈多样化特点，包括输入方式多样化、结果呈现形式多样化、使用行为多场景化、用户需求多样化和细分垂直领域多样化。搜索引擎市场在中国一直处于增长趋势。到 2018 年第一季度，中国搜索引擎的市场规模达到了 203.74 亿元人民币，相比 2017 年第一季度增长了 29.21%。

2. 用户主导

搜索引擎营销是一种用户主导的网络营销。使用搜索引擎检索信息的行为是由用户主动发生的，消费者有更多的自主选择权。由于搜索引擎广告没有强迫性，所以用户会给予更高的信任度。搜索引擎营销可以对用户行为进行准确分析并实现高度定位，尤其是在关键词定位方面，完全可以实现与用户所检索的关键词高度相关，从而提高营销信息被关注的程度，避免了营销活动对用户的干扰。

3. 只发挥向导作用

搜索引擎在企业营销过程中发挥的仅仅是桥梁作用，让用户发现企业及产品，但最终交易是否达成，还是要看产品能否满足客户需求。访问量作为网站推广的主要手段，是否能够转化为收益，不是由搜索引擎决定的。

4. 要适应网络服务环境

搜索引擎营销需要以企业网站为基础，企业网站的专业性是实现搜索引擎营销效果的保证。

（三）搜索引擎营销的策略

1. 付费竞价推广

付费竞价推广是把企业的产品、服务等通过以关键词的形式在搜索引擎平台上作推广，企业在购买该项服务后，通过注册一定数量的关键词，其推广信息就会率先出现在网民相应的搜索结果中。付费越高，排名越靠前。客户可以通过调整每次点击付费价格，控制自己在特定关键字搜索结果中的排名；并可以通过设定不同的关键词捕捉到不同类型的目标访问者。使用点击付费的搜索引擎有百度、雅虎和 Google 等。

搜索引擎付费营销的优势：(1) 只有搜索用户对推广信息产生兴趣并主动点击，才收取推广费用，不点击则不计费。(2) 竞价排名推广关键词不限，只要与企业经营范围相关的关键词都可以购买推广。(3) 有需求的用户通过搜索关键词找到企业，竞价广告支持按时间投放和按地域投放，实现精准高效的推广。

2. 网站优化排名（搜索引擎优化）

搜索引擎优化（Search Engine Optimization，简称 SEO）是一种利用搜索引擎的搜索规则，通过网站本身的优化以使网站符合搜索引擎的搜索习惯，来提高网站在有关搜索引擎内的排名的方式，也叫自然优化排名。搜索引擎优化不仅使网站符合搜索引擎的搜索习惯，同时更符合用户的习惯，通过搜索引擎优化可以使网站获得更好的排名，也可以给网站带来更多的业务机会。

搜索引擎优化的营销优势：

（1）避免无效的恶意点击的付费。付费竞价排名推广的企业都喜欢点击同行的竞价关键词，让许多中小公司不堪重负，或者广告投入与收获成负比。

（2）多个搜索引擎展示。企业可以购买百度、SOSO、谷歌等搜索引擎的关键词付费排名，但付费搜索少量的关键词只能吸引有限的搜索量。企业一旦停止对搜索引擎付费，搜索引擎也会停止企业的广告。而通过搜索引擎优化，做好一个搜索引擎的优化排名，则其他搜索引擎的排名效果也会提升，只需投入一个搜索引擎排名优化费用即可达到多个搜索引擎关键词广告覆盖。

（3）有效内容直达潜在客户。用户在点击企业通过购买得来的关键词时，经常搜索到风马牛不相及的网站。搜索引擎优化针对网络搜索引擎对各个网站的审核原则和评判标准以及特点，将一个网站进行结构、内容上的重组，将网站和网页的组成因素进行最优化的改良，使网站能最充分地被网络搜索引擎和导航站接纳，最大限度地在网络搜索引擎上提高网站的权威性，从而在网络搜索结果中占据最优先的位置，吸引最多的、有目的性的访问者到达网站，提高客户转化率。

三、电子邮件营销

根据 Yes Lifecycle Marketing 的数据，虽然 2017 年全年注册电子邮件订阅的人数逐步下降，但电子邮件数量同比增长了 18%，手机订单占所有电子邮件订单的 46%，同比增长 33%。

（一）电子邮件营销的定义与特点

1. 电子邮件营销的定义

电子邮件营销（Email Direct Marketing，EDM），是在用户事先许可的前提下，通过电子邮件的方式向目标用户传递价值信息的一种网络营销手段。电子邮件营销有三个基本因素：用户许可、电子邮件传递信息、信息对用户有价值。缺少三个因素中任何一个，都不能称为有效的电子邮件营销。

2. 电子邮件营销的特点

（1）电子邮件的覆盖范围广泛，不受地域限制。

（2）电子邮件推广的操作方法简单易懂。只要在网上找到一个免费的群发邮件工具就可以马上操作电子邮件营销，技术性不强。

（3）成本低。所有的费用支出就是上网费，成本比传统广告形式要低得多。

（4）精准性强。电子邮件本身具有定向性，可以针对某一特定的人群发送特定的广告邮件，也可以根据需要按行业或地域等进行分类，然后针对目标客户进行广告邮件群发，使宣传一步到位。这样做可使行销目标明确，效果非常好。

（二）电子邮件营销的策略

1. 许可式电子邮件营销

许可式电子邮件营销指的是用户主动要求发送包含有关产品及企业相关信息的邮件。

向那些询问过某个专题或特定产品信息的人发送的电子邮件称为许可式电子邮件，这种方式属于许可营销。传统企业采用的促销产品或服务的营销方式需要潜在客户有时间倾听销售宣传的信息或服务的广告和促销诉求，这浪费了双方大量的时间。因此，只向明确表示过愿意接收某种产品或服务的促销信息的顾客发送特定信息的效果，要比通过大众媒体发送一般性促销信息的营销策略的效果好得多。

2. 广告与有用信息相结合

邮件转换率是指响应广告的客户占收到广告客户的比率。许可式电子邮件的转换率一般是10%～30%。

提高邮件转换率的一个重要方式，就是将电子邮件广告与相关的知识类内容相结合，向特定细分市场发送他们感兴趣的文章与新闻。

包含文章内容或附件（如音频、视频、图片）的电子邮件会占用客户的邮件空间，所以许多广告主发送内容的一个办法是在电子邮件里加上链接，将客户引导到网站上相关的内容区域。在客户查看网站上的页面内容时，企业就有可能留住客户并引导其采购。在电子邮件信息内嵌入链接时，对需要浏览器插件才能阅读的内容，如音频或视频，在页面上可以提供通往所需插件的链接。

3. 外包电子邮件处理业务

随着业务量的增加，很多公司同意接收电子邮件的客户量上升很快，导致公司信息系统部门的员工很难妥善完成处理电子邮件地址列表以及发送电子邮件的工作。有些公司专门提供电子邮件管理服务，可以将电子邮件处理业务外包给这些公司。

（三）电子邮件营销策略的具体实施方式

在电子邮件营销中，用户是否打开电子邮件是关键，通常影响的主要因素有：是否知道并且信任邮件发信人、邮件主题是否具有吸引力、邮件是否可以正常打开、是否曾经打开邮件并且认为邮件有价值等。

1. 在邮件主题中提供收件人感兴趣的信息

比如，具有吸引力的信息或新闻、折扣信息、新产品的发布信息等。据调查，认为邮件主题发挥决定作用者占35%。以Yes Lifecycle Marketing报告中的数据为例，2017年分析的所有电子邮件中有27%在主题中包含“优惠金额”，超过一半电子邮件（54%）使用“优惠比率”的主题（见表2-2）。

表2-2　　邮件主题中的关键词对转化率的影响

优惠类型	包含本关键词的邮件占电子邮件总量的比率（%）	点开率（%）	转化率（%）
$ off（优惠金额）	27	11.7	10.2
%off（优惠比率）	54	12.4	7.5
BOGO（买一送一）	4	12.8	8.9
free shipping（免运费）	9	10.7	7.7
loyalty incentives（会员福利）	5	19.3	10.8

资料来源：Yes Lifecycle Marketing.

2. 注意发送邮件营销活动的最佳时机

一天中的早上八点、下午一点和下午四点是邮件平均打开率最高的时间段，而早晨六点、上午八点和下午一点是平均点击率最高的时段。

3. 发信人的签名要让读者产生信任

据调查，60%的人认为邮件的发件人对于自己是否打开邮件起决定作用。一般来说，邮件应该如实地显示发件人地址，给客户提供真实的信息。这样，一方面即使用户不打开邮件也可以在一定程度上起到宣传的效果，另一方面用户也可以根据发信人是否和自己有关来判断是否阅读邮件内容。但也有一些电子邮件是为了获得较高的开信率，将发件人和主题都设置得标新立异。这样的邮件表面上可能会多获得一些点击，却会让人对发件人的诚信产生怀疑。

4. 用内容预览留住读者

如果收件人看了邮件主题和发件人之后决定不打开邮件，那么无论多么有价值的邮件也与垃圾邮件无异，这封邮件很快将会从用户电脑上消失。但是，还有最后一点希望可能使收件人回心转意，这就是邮件预览区中的内容。虽然这个区域不大，但可以充分利用这一点营销资源，向用户推广公司的信息、品牌、产品和服务。预览区中的内容之所以重要，是因为已经决定打开邮件的用户，也不一定会认真看完邮件的全部内容，尤其当邮件内容比较复杂时，预览区中的内容就显得更为重要，因为用户很可能已经从中获得了对他有价值的信息。

5. 邮件主题显示收件人的名字

大量发送的商业邮件要做到每封邮件都可以显示出用户的名字，这与用户资料数据库中的信息和邮件处理技术等因素有关。但更为普遍的情况是，例如一些网上购物网站发送很多会员通信，其内容往往是一个完整的网站首页，并非专门为邮件列表所设计，其中甚至还有广告，这种邮件给用户的感觉就是缺乏必要的关怀，商家推销的只是自己的商品，并没有考虑用户的感受。

四、站内营销

站内（网站、APP 等）营销是网络营销的一个组成部分，处于网络营销的最后环节。前期的站外营销、推广、网络宣传都是为了引导用户登录网站，站内的营销内容能否满足用户需求，是完成交易的关键。互联网营销除了向外看，还需要向内看。

站内营销是从用户登录网站开始，围绕用户的需求所开展的一系列营销活动。

与用户沟通是站内营销的核心，可以通过品牌展示、服务展示、商品推荐、促销活动等行为构建起综合的营销环境，以客户需求为导向进行内容设置，充分地与用户沟通，达成营销的目的。

（一）品牌的创建和维系

品牌认知对于用户而言是一个整体的感觉。前期的站外营销已经给了用户一定的品牌认识，用户接受宣传并且登录网站是对品牌认识加深的一个过程。

在网站上的一系列活动都将是企业品牌以及产品品牌对用户的一个综合传播过程。在这个过程中，企业所散发出来的企业文化与经营理念以及对用户的态度构成了品牌认知元素。

企业创建和维系品牌时，在其广告和促销活动中习惯用感性诉求。这种感性诉求在电视、电台、路牌广告和印刷媒体上都很有效果，因为这些广告的目标受众是被动接收信息的。但感性诉求却很难在网上得到应用，因为网络在很大程度上是由用户控制的主动媒体。网民在频繁地使用信息搜索过程中，会立即离开感性诉求的内容。所以，在互联网上，企业在创建和维系品牌时，经常采用的是理性的品牌创建。理性的品牌创建方法是指企业为网上用户提供某种帮助以交换他们看广告，不是用类似电视广告的感性诉求，而是采用提供实际帮助的理性诉求。

理性的品牌创建并不是在网上创建品牌的唯一办法，对很有名气的网站非常有效的一种方法就是利用其优势地位将品牌延伸到其他产品和服务上。例如亚马逊从最初的图书业扩展到 CD、VCD 和拍卖等领域，就是网站充分利用优势地位不断扩展功能来增强其他产品地位的。

还有一种品牌营销策略是关联营销，即一家企业的网站上有另一家企业的网站上所售产品的描述、评价、评级和其他信息，以及其网站的链接。对每个沿着关联网站到销售商网站的链接而来的访客，关联网站都会收取一定的佣金。关联网站避免了产品库存、广告、促销和交易处理的成本，没有任何资金风险。

在品牌建设和维护上，病毒营销的作用也很显著。病毒营销是靠现有的客户把自己所喜欢的产品或服务告诉潜在顾客。这种策略很像关联营销。例如对于贺卡公司发放的电子贺卡，客户可以根据别人发来的贺卡内的链接进入网站，制作发放更多的贺卡。

（二）产品或服务展示

顾客访问网站的主要目的是对公司的产品和服务进行深入的了解，企业网站的主要价值也就在于灵活地向用户展示产品说明的文字、图片甚至多媒体信息。即使网站的功能极其简单，至少也相当于一份可以随时更新的产品宣传资料，并且这种宣传资料是用户主动来获取的，用户对信息内容有较高的关注程度，因此往往可以获得比一般印刷宣传资料更好的宣传效果，这也就是一些小型企业只建立一个简单的网站的主要原因。在投资不大的情况下，简单的网站同样有可能获得理想的回报。

目前有很多网站都将邮寄目录的模式扩展到网上，用网站上的信息来代替商品目录的分发，这种模式称为网上目录盈利模式。这种模式可以将传统的店铺延伸到网络上来，使之成为传统店铺新的销售渠道，不需要新建店铺，还能接触到世界各地的客户。

（三）信息发布

网站是一个信息载体，在法律许可的范围内，可以发布一切有利于企业形象、顾客服务以及促进销售的企业新闻、产品信息、促销信息、招标信息、合作信息、人员招聘信息，等等。因此，拥有一个网站就相当于拥有一个强有力的宣传工具，这就是企业网站具有自主性的体现。当网站建成之后，合理组织对用户有价值的信息是网络营销的首要任务。当企业有新产品上市、开展阶段性促销活动时，也应充分发挥网站的信息发布功能，将有关信息首先发布在自己的网站上。

（四）站内广告

旗帜广告是互联网界最为传统也最为常见的广告表现形式，其形象特色早已深入人心。旗帜广告是横跨网页上方或下方的小公告牌，当用户点击时，鼠标就会将他们带到广告主的网站或缓冲储存页中。旗帜广告的图片可以提高企业知名度，用户点击之后可以进入企业网站进一步了解产品，因此，旗帜广告既能提供信息又能起到劝诱的作用。旗帜广告的费用很高，加上网民上网经验越来越丰富，所以旗帜广告点击率呈下降趋势。

除了加强旗帜广告的制作水准，还要结合其他的网络广告形式，如弹出式广告、插页式广告、富媒体广告等。但因为广告弹出会影响客户体验，所以很多客户会使用广告屏蔽软件。

比起放置旗帜广告和其他广告，网站赞助这种方式可以使广告主以更微妙的方式来促销自己的产品、服务或者品牌。

购买网站赞助权公司的出发点类似体育运动赞助商，它们期待将公司或产品同某项运动或某些信息关联起来。这样，某项运动或某些信息的质量会延续到公司的产品、服务或者品牌上。一般来说，赞助主要是为了创建品牌形象和声誉，而不是为了取得立竿见影的效果。

案例　世邦全球销量增加20倍，谷歌如何帮助它大胆创新？

2003年，俄罗斯一家木材公司的老板在机械网上查看最新资讯，图片广告吸引了他的注意力：上海世邦工业集团（以下简称“世邦集团”）的破碎磨粉设备。虽然破碎磨粉设备和他的林业生意没有关系，但是他当时正在思考新的投资方向，于是他点击了广告图片，访问了世邦集团的网站。上面详细介绍了砂石骨料行业在全球市场供不应求的情况，还提供了破磨行业整体解决方案及成功案例，翔实的信息让他意识到商机就在面前。于是他和世邦集团取得了联系，开始了他和世邦集团的第一次合作。

从矿山选址、工艺配线、设备采购、技术人员招募与培训，世邦集团给予他一条龙的指导，最终帮助他成功从林业转型到了矿物加工行业。如今这家公司在俄罗斯当地销售业绩十分可喜。

从俄罗斯到中国，客户和世邦集团可以说跨越了万水千山才完成合作，但也可以说网络让它们转身就相遇了。当时，俄罗斯客户在搜索工业制造的新投资机会，世邦集团则在找寻世界各地的客户，是什么让它们找到了对方？这就要归功于世邦集团使用了谷歌AdWords进行全球网络营销。

一、突破传统，抢占先机

世邦集团是中国破磨装备研发与生产的行业龙头企业，创立于1987年。在21世纪初，世邦集团希望快速开拓海外市场。此时，世邦集团的出口外贸业务还主要依靠传统模式进行：参加行业展会联系海外客户。这一方式的局限性非常明显，成本高且收效有限，企业还需要和同行“拼价格”，主动权很小——而世邦集团的愿景却很大：打开全球市场，为全球客商提供完善的产品与技术服务。

世邦集团敏锐地捕捉到数字营销的趋势和优势，开始尝试在谷歌上投放广告，成为中国第一批“吃螃蟹”的企业之一，足见它的胆识和前瞻眼光。当时，网络数字营销不但令中国人感到陌生，即便在全世界都是新鲜事物。通过设置一些关键词、地区和目标人群的类型，真的会有客户找上门吗？

二、谷歌助力营销先锋

企业获得外贸客户的方法有很多，除了上文提到的参加行业展会，在十几年前，比较主流的方式还有直接拜访海外客户、发送海量邮件等手段。在使用谷歌 AdWords 之前，世邦集团也采用过这些方式。但是随着企业进入快速发展期，这些传统方式显然已经不能满足拓展市场的需求了。

三、挑战

世邦集团打破传统外贸业务模式，用合理成本快速开拓新市场、找到各地经销商和采购商。

四、方法

使用谷歌搜索广告，锁定采购商经常搜索的 cone crusher（圆锥破碎机）、stone crusher（碎石机）等关键词，最初其目标市场为东南亚、非洲和南美洲，以上地区的采购商在搜索相关词汇时，能第一时间在谷歌上看到世邦集团的广告（见图 1）。

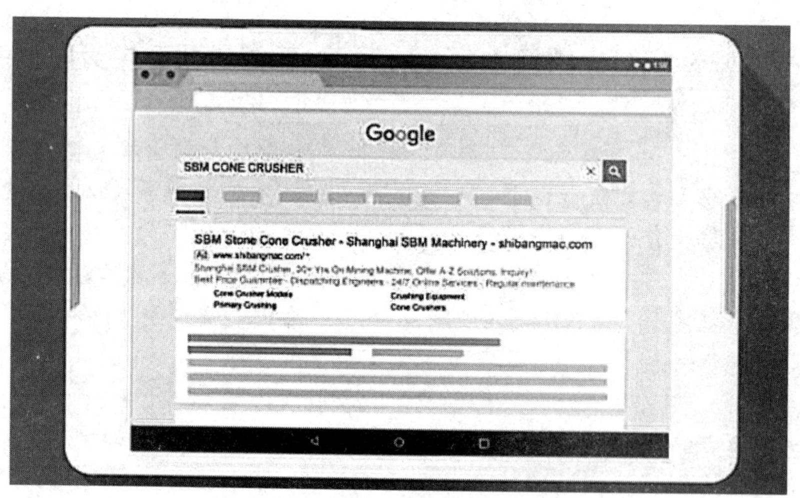

图 1　世邦集团的谷歌搜索广告示例

（一）谷歌小贴士 1

谷歌搜索是全球第一大搜索引擎，拥有全球 80%以上的搜索份额。谷歌每月的搜索量超过 1 200 亿次，广泛覆盖全球 33 亿互联网用户。谷歌的搜索广告，可以在采购商搜索和产品相关的关键词时，让你的公司出现在搜索结果前面位置。

使用图片展示广告，通过谷歌展示广告精准地定位到对机械、设备和采购感兴趣的人

群，锁定相关产品关键词，让采购商在浏览与机械制造相关网站的过程中看到世邦集团的广告，精准地吸引他们（见图2）。

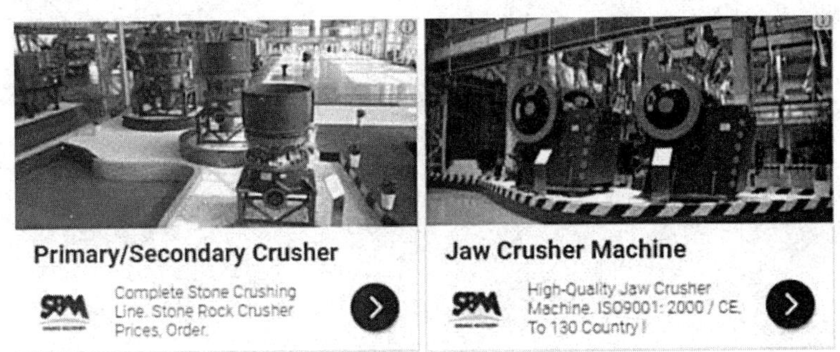

图2　世邦集团在网络上投放的展示广告示例

（二）谷歌小贴士2

谷歌展示广告是这样帮助您推广的：如果您的谷歌产品关键字和某个行业网站内容相关，或者与浏览网站的用户的兴趣相关，那么谷歌能将您的产品展现在这些网站上，让采购商看到您。

五、成果

通过在谷歌上的持续尝试，如今世邦集团官方网站80%的流量都来自谷歌的广告，全球销量额增加了20倍，销售的国家从最初的10多个扩展到了160多个。市场营销网络遍及亚、非、欧、美和大洋洲，真正做到了“服务世界之邦”。

世邦集团目前的营销网络遍布全球，这其中有谷歌AdWords的一份功劳。

关键术语

跨境电子商务市场调研　跨境电子商务营销策略　跨境电子商务营销方法

复习思考题

1. 跨境电子商务的市场调研主要包括哪些内容？
2. 跨境电子商务的市场调研都有哪些方法？
3. 跨境电子商务的市场营销策略有哪些？
4. 跨境电子商务的营销方法有哪些？

第三章

跨境电子商务交易

2018 年中国货物进出口总额 305 050 亿元，比上年增长 9.7%；贸易总量首次超过 30 万亿元，创历史新高。其中，出口 164 177 亿元，增长 7.1%；进口 140 874 亿元，增长 12.9%。进出口相抵，顺差为 23 303 亿元，比上年收窄 18.3%。通过海关跨境电子商务管理平台零售进出口商品总额 1 347 亿元，增长 50%。其中，出口 561.2 亿元，增长 67%；进口 785.8 亿元，增长 39.8%。跨境电商飞速发展的原因有很多，其中重要的原因是：交易流程简化、供应链环节减少、利润率提高。

第一节　跨境电子商务交易流程

跨境电子商务的交易流程，包括进口贸易交易流程和出口贸易交易流程。进口和出口贸易方式相似，方向相反，本书将跨境电商出口贸易与传统出口贸易进行对比。

图 3-1 对传统的出口贸易交易流程和跨境电商出口贸易交易流程作出对比。可以看到，跨境电商的出口贸易交易流程更为简洁。简洁的流程意味着成本更低，出错的机会也更少。

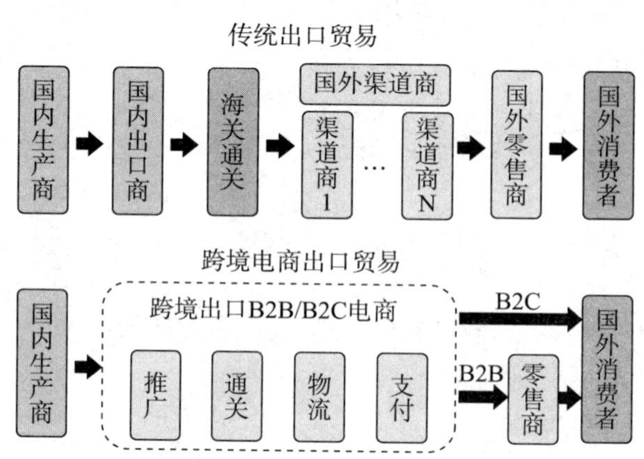

图 3-1　传统出口贸易与跨境电商出口贸易交易流程对比

具体来说，从跨境电商平台的角度来看，一个完整的跨境电子商务出口贸易的交易流程如图 3－2 所示。

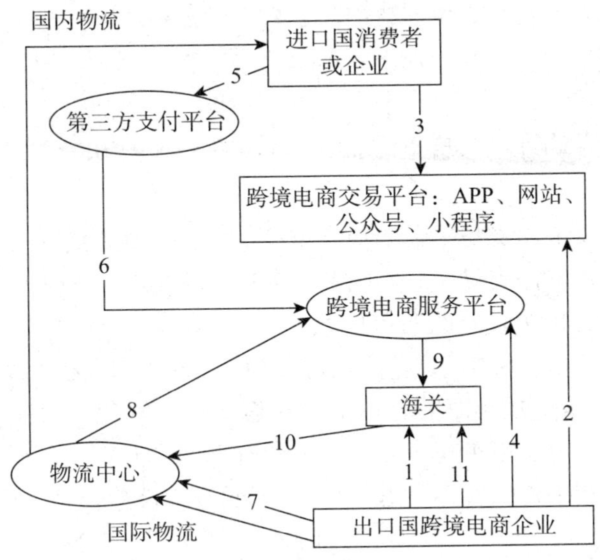

图 3－2　跨境电子商务出口贸易交易流程

图 3－2 中的各序号说明如下。

1. 备案

跨境电商企业或跨境电商商品在海关备案。企业备案分为境内跨境电商企业备案和境外跨境电商企业备案。境内跨境电商企业备案需要的材料包括跨境电子商务经营主体备案信息表、营业执照（正本原件和复印件）、中华人民共和国组织机构代码证（正本原件和复印件）、质量诚信经营承诺书、消费者自用承诺声明主要要求、ICP 备案号或电信增值业务许可证、进出口商品质量保证、不合格商品召回承诺。境外跨境电商企业备案所需材料除了以上各项外，还包括与境内企业签订的协议和境内企业的营业执照。在企业对商品进行备案时，需要提交的材料包括商品名称、HS 编码、进出口标志、规格型号、生产国、生产企业、产品品牌、数量单位、用途、有效起止日期、商品商检备案号等。跨境电子商务从交易下单到通关物流再到配送，商品合规备案是整个流程规范操作的第一步，商品是否备案，备案合规与否，直接关系到接下来商品出境的每一步能否顺利进行。

2. 入驻

跨境电商企业经过资格审查入驻跨境电商交易平台。

3. 发起订单

进口国消费者或企业在跨境电商交易平台上发起采购订单。

4. 第一次审单

出口国跨境电商企业将当日订单发送至跨境电商服务平台。

5. 消费者支付订单

进口国消费者通过跨境电商交易平台的支付链接，向第三方支付平台付款，完成对出口企业的支付。

6. 第二次审单

第三方支付企业确认支付，将支付信息发送至跨境电商服务平台。

7. 发货

出口国跨境电商企业根据订单配置商品，送交物流中心的跨境监管仓库。检验检疫部门在货物进入出口国海关监管仓库前实施检验检疫监管。

8. 第三次审单

物流企业发送舱单和运单信息至跨境电商服务平台。

9. 清单审核

国外消费者在跨境电商交易平台成功支付订单后，电商企业将订单信息发送至跨境电商服务平台；支付企业发送支付信息至服务平台；物流企业发送舱单和运单信息至服务平台。跨境电商服务平台将接收到的三单信息（订单、运单、支付单）汇总生成清单信息。清单生成后，核对主运单、分单、重量等信息是否完整，核对无误后，将生成的清单信息（三单和清单）分别批量申报至海关管理平台和检验检疫管理平台。清单申报后，系统首先进入电子审单环节，电子审单完成后，对于有潜在风险的物品，系统进入人工审单，由海关人工审核。审单结果包括暂存（退单）、审单通过、检验查验、检验放行等。

10. 放行

审核之后，通过国际物流将商品从出口国海关转运至进口国海关，再经过进口国国内物流企业将商品送达进口国消费者或零售商。

11. 报关

出口货物的发货人在根据出口合同的规定，按时、按质、按量备齐出口货物后，即应向运输公司办理租船订舱手续，准备向海关办理报关手续，或者委托专业（代理）报关公司办理报关手续。出口货物的报关时限为装货的 24 小时以前，不需要征税费、查验的货物，自接受申报起 1 日内办结通关手续。

跨境电子商务与传统的国际贸易相比，突破了地理位置的限制、文化交流更加方便透明、价格容易比对、中间环节更少等。表 3－1 对两者进行了对比。

表 3－1　　传统国际贸易与跨境电子商务的比较

项目	传统国际贸易	跨境电子商务
贸易方式	全部在线下完成	B2B 成交和通关流程基本在线下完成，纳入海关统计；B2C 完全在线上完成，大部分未纳入海关统计
通关模式	进出境须向口岸海关申报	网上进行三单比对，通关快速
物流方式	空运、集装箱海运	更多使用航空小包、邮寄、海外仓以及国内聚集后规模化运输等
支付结算方式	信用证、电汇、信汇、承兑交单等	借助第三方平台支付工具

第二节　跨境电子商务磋商

交易磋商是国际贸易的重要环节之一，商品的国际交易能否顺利达成，主要取决于交易双方对交易条件磋商的结果。交易双方为了争取有利的贸易条件，经常会产生争端。因此，双方要在平等互利的基础上，通过友好协商尽量争取做到对双方都有利；同时要保证所达成的协议符合各自国家的法律和规定，以及国际贸易惯例。

不同于传统的贸易方式，在国际电子商务活动中，原来交易磋商中的单证交换过程在国际电子商务中演变为记录、文件和报文在网络中的传递过程。各种各样的电子商务系统和专用数据交换协议自动地保证了网络信息传递过程的准确性和安全可靠性。各类商务单证、文件，如价目表、报价单、询盘、发盘、还盘、订单、订购单应答、订购单变更请求、运输说明、发货通知、付款通知等，在国际电子商务中都变成了标准的报文形式。这提高了整个交易过程的速度，减少了漏洞和失误，规范了整个商品贸易的过程。

跨境电商的交易磋商与传统贸易的交易磋商在内容和过程上是一致的，只是在磋商方式上更强调电子化。

一、跨境电商的磋商方式

传统贸易方式下，交易磋商的方式主要有函电磋商方式和直接洽谈方式（或称为口头磋商方式）两种。

跨境电商磋商的工具主要有：电子邮件、即时通信软件和传真及网络传真。

1. 电子邮件

可随时收发；通信成本低廉，能收发多样化信息载体的文件，如照片、图片、链接、PDF 格式文件等。

2. 即时通信软件

如 Skype 有视频聊天、多人语音会议、多人聊天、传送文件、文字聊天等功能。

3. 传真及网络传真

通过互联网将文件传送到传真服务器上，由服务器转换成传真机接收的通用图形格式后，再发送到全球各地的普通传真机上。

网上交易磋商并不意味着摒弃了交易双方面对面交流下的各种行之有效的贸易接洽形式，如参加各种交易会、洽谈会，以及贸易小组出访、邀请客户来访等。这些仍然是国际贸易中的重要磋商方式。

二、跨境电商的磋商内容

交易磋商的内容就是明确双方在交易中的权利、义务，对于所交易商品的种类、数量、价格、交货地点、交货期、付款方式、运输方式、违约和索赔等内容进行详细的讨论，以达成共识。

交易双方通常要磋商 14 个交易条件，每个交易条件均构成交易合同中的一个贸易条款。其中，一般贸易条件包括品名、规格、数量、包装、价格、装运期和支付条件。保险条款磋商与否，需要依据交易所使用的价格术语而定。基本贸易条件包括检验检疫、争端与索赔、不可抗力和仲裁。基本贸易条件主要的作用是保障交易的实施，或是预防争议的发生和解决争议。基本交易条件通常印在交易合同的背面，只要对方不提出异议，就不需要逐条商定。因此，基本交易条件也称为“背面条款”或“格式条款”。当然，如果对方对在合同中已印制的格式条款不接受，也可作出变更。

首先要对一般贸易条件进行磋商，达成一致后，再一一商定基本贸易条件。一旦谈判双方对各项条件达成一致，交易合同即告成立。

具体包括：

1. 价格条款

价格条款包含币别、金额、计量单位、贸易术语等 4 个要素。

2. 品名

品名包含商品编号和名称。

3. 规格或质量要求

规格或质量要求有两种表示方法：一是文字说明；二是以样品实物表示。

4. 数量

数量指欲交易的或最终合同确定的交易货物数量。

5. 包装

根据货物的特点，明确包装方式。

6. 付款方式

根据交易国家和自身的情况选择适合的付款方式。

7. 运输方式

选择适合商品的运输方式。

8. 有效期

明确该发盘的有效时间或在将来的某个时间点前截止。

9. 装运时间

确切告知对方货物装运时间。

10. 装运港

装运港指出口商所在国港口。

11. 目的港

目的港指进口商所在国港口。

12. 保险条款

在 CIF 情况下，出口商需代理进口商保险，如进口商在磋商中并没有提及保险条款，出口商只要投保最低险别即可；如进口商有明确提出多投，则在进口商承担风险和费用的情况下，出口商可以代办。

13. 唛头

内容繁简不一，由买卖双方根据商品特点和具体要求商定，包括：（1）收货人或买方

名称字首；（2）参照号码；（3）目的港（地）名称；（4）件数、批号，其作用在于使货物在装卸、运输、保管过程中容易被有关人员识别，以防错发错运。

14. 商检证书的要求

进口商根据货物的特点要求出口商提供的商检证书，在POCIB（Practice for Operational Competence in International Business，即国际贸易从业技能综合实训）中有“品质证书”、“健康证书”、“植物检疫证书”和“数量/重量证书”四种。

三、跨境电商的磋商程序

跨境电商磋商的一般程序包括：询盘、发盘、还盘、接受。其中，发盘和接受是不可缺少的两个基本环节。

1. 询盘

询盘也叫询价，指交易的一方准备购买或出售某种商品，向对方询问买卖该商品的有关交易条件。询盘的内容涉及价格、规格、品种、数量、包装、装运以及索取样品等。询盘只是表达了与对方交易的愿望，不具备任何法律效力。不是交易磋商必须采取的环节。

2. 发盘

发盘也称为报盘、发价、报价，法律上称为要约，指交易的一方（发盘人）向另一方（受盘人）提出各项交易条件，并愿意按这些条件达成交易的一种表示。在发盘的有效期内，一经受盘人无条件接受，合同即告成立，发盘人承担按发盘条件履行合同义务的法律责任。发盘多由卖方提出，也可由买方提出，也称递盘。实务中常见由买方询盘后，卖方发盘，但也可以不经过询盘，一方径直发盘。

3. 还盘

受盘人不同意发盘中的交易条件而提出修改或变更的意见，称为还盘。在法律上称为反要约。还盘实际上是受盘人以发盘人的地位发出的一个新盘，原发盘人成为新盘的受盘人。还盘又是原受盘人对原发盘的拒绝，原发盘因对方还盘而失效，原发盘人不再受其约束。还盘可以在双方之间反复进行。

4. 接受

接受是受盘人在发盘的有效期内，无条件地同意发盘中提出的各项交易条件，愿意按这些条件和对方达成交易的一种表示。接受在法律上称为承诺，接受一经送达发盘人，合同即告成立。双方均应履行合同所规定的义务并拥有相应的权利。

第三节　跨境电子商务合同签订和履行

买卖双方经过交易磋商、达成协议后，要签订书面合同，作为约束双方权利和义务的依据。在国际贸易中，买卖合同一经依法有效成立，有关当事人必须履行合同规定的义务。

一、跨境电商出口合同的履行

出口合同的履行过程包括备货、催证、审证、改证、租船订舱、报关、报验、保险、装船、制单结汇、索赔和理赔等多种环节。其中又以货（备货）、证（催证、审证、改证）、船（租船订舱）、款（制单结汇）4个环节最为重要。

1. 备货

备货工作是指卖方根据出口合同的规定，按时、按质、按量地准备好应交的货物，并做好申请报验和领证工作。凡属国家规定，或合同要求的，需向商品检验部门申请检验的商品，只有取得商检部门发给的合格的商品检验证书，海关才准放行。商品检验证书的有效期，一般货物是从发证之日起两个月内有效；鲜果、鲜蛋类为两星期内有效，植物检疫为三星期内有效；如超过有效期装运出口，应向商检部门申请展期，并由商检部门进行复验合格后才能出口。

2. 信用证管理

信用证管理主要包括催证、审证和改证三个环节。催证是指如果在出口合同中买卖双方约定采用信用证方式，买方未按合同的规定开立信用证的情况下，催促买方尽快办理开证手续。审证是指卖方在收到买方开具的信用证后，依照合同条款的内容进行严格审查。改证是指对信用证进行了全面细致的审核以后，如果发现其中有不符合合同条款的内容或者对卖方不利的交易条件，及时通知买方对信用证进行修改。

3. 运输管理

各进出口公司在备货的同时，如系CIF或CFR合同，还必须做好租船订舱工作，办理报关、投保等手续。

4. 制单结汇

出口货物装运之后，进出口公司即应按照信用证的规定，正确缮制各种单据。在信用证规定的交单有效期内，递交银行办理结汇。

5. 索赔和理赔

在出口合同履行过程中，如买方未按合同规定履行义务，致使卖方遭受损失，可根据不同对象、不同原因以及损失大小，向对方提出索赔。

二、跨境电商进口合同的履行

履行进口合同的主要环节是：开立信用证、租船订舱和装运、办理保险、审单和付汇、报关和检验、进口索赔。

1. 开立信用证

进口合同签订后，开证行应开证申请人（即进口方）的申请，向受益人（即出口方）开具的具有一定金额的，承诺在一定期限内凭规定的单据付款的书面保证文件。

2. 租船订舱和装运

FOB价格条件下的进口合同规定，卖方在交货前一定时期内应将预计装船日期通知

买方，买方在接到通知后，及时办理租船订舱手续，然后按照规定的期限通知对方船名及船期，以便对方备货装船。

3. 办理保险

FOB或CFR价格条件下的进口合同规定，保险由买方办理。凡是进口货物均由我国进出口公司委托中国对外贸易运输公司办理保险，并由外运公司同中国人民保险公司签订预约保险合同。每批进口货物，在收到国外装船通知后，将船名、提单号、开船日期、商品名称、数量、装运港、目的港等项内容通知保险公司，即视为已办妥保险手续。

4. 审单和付汇

中国银行接到国外寄来的汇票及单据后，对照信用证的规定，核对单据的份数和内容。如内容无误，由中国银行对国外付款。同时，进口公司用人民币按照国家规定的牌价向中国银行买汇赎单。如审核国外单据发现证、单不符时，要立即处理，要求国外改正，或停止对外付款。进出口公司凭中国银行出具的《付款通知书》向用货部门进行结算。

5. 报关和检验

进口货物到货后，由进出口公司或委托外运公司根据进口单据填写《进口货物报关单》向海关申报，并随附发票、提单及保险单。如属法定检验的进口商品，还须随附商品检验证书。货、证经海关查验无误，才能放行。进口货物须经商检部门进行检验。如有残损短缺，凭商检部门出具的证书对外索赔。

6. 进口索赔

货物到达目的港后，如进口商品因品质、数量、包装等不符合合同的规定，应及时向有关方面提出索赔。

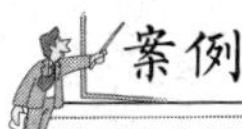

敦煌网交易流程五部曲

一、交易五部曲之轻松注册敦煌网

敦煌网（www.DHgate.com）是全球领先的在线外贸交易B2B平台。敦煌网已牵手中国2 000多个产业带、2 200万种商品、200万供应商与全球222个国家和地区的2 100万中小微零售商在线交易，在品牌优势、技术优势、运营优势、用户优势四大维度上建立起了行业难以复制的竞争优势。

如果您是卖家：在敦煌网轻松注册认证、发布产品、出单、快速发货、交易完成收款。

如果您是买家：免费注册，购买时需要向敦煌网支付一部分佣金。

注册步骤：进入注册页面—填写注册信息—手机验证并提交—邮件激活。

二、交易五部曲之上传产品

产品是由文字和图片组成的，详细的文字描述和清晰的图片可以更加吸引买家的眼球。上传产品的步骤如下：

第一步：请您选择合适的产品分类。

第二步：请您填写详细的产品信息，包括产品信息描述、产品销售信息、其他信息。

上传新产品的入口：登录“我的 DHgate”—“产品”—“添加新产品”页面（见图 1），就可以开始上传新产品了。

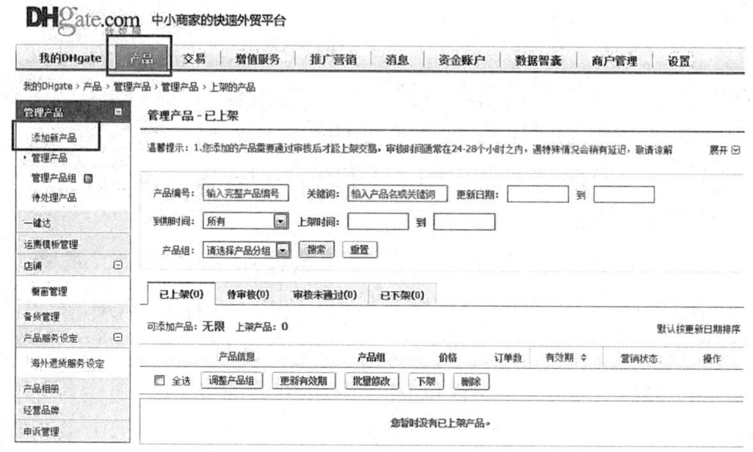

图 1

（一）产品分类

可以手动选择目录，也可以输入关键词搜索目录。

手动选择目录的方法：逐级选择目录，直到最后一级，下面同时会显示您已经选好的目录。如图 2 所示：

图 2

关键词搜索目录的方法：在“搜索产品分类”中输入您要搜索的单词（中文、英文均可）。当您点击搜索之后，在结果栏会出现“所有分类”和“搜索结果”。您可以在“搜索结果”中选择您的产品分类，也可以重新回到“所有分类”，同样下面也会显示您已经选好的目录。如图 3 所示：

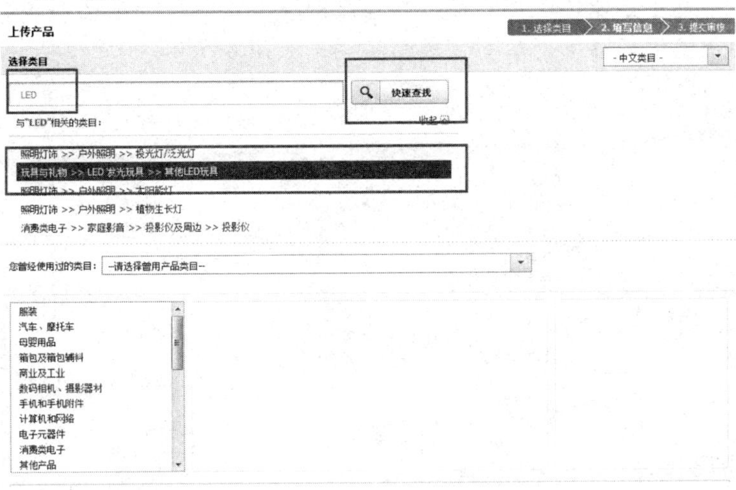

图 3

（二）产品基本信息

1. 产品名称

产品名称要清楚、完整、形象。建议在关键词栏目中多填入一些可以让买家在查找物品时会搜索到的词语。可以输入中文标点符号，它们会自动转化成英文标点符号，最多可输入 140 个字符。如图 4 所示：

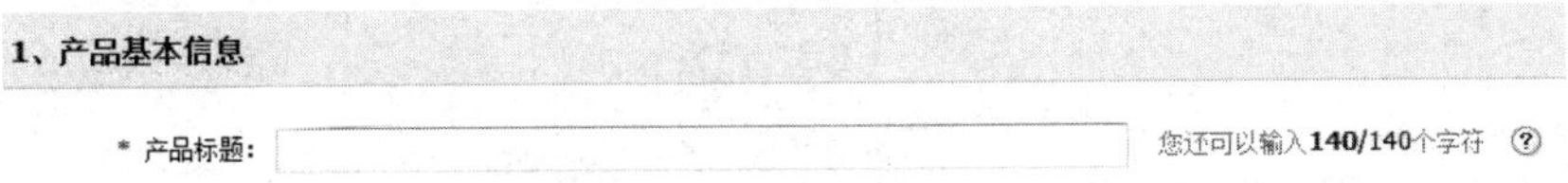

1、产品基本信息

* 产品标题： 您还可以输入140/140个字符

图 4

2. 产品基本属性

设置完整的产品属性有助于买家更容易找到您的产品。如图 5 所示：

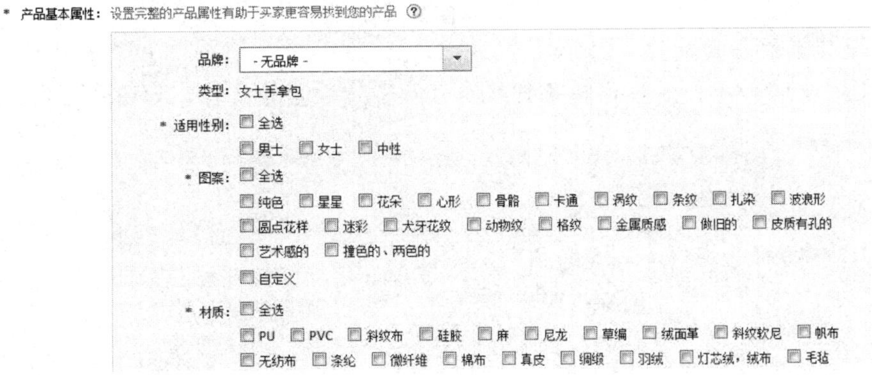

* 产品基本属性：设置完整的产品属性有助于买家更容易找到您的产品

品牌： - 无品牌 -

类型：女士手拿包

* 适用性别：全选
男士 女士 中性

* 图案：全选
纯色 星星 花朵 心形 骨骼 卡通 涡纹 条纹 扎染 波浪形
圆点花样 迷彩 犬牙花纹 动物纹 格纹 金属质感 做旧的 皮质有孔的
艺术感的 撞色的、两色的
自定义

* 材质：全选
PU PVC 斜纹布 硅胶 麻 尼龙 草编 绒面革 斜纹软尼 帆布
无纺布 涤纶 微纤维 棉布 真皮 绸缎 羽绒 灯芯绒，绒布 毛毡

图 5

3. 产品规格说明

这是对产品名称中不能体现的产品参数信息的补充，具体指产品参数，如颜色等，对于买家选择产品很重要，请务必填写完整、详细。如图 6 所示：

* 产品规格：产品的不同规格，可以设置不同的零售价，并在前台展示给买家

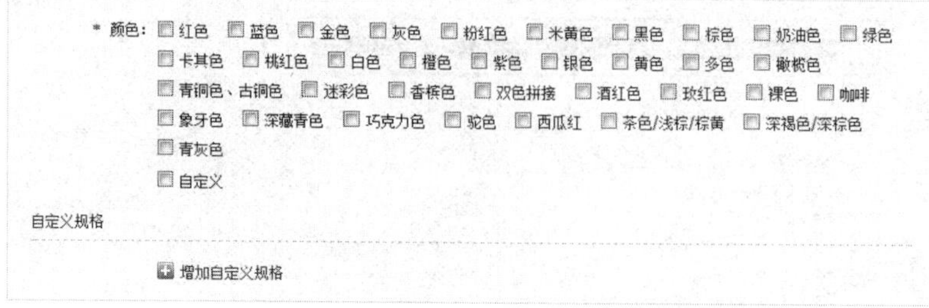

图 6

（三）产品销售信息

1. 销售计量单位

会出现件、套等单位，如图 7 所示：

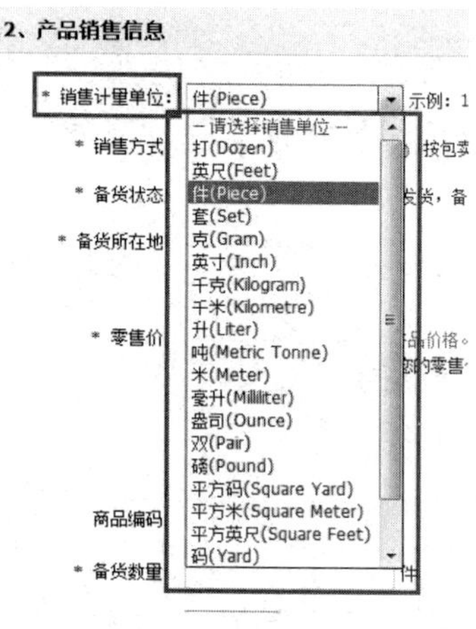

图 7

2. 备货状态及备货数量

选择好销售计量单位后，选择备货状态以及备货数量等信息，如图 8 所示：

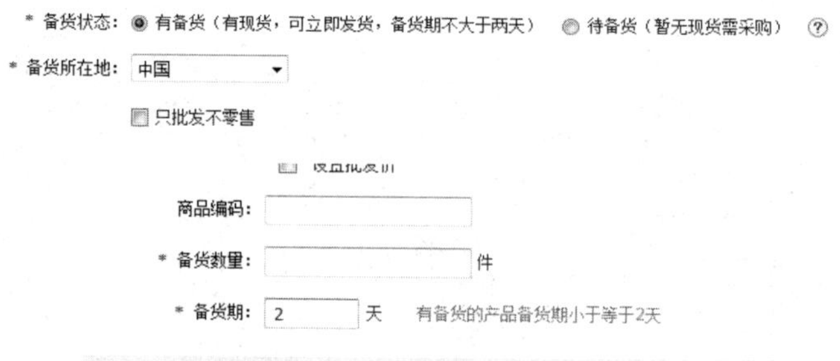

* 备货状态：有备货（有现货，可立即发货，备货期不大于两天） 待备货（暂无现货需采购）

* 备货所在地：中国

只批发不零售

商品编码：

* 备货数量： 件

* 备货期：2 天 有备货的产品备货期小于等于2天

图 8

3. 价格设置

在敦煌网，您可以针对同一产品的不同数量区间，分别设置各个数量区间的不同报价和交货期；如果同一产品还有不同的规格，您也可以对不同的规格在不同的数量区间设置各自的价格和交货期。

零售，如图 9 所示：

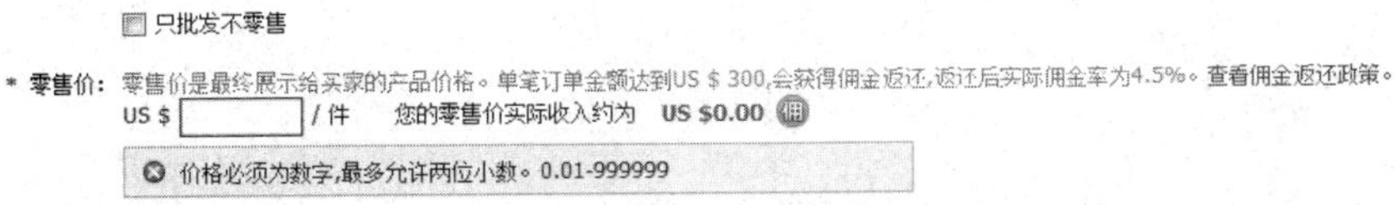

只批发不零售
* 零售价：零售价是最终展示给买家的产品价格。单笔订单金额达到US $ 300,会获得佣金返还,返还后实际佣金率为4.5%。查看佣金返还政策。
US $
/ 件
您的零售价实际收入约为
US $0.00
价格必须为数字,最多允许两位小数。0.01-999999

图 9

点击“只批发不零售”，如图 10 所示：

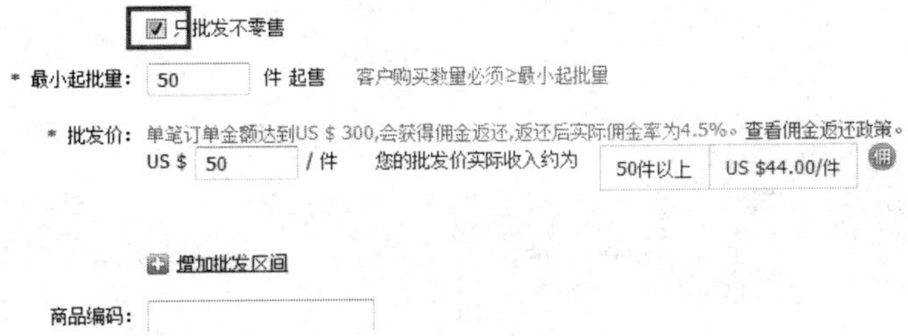

只批发不零售
* 最小起批量：
50
件 起售
客户购买数量必须≥最小起批量
* 批发价：单笔订单金额达到US $ 300,会获得佣金返还,返还后实际佣金率为4.5%。查看佣金返还政策。
US $
50
/ 件
您的批发价实际收入约为
50件以上
US $44.00/件
增加批发区间
商品编码：

图 10

（四）产品内容描述

1. 产品图片

用生动真实的图片展示您的产品，上传产品图片之前要将图片准备好，上传图片时系统会自动生成水印防止其他人盗用，如图 11 所示：

3、产品内容描述
产品关键词：
添加多个关键词
* 产品图片：
图片格式JPEG，文件大小2M以内，切勿盗用他人图片，以免受网规处罚。
本地上传
相册上传
您还可以上传8 /8 张
主图片
暂无图片

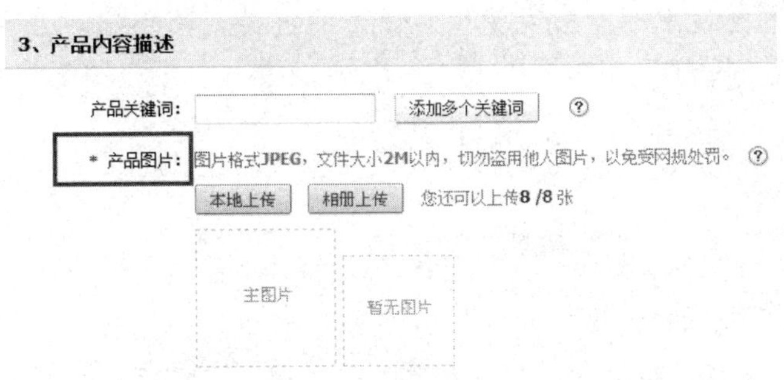

图 11

点击“本地上传”后，点击“上传”，如继续上传请点击“本地上传”，最多可以上传 8 张图片，如图 12 所示：

3、产品内容描述
产品关键词：
添加多个关键词
* 产品图片：图片格式JPEG，文件大小2M以内，切勿盗用他人图片，以免受网规处罚。
本地上传
相册上传
您还可以上传7 /8 张
7
删除

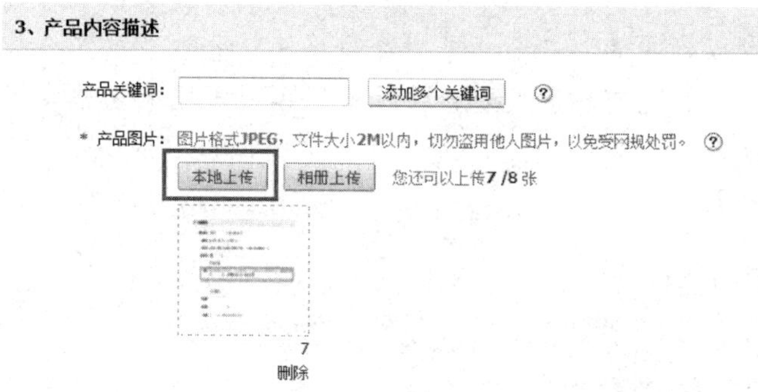

图 12

图片上传后可以删除，如图 13 所示：

* 产品图片：图片格式JPEG，文件大小2M以内，切勿盗用他人图片，以免受网规处罚。
本地上传
相册上传
您还可以上传7 /8 张
7
删除

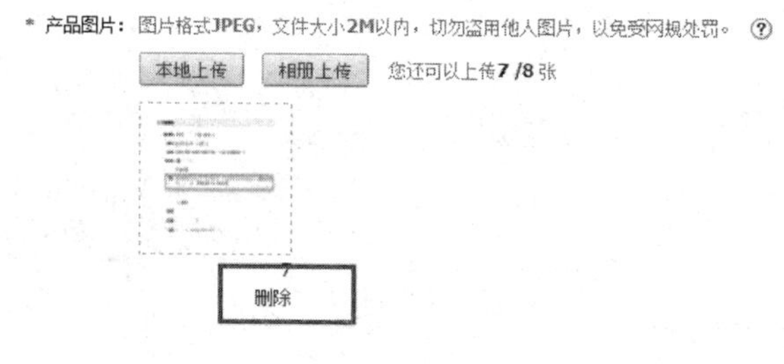

图 13

2. 产品详细描述

把在产品名称和规格说明中不能覆盖的产品信息进一步详细地展示给买家；将买家比较关注的产品的特色、功能、服务、包装及运输信息等展示出来，让买家可以一目了然地了解尽可能多的产品相关信息。还可以通过一些个性化的描述展现卖家的专业性，如制作模板、敦煌网相关产品的站内链接，向买家展示更多的相关产品，进行自我促销，引起买家的兴趣。详细描述中有 5 万个字符空间，支持 HTML 语言（见图 14）。

温馨提示：详细描述中不能出现敦煌网以外的链接，禁止出现任何形式的联系方式，如邮箱、公司网址、SKYPE 等。

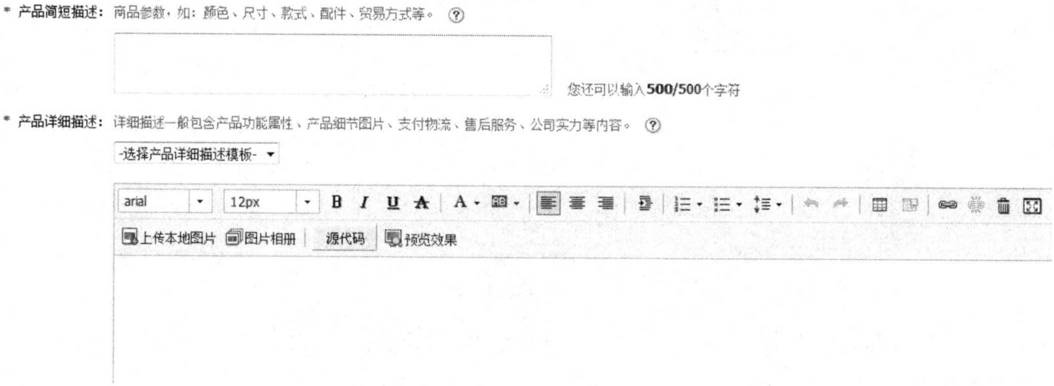

* 产品简短描述：商品参数，如：颜色、尺寸、款式、配件、贸易方式等。
您还可以输入500/500个字符
* 产品详细描述：详细描述一般包含产品功能属性、产品细节图片、支付物流、售后服务、公司实力等内容。
-选择产品详细描述模板-
arial
12px
上传本地图片
图片相册
源代码
预览效果

图 14

（五）产品包装信息

包装尺寸：在此输入长、宽、高。如图 15 所示：

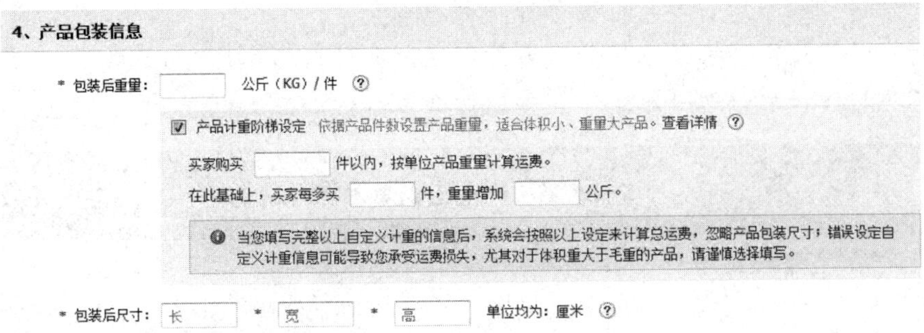

图 15

（六）运费设置

可以通过“管理运费模板”进行运费的设置，如图 16 所示：

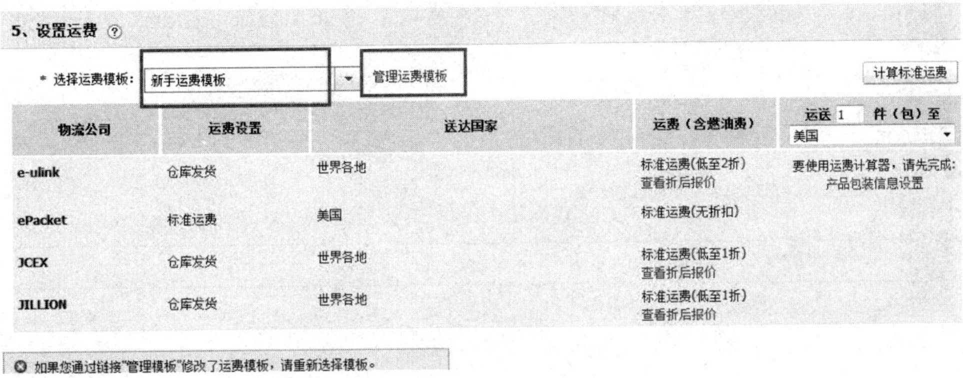

图 16

敦煌网支持的快递公司有：EMS、UPS、DHL、FEDEX、TNT、China Post Air、China Post SAL（见图 17）。

图 17

设定运费包括：标准运费和免运费。

标准运费：敦煌网按照各物流服务提供商给出的官方报价计算运费。决定运费的因素通常为：货物送达地、货物包装重量、货物体积重量。

免运费：运费为零，可以选择免运费的国家，即针对某些特定的国家免运费。

点击“免运费”后，就可以选择能免运费的国家，如图 18 所示：

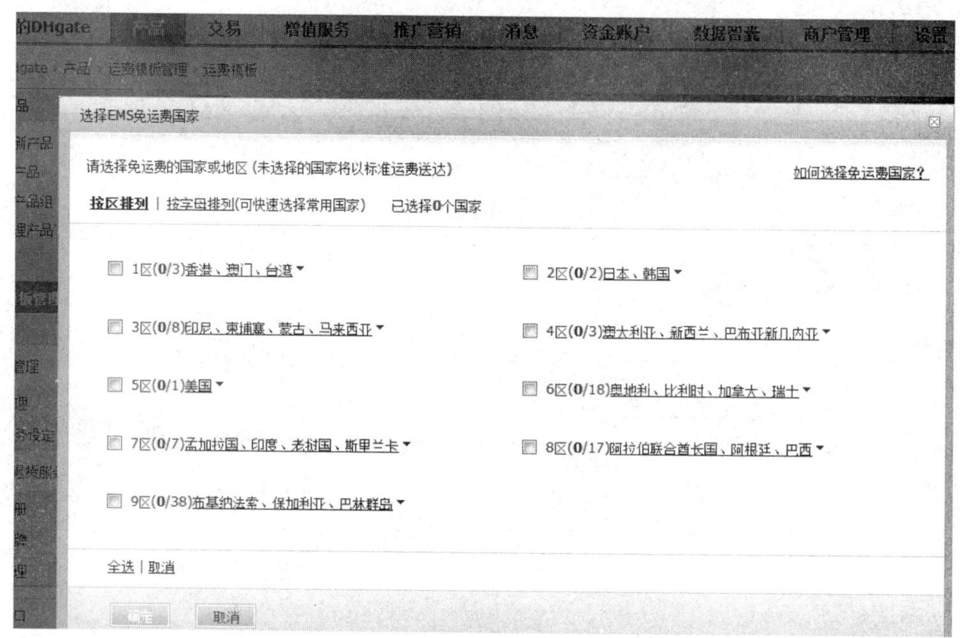

图 18

自定义运费：点击“自定义运费”后，可以设置运费定义和适用国家。如图 19 所示：

图 19

运费定义：如果您对运费比较了解，您可以自由选择不同国家的不同运费区间，自由定义不同数量区间中不同运费组合。

可以点击“添加一组国家运费”来增加运费区间，如图 20 所示：

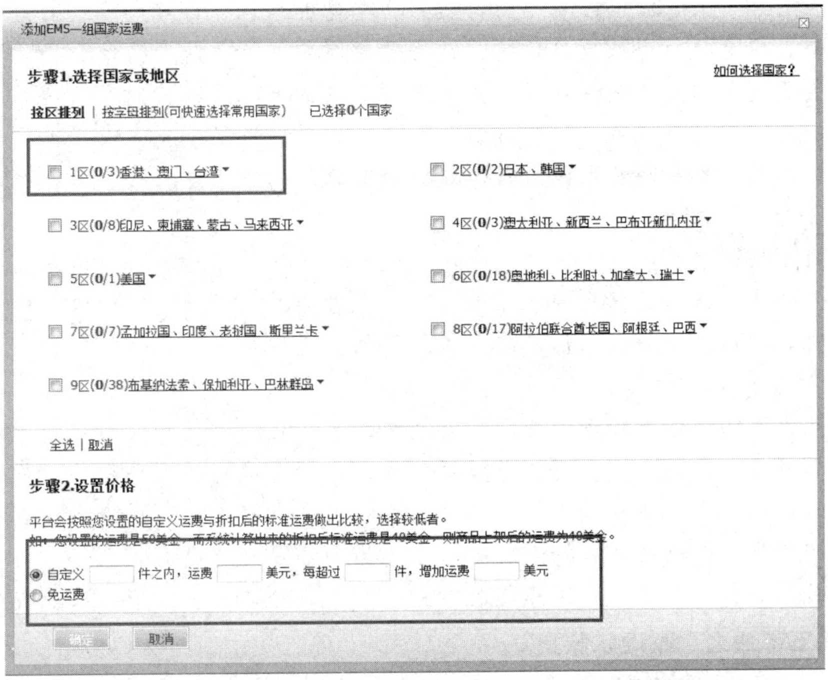

图 20

提示：如果您经常使用当前的运输设置，可以将其设置成模板，以后在定义运费时直接选择模板即可。

（七）其他信息

产品有效期：产品有效期指的是自产品成功提交那天起，到您的产品停止在网上展示那天截止的时间段，有效期默认为 90 天。

三、交易五部曲之卖家发货

在您登录敦煌网后，进入“我的 DHgate”，点击“我的订单”，即进入订单信息页面。此时您可以查询您的产品订单，填写订单执行情况，与买家沟通交流，订单执行完毕后还可以点评该买家。

1. 查看订单

卖家可以通过订单的不同情况查看订单信息，这几种不同的订单情况是：执行中的订单、未付款的订单、纠纷中的订单、已取消的订单、交易关闭的订单、已完成的订单。

可以看到的订单的列表信息包括：买家、订单号、下单日期、付款日期、订单金额、当前状态、更新日期、交货截止日、发货日期。

其中，点击买家可以看到详细的买家信息，点击订单号可以看到详细的订单信息。

（注意：只有当订单从未付款的订单转到执行中的订单，订单状态为买家已付款、等待卖家确认时，卖家点击“开始备货”后才可以发货。如果在这之前卖家就将货物发出，所有的后果都由卖家自行承担。）

2. 确认订单

当您收到订单后，如果确定执行订单，请在货款已经确认收到后 48 小时内做出回应，并点击“开始备货”。如果超过48小时，卖家将不能继续执行订单，那么敦煌网将确认卖家不执行订单，将会执行退款操作，并且通知买家订单取消，此产品也会自动下架。

这里需要您关注的是一定要注意时间，根据自身的情况及时决定是否要执行订单。如果因为货物不全只能部分发货，请先确认执行，在之后的备货期里与买家沟通，给自己赢得解决问题的时间。不要轻易取消订单，这样会有损您的信用度。

3. 订单进入备货阶段

请在备货期到来之前，按时发货。(备货期是卖家自己定的，所以要根据自身的实际情况来填写。备货期是从订单列表信息中的“付款日期”之日开始。)如果到了发货期卖家还没有发货，敦煌网将会发邮件告之卖家将要执行退款给买家的操作。

4. 发货后卖家要做什么

货物要按正确的地址来邮寄，并保存好货运底单。在发送货物之后，请及时到订单里填写货运跟踪单号。例如：您自定的发货期为3天，那么请您一定要在3天内发货后及时填写货运单号，证明您已经发送了货物。如果在限期内没有填写货运单号，您将被视为没有在发货期内发货，系统会退款给国外的买家。当国外客户说没有收到货物时，这个货运跟踪单号也可以提供一个证明，保障您的利益。

四、交易五部曲之买家确认收货

当您通过“货运单号”查到货物已经妥投之后（相关的快递网站如www.ems.com.cn)，可以在“我的DHgate”—“我的订单”—“待处理订单”—“已发货”里找到此订单，点击“请款”按钮（请款按钮是在正确填写货运单号之日起5天后出现，请款只能申请两次，且两次请款间隔至少3天)。敦煌网会在一个工作日内审核，核实此订单没有任何问题之后，例如国家、时间、邮编和签收人信息一致，平台会发催点信给买家，买家3天之内没有提交纠纷，则订单完成。否则，您的请款将被拒绝，订单会被延迟放款，届时您可以在“我的DHgate”—“我的订单”—“待处理订单”—“已发货”里看到订单自动完成的时间。

五、交易五部曲之交易成功，卖家收款

如果买家在收到货物之后确认无误，登录后台，点击“complete order”按钮完成交易，敦煌网将放款并邮件通知卖家。这个时候整个交易就完成了，卖家可以在后台申请提款。

关键术语

跨境电子商务交易流程　跨境电子商务磋商　跨境电商出口合同的履行　跨境电商进口合同的履行

复习思考题

1. 传统贸易的交易流程与跨境电子商务的交易流程的区别与联系是什么？
2. 跨境电子商务磋商的主要内容有哪些？
3. 跨境电子商务的出口合同履行包括哪些环节？
4. 跨境电子商务的进口合同履行包括哪些环节？

第四章

跨境电子商务贸易术语

第一节　贸易术语含义及相关国际惯例

一、贸易术语的含义与作用

在国际贸易中，由于买卖双方相距遥远，各自的语言、文化和商业习惯都不尽相同，同时，货物在从卖方向买方移交的过程中涉及运输、保险和仓储等诸多环节，因此增加了交易洽商和合同履行的难度。人们在长期的贸易实践中逐渐探索出一些习惯做法，并且冠以专门的用语来规定所售货物的交货方法，经过归纳、整理并编撰成册，形成了一套国际惯例，从而简化了货物的对外销售。

贸易术语又称为贸易条件、价格术语，是指用一个简短的概念或三个英文字母来说明商品的价格构成、交货地点、买卖双方风险的划分以及费用和责任归属的专门用语。贸易术语在国际贸易实践中被广泛地使用，极大地促进了国际贸易的发展。具体表现为：简化交易手续，缩短洽商时间，促进交易达成；节省费用开支，有利于核算成本和价格；明确买卖双方的权利和义务，有利于履约中争议的解决。

当买卖双方当事人在合同中确定采用某种贸易术语时，就要求合同中的其他条款都与其相适应。因此，在国际贸易中，一般都以合同中使用的贸易术语来确定合同的性质，即合同如果使用的是 FOB 术语，则该合同就被称为是 FOB 合同。

贸易术语是在长期的国际贸易实践中产生的，并且随着国际贸易及相关行业的发展而不断地发展，以适应贸易实践的需要。

二、与贸易术语有关的国际惯例

不同国家对贸易术语的不同规定和解释，导致了国际贸易中的矛盾和纠纷。为了解决这些矛盾，促进国际贸易的发展，国际商会等国际组织以及美国一些著名商业团体制定了解释国际贸易术语的规则，这些规则在国际贸易中得到了广泛应用，并成为国际贸易惯例。

有关贸易术语的国际贸易惯例主要有三种，即《1932 年华沙—牛津规则》、《1990 年美国对外贸易定义修订本》和《国际贸易术语解释通则》。

（一）《1932 年华沙—牛津规则》

《1932 年华沙—牛津规则》（Warsaw-Oxford Rules 1932）是国际法协会专门为解释 CIF 合同而制定的。19 世纪中叶，CIF 贸易术语在国际贸易中得到广泛采用，然而对使用这一术语时买卖双方各自承担的具体义务，并没有统一的规定和解释，容易引起双方争议，不利于国际贸易的进行。对此，国际法协会于 1928 年在波兰首都华沙召开会议，制定了关于 CIF 买卖合同的统一规则，并称之为《1928 年华沙规则》，共包括 22 条。其后，经过 1930 年的纽约会议、1931 年的巴黎会议和 1932 年的牛津会议，将此规则修订为 21 条，并更名为《1932 年华沙—牛津规则》，沿用至今。这一规则对于 CIF 的性质，买卖双方所承担的风险、责任和费用的划分，以及货物所有权转移的方式等问题都作了比较详细的解释。

（二）《1990 年美国对外贸易定义修订本》

《1990 年美国对外贸易定义修订本》（Revised American Foreign Trade Definitions 1990）是由美国几个商业团体制定的。它最早于 1919 年在纽约制定，原称为《美国出口报价及其缩写条例》。1940 年美国第 27 届全国对外贸易会议对该条例进行修订。1941 年 7 月，美国商会、美国进口商协会和全国对外贸易协会所组成的联合委员会通过这一修订后，由全国对外贸易协会予以公布，并将其命名为《1941 年美国对外贸易定义修订本》。至 1990 年，美国商业团体又对该文本加以修订，改称《1990 年美国对外贸易定义修订本》，其中所解释的贸易术语共有 6 种，分别如下所示。

（1）EXW（ex works）（工厂交货）。

（2）FOB（free on board）（在运输工具上交货）。

（3）FAS（free along side）（在运输工具旁边交货）。

（4）CFR（cost and freight）（成本加运费）。

（5）CIF（cost，insurance and freight）（成本加保险费、运费）。

（6）DEQ（delivered ex quay）（目的港码头交货）。

《1990 年美国对外贸易定义修订本》主要在北美国家采用，由于它对贸易术语的解释，特别是对第（2）种和第（3）种术语的解释与国际商会制定的《国际贸易术语解释通则》有明显的差异。并且其使用范围和术语种类较为有限，目前渐渐出现了被《国际贸易术语解释通则》所取代的趋势。尽管如此，鉴于北美国家长期以来的习惯做法，在同北美国家进行交易时仍应加以注意。

（三）《国际贸易术语解释通则》

国际商会于 1936 年制定了一套解释贸易术语的国际规则，定名为《国际贸易术语解释通则》（International Rules for the Interpretation of Trade Terms，INCOTERMS）。在随后的若干年间，为了适应国际贸易实践的不断发展，国际商会于 1953 年、1967 年、1976 年、1980 年、1990 年、2000 年、2010 年和 2020 年分别对该通则进行了八次修订和补充。

20 世纪 50 年代末，西欧与东欧及苏联之间盛行边境交货及进口国目的地交货的贸易实践，国际商会于 1967 年补充了 DAF（边境交货）和 DDP（完税后交货）两种贸易术语。

1976 年增订的 FOB airport 术语（起运地机场交货），就是针对航空运输货物日益普遍的现象提出的，贸易术语的适用范围再次扩大。随着集装箱运输方式的发展，国际商会于 1980 年增订了 FCA（货交承运人）术语，以适应国际多式联运下门至门交货方式的需要。1990 年，电子数据交换系统在国际贸易中被频繁使用，越来越多的交易通过电子计算机通信系统来处理。因此，《国际贸易术语解释通则 1990》（简称《通则 1990》）中明确规定，在卖方必须提供商业发票或合同可能要求的其他单证时，可提供“相等电子单证”以替代纸质单证。《国际贸易术语解释通则 2000》（简称《通则 2000》）在《通则 1990》的基础上考虑到了无关税区的广泛发展、交易中使用电子信息的增加以及运输方式的变化等情况，作了进一步的修订。但《通则 2000》与《通则 1990》看上去变化很小，只是在两个方面作出了实质性变化：一是 FAS 和 DEQ 术语下办理清关手续和缴纳关税的义务，二是 FCA 术语下装货和卸货的义务。

为适应国际贸易的快速发展和国际贸易实践领域的新变化，国际商会于 2007 年再次发起对《通则 2000》进行修订的动议，并组建了修订小组。历时 3 年多，征集了国际商界的大量意见和建议，几易其稿，最终版本于 2010 年 9 月面世，并于 2011 年 1 月 1 日起生效，称为《国际贸易术语解释通则 2010》（简称《通则 2010》）。

《通则 2010》考虑了无关税区的不断扩大、商业交易中电子信息使用的增加、货物运输中对安全问题的进一步关注以及运输方式的变化。《通则 2010》在引言中强调，如果想在合同中使用《通则 2010》，应在合同中明确表示；选用的术语要适合货物的性质和运输方式；针对国际贸易术语的变通，《通则 2010》并未禁止，但进行了风险提示；尽可能对地点或港口作出详细说明；国际贸易术语并没有给出一个完整的买卖合同；《通则 2010》对各种常用的专业词语，如“承运人”“海关手续”“交货”“交货凭证”“电子记录或程序”“包装”等，作了明确的解释。国际商会多年来一直关注国际贸易的发展实践并致力于国际惯例的编纂和修订工作，因此也使得其修订的通则成为在国际贸易中影响范围最广的国际贸易惯例。

《通则 2010》共包括 11 种贸易术语，按适用的运输方式划分为两类：一类适合任何运输方式，一类仅适用于海运和内河运输方式。

第二节　适合任何运输方式的贸易术语

一、EXW 术语

（一）EXW 术语的含义

EXW 是 ex works（...named place of delivery）的缩写，即工厂交货（……指定交货地点）。EXW 是指当卖方在其所在地或其他指定的地点将货物交给买方处置时，即完成交货，卖方不办理出口清关手续或将货物装上任何运输工具。EXW 术语适合所有运输方式。

采用 EXW 条件成交时，卖方承担的风险、责任以及费用都是最小的，因而货物价格是最低的。

(二) 买卖双方的基本义务

1. 卖方义务

(1) 在合同规定的时间、地点，将合同要求的货物置于买方的处置之下。

(2) 承担将货物交给买方处置之前的一切风险和费用。

(3) 提交商业发票或有同等作用的电子信息。

2. 买方义务

(1) 在合同规定的时间、地点，受领货物，并支付货款。

(2) 承担受领货物后的一切费用和风险。

(3) 自负费用和风险，取得出口许可证和进口许可证或其他官方许可，并负责办理货物的出口和进口所需的一切海关手续。

二、FCA 术语

(一) FCA 术语的含义

FCA 是 free carrier (…named place of delivery) 的缩写，即货交承运人（…… 指定交货地点)。FCA 是指卖方只要将货物在指定的地点交给买方指定的承运人，并办理出口清关手续，即完成交货。承运人是指在运输合同中承诺通过铁路、公路、空运、海运、内河运输或上述运输的联合方式履行运输任务或由他人履行运输任务的任何人。该术语可用于各种运输方式，包括多式联运。

(二) 买卖双方的基本义务

1. 卖方义务

(1) 办理出口清关手续，在指定地点按约定日期将货物交给买方指定的承运人，并给予买方货物已交付的充分通知。

(2) 承担货物交给承运人之前的一切费用和风险。

(3) 向买方提供约定的单据或具有同等效力的电子信息。

2. 买方义务

(1) 签订从指定地点承运货物的合同，支付有关的运费，并将承运人名称及有关情况及时通知卖方。

(2) 根据买卖合同的规定受领货物并支付货款。

(3) 承担受领货物之后所发生的一切费用和风险。

(4) 自负风险和费用，取得进口许可证或其他官方证件，并且办理货物进口所需的海关手续。

（三）采用 FCA 术语时应注意的问题

1. 关于承运人接货地点的问题

在 FCA 条件下，通常是由买方安排承运人，与其订立运输合同，并将承运人的情况通知给卖方。该承运人可以是拥有运输工具的实际承运人，也可以是运输代理人或其他人。如果双方约定的交货地点在卖方所在地，卖方负责把货物装上买方安排的承运人所提供的运输工具即可；如果交货地点是在卖方所在地以外的其他地方，当货物在卖方的运输工具上，尚未卸货交给买方处置时，即完成了交货义务。如果在约定地点没有明确具体的交货点，或者有几个交货点可供选择，卖方可以从中选择为完成交货义务的最适宜的交货点。

2. FCA 条件下风险转移的问题

当采用 FCA 术语成交时，买卖双方的风险划分是以货交承运人为界的。但由于 FCA 与 F 组其他术语一样，通常情况下是由买方负责订立运输契约，并将承运人名称及有关事项及时通知给卖方，卖方才能如约完成交货义务，并实现风险的转移。而如果买方未能及时给予卖方上述通知，或者他所指定的承运人在约定的时间未能接受货物，根据《通则 2010》的解释，自规定的交付货物的约定日期或期限届满之日起，由买方承担货物灭失或损坏的一切风险，但以货物被划归在本合同项下为前提条件，即必须经过特定化，可辨认其为买卖合同项下的标的物时，风险才能转移。

3. 关于责任和费用的划分问题

FCA 适用于包括多式联运在内的各种运输方式，卖方交货的地点也因采用的运输方式不同而不同。有时，卖方须在出口国的内陆，如车站、机场或内河港口，办理交货。不论在何处交货，根据《通则 2010》的解释，卖方都要自负风险和费用，取得出口许可证或其他官方批准证件，并办理货物出口所需的一切海关手续。这一规定对一些在出口国的内地口岸就地交货和交单结汇的做法是十分适宜的。

按照 FCA 术语成交，一般是由买方自行订立从指定地点承运货物的合同，但是，如果买方有要求，并在由买方承担风险和费用的情况下，卖方也可以代替买方指定承运人并订立运输合同。当然，卖方也可以拒绝订立运输合同，如果拒绝，应立即通知买方，以便买方另行安排。

在 FCA 条件下，买卖双方承担的费用一般也以货交承运人为界进行划分，即卖方负担货物交给承运人控制之前的有关费用，买方负担货交承运人之后的各项费用。但是，在一些特殊情况下，买方委托卖方代办一些本属自己义务范围内的事项所产生的费用，以及由于买方的过失所引起的额外费用，均应由买方负担。

三、CPT 术语

（一）CPT 术语的含义

CPT 是 carriage paid to (...named place of destination) 的缩写，即运费付至（……指定目的地）。CPT 是指卖方向其指定的承运人交货，并需支付将货物运至目的地的运费，而买方承担交货之后的一切风险和其他费用。该术语可适用于各种运输方式，包括多式联运。

（二）买卖双方的基本义务

1. 卖方义务

（1）必须订立将货物运往指定目的地的运输合同，并支付通常运费，按期将货物交给承运人，并向买方发出货物已交付的充分通知。

（2）自负风险和费用，取得出口许可证或其他官方文件，并办理货物出口所需的一切海关手续。

（3）承担货物交付承运人之前的一切费用和货物丢失与损坏的一切风险。

（4）向买方提交约定的单据或具有同等效力的电子信息。

2. 买方义务

（1）支付除通常运费之外的有关货物在运输途中产生的各种费用和卸货费。

（2）办理保险并支付保险费。自负风险和费用，取得进口许可证或其他官方文件，办理货物进口所需的一切手续。

（3）自卖方交付货物时起，承担货物丢失和损坏的一切风险。

（4）在目的地从承运人那里受领货物，并按合同规定受领单据和支付货款。

（三）采用 CPT 术语时应注意的问题

1. 风险划分的界限问题

按照 CPT 术语成交，虽然卖方要负责订立从起运地到指定目的地的运输契约，并支付运费，但是卖方承担的风险并没有延伸至目的地。按照《通则 2010》的解释，货物自交货地点至目的地的运输途中的风险由买方而不是卖方承担，卖方只承担货物交给承运人控制之前的风险。在多式联运情况下，卖方承担的风险自货物交给第一承运人控制时即转移给买方。

2. 责任和费用的划分问题

采用 CPT 术语时，买卖双方要在合同中规定装运期和目的地，以便卖方选定承运人，自费订立运输合同，将货物运往指定的目的地。卖方将货物交给承运人之后，应向买方发出货已交付的通知，以便买方在目的地受领货物。如果双方未能确定目的地买方受领货物的具体地点，卖方可以在目的地选择最适合其要求的地点。

按 CPT 术语成交，卖方只承担从交货地点到指定目的地的通常运费。通常运费之外的其他有关费用，一般由买方负担。货物的装卸费可以包括在运费中，统一由卖方负担，也可以由双方在合同中另行规定。

3. CPT 与 CFR 的异同点

CPT 与 CFR（本章第三节有详细介绍）有许多相似之处，按这两种术语成交，卖方承担的风险都是在交货地点随着交货义务的完成而转移，卖方都要负责安排自交货地至目的地的运输事项，并承担其费用。另外，按这两种术语订立的合同，都属于装运合同，卖方只需保证按时交货，而无须保证按时到货。

CPT 与 CFR 的主要区别在于适用的运输方式不同，交货地点和风险划分界限也不相同。CFR 适用于水上运输方式，交货地点在装运港，风险划分以装上船为界；CPT 适用于各种运输方式，交货地点因运输方式的不同而由双方约定，风险划分以货交承运人为界。除此之外，两者在卖方承担的责任、费用以及需提交的单据等方面也有区别。

四、CIP 术语

（一）CIP 术语的含义

CIP 是 carriage and insurance paid to（...named place of destination）的缩写，即运费、保险费付至（……指定目的地）。该术语是指卖方向其指定的承运人交货，并需支付将货物运至目的地的运费，办理买方货物在运输途中丢失或损坏风险的保险和支付保险费；而买方承担卖方交货之后的一切风险和额外费用。该术语适用于各种运输方式，包括多式联运。

（二）买卖双方的基本义务

1. 卖方义务

（1）订立将货物运往指定目的地的运输合同，并支付有关运费。

（2）在合同规定的时间、地点，将合同规定的货物置于承运人的控制之下，并及时通知买方。

（3）承担将货物交给承运人控制之前的一切风险。

（4）按照买卖合同的约定，自负费用投保货物运输险。

（5）自负风险和费用，取得出口许可证或其他官方批准证件，并办理货物出口所需的一切海关手续，支付关税及其他有关费用。

（6）提交商业发票和在约定目的地提货所需的通常的运输单据或具有同等作用的电子信息，并且自费向买方提供保险单据。

2. 买方义务

（1）自卖方交付货物时起，承担货物灭失和损坏的一切风险。

（2）支付除通常运费之外的有关货物在运输途中所产生的各项费用和卸货费。

（3）在目的地从承运人那里受领货物，并按合同规定受领单据和支付货款。

（三）使用 CIP 应注意的问题

1. 关于保险的问题

根据《通则 2010》，如未约定险别，卖方应按惯例投保最低限度的险别。保险金额一般在合同价格的基础上加成 10%，如有可能，卖方应按合同货币投保。按 CIP 条件成交，是否加保战争、罢工、暴乱及民变险，由买方决定，卖方并无加保此险的义务。但若买方要求加保，卖方应予以办理。不过，加保此险的费用，如事先未约定，应由买方另行负担。

2. 关于 CIP 与 CIF 差异的问题

上述解释表明，CIP 等于 CPT 加保险费，或者等于 FCA 加运费和保险费。CIP 与 CIF（本章第三节有详细介绍）有许多相似之处，如在其价格构成因素中，都包括通常的运费和约定的保险费，故卖方都应担负安排运输、保险的责任并支付有关费用。按这两种术语成交的都属于装运地交货，其合同性质都为装运合同，故货物的在途风险均由买方承担。这两种术语的不同之处主要在于适用范围，CIF 仅适用于水上运输方式，而 CIP 适用于任何运输方式，其中包括多式联运。

五、DAP 术语

（一）DAP 术语的含义

DAP 是 delivered at place（...named place of destination）的缩写，意指目的地交货。当卖方在指定目的地将还在运抵运输工具上可供卸载的货物交由买方处置时，即为交货。术语中所指的运抵运输工具不仅指卡车和火车，还包括船舶；目的地还包括港口。按照该术语，卖方应承担将货物运至指定目的地的一切风险和费用（进口费用除外），无须卸货，即完成交货义务。该术语适用于任何运输方式，包括多式联运。

（二）买卖双方的基本义务

1. 卖方义务

（1）提供符合合同约定的货物和商业发票，以及合同可能要求的与合同相符的其他证据。

（2）自负费用和承担风险，办理出口通关手续。

（3）自负费用签订运输合同，将货物运至指定目的地或指定目的地的约定地点。

（4）在约定的日期，将货物放在已抵达的运输工具上，准备好在约定目的地的约定地点卸货，听由买方处置。

（5）承担交货之前的货物灭失和损坏的一切风险。

（6）发出通知，以便买方采取收取货物的必要措施。

2. 买方义务

（1）接受卖方提供的单据，在指定目的地或指定目的地的约定地点接收货物，并支付货款。

（2）自负费用和承担风险，办理进口通关手续。

（3）承担自交货后货物灭失和损坏的一切风险。

（4）当有权决定收取货物时，向卖方发出充分通知。

（5）承担卸货费用。

使用该术语时，由于卖方承担在指定地点交货前的风险，买卖双方应尽量清楚地订明指定目的地的交货点，而由于卖方安排运输，因此运输合同要与所选择的运输方式确切吻合。

六、DAT 术语

（一）DAT 术语的含义

DAT 是 delivered at terminal（...named terminal at port or place of destination）的缩写，意指运输终端交货，指卖方在指定的目的地或目的港的集散站卸货后将货物交给买方处置即完成交货。术语中所指的运输终端意味着任何地点，例如码头、仓库、集装箱堆场等。按此术语，卖方应承担将货物运至指定的目的地或目的港的集散站的一切风险和费用（进口费用除外）。本术语适用于任何运输方式，包括多式联运。

（二）买卖双方的基本义务

1. 卖方义务

（1）提供符合合同约定的货物和商业发票，以及合同可能要求的与合同相符的其他单据。

（2）自负费用和承担风险，办理出口通关手续。

（3）自负费用签订运输合同，将货物运至约定港口或运输终端。

（4）在约定的日期，在指定的港口或目的地的运输终端，从抵达的运输工具上将货物卸下交给买方处置。

（5）承担交货之前的货物灭失和损坏的一切风险。

（6）承担卸货费用。

2. 买方义务

（1）接受卖方提供的单据，在指定运输终端接收货物，并支付货款。

（2）自负费用和承担风险，办理进口通关手续。

（3）承担自交货后货物灭失和损坏的一切风险。

使用该术语时，由于卖方承担在指定地点交货前的风险，买卖双方应尽可能确切地约定运输终端。由于卖方安排运输，因此运输合同的相关内容要与所选择术语的解释互相吻合。

七、DDP 术语

（一）DDP 术语的含义

DDP 是 delivered duty paid（...named place of destination）的缩写，即完税后交货（……指定目的地）。它是指卖方在指定的目的地，将在运输工具上尚未卸下的货物交给买方，承担将货物运至目的地的一切风险和费用，办理进口清关手续，缴纳进口税费，即完成交货义务。办理进口清关手续时，卖方也可要求买方予以协助，但费用和风险仍由卖方负担。如果交易双方希望将进口时所要支付的一些费用（如增值税，即 VAT）从卖方的义务中排除，应在合同中订明。DDP 术语适用于所有运输方式。DDP 术语是卖方承担责任、费用和风险最大的一种术语。

（二）买卖双方的基本义务

1. 卖方义务

（1）订立将货物按惯常路线和习惯方式运往指定目的地的运输合同，并支付有关运费。

（2）在合同规定的时间、地点，将合同规定的货物置于买方的处置之下。

（3）承担在指定目的地的约定地点将货物置于买方的处置下之前的风险和费用。

(4) 自负风险和费用，取得出口和进口许可证及其他官方批准证件，并且办理货物出口和进口所需的海关手续，支付关税及其他有关费用。

(5) 提交商业发票，自负费用提交提货单或买方为提取货物所需的通常的运输单证，或具有同等作用的电子信息。

2. 买方义务

(1) 接受卖方提供的有关单据，在目的地约定地点受领货物，并按合同规定支付货款。

(2) 承担在目的地约定地点受领货物之后的风险和费用。

(3) 根据卖方的请求，并在由卖方负担风险和费用的情况下，给予卖方一切协助，使其取得货物进口所需的进口许可证或其他官方批准证件。

该术语为卖方承担责任、费用和风险最大的一种术语，属于实际交货。如果卖方不能直接或间接地取得进口许可证，则不应使用 DDP 术语。

第三节　适合海运及内河运输的贸易术语

一、FAS 术语

(一) FAS 术语的含义

FAS 是 free alongside ship (...named port of shipment) 的缩写，意为装运港船边交货(……指定装运港)。它是指卖方在指定的装运港将货物交到船边，即完成了交货义务。买方必须承担自那时起货物灭失或损坏的一切风险和费用。

FAS 术语仅适用于海运和内河运输。使用该术语与美国开展贸易时应注意：美国认为 FAS 是 free alongside 的代表，意为将货物交到各种运输工具旁边，故而含义较广。为此，只有在 FAS 后面加上“vessel”字样，例如 FAS (vessel) Seattle，才能表示西雅图港船边交货，对此应多加注意。

(二) 买卖双方的基本义务

1. 卖方义务

(1) 必须在买方指定的装运港、装运地点，在约定的日期，按照该港习惯方式将货物交到买方指定的船边。

(2) 承担将货物交至船边之前的一切风险和费用。

(3) 自担风险和费用，取得任何出口许可证或其他官方许可，并办理货物的出口清关手续。

(4) 提交商业发票，以及证明完成交货义务的单据或有同等作用的电子信息。

2. 买方义务

(1) 自负费用订立运输合同并支付运费，并将船名、装货地点和要求交货时间及时通知卖方。

(2) 在船边按照合同规定的时间、地点受领货物，并按合同规定支付货款。

（3）承担受领货物之后的一切风险和费用。

（4）自担风险和费用，取得任何进口许可证或其他官方许可，办理货物的进口和从他国过境所需的一切海关手续。

二、FOB术语

（一）FOB术语的含义

FOB是free on board（...named port of shipment）的缩写，即船上交货（……指定装运港），习惯称为装运港船上交货。FOB是国际贸易中常用的贸易术语之一。按此术语成交，由买方负责派船接运货物，卖方应在合同规定的装运港和规定的期限内，将货物装上买方指派的船只，并及时通知买方。货物在装船完毕后，风险即由卖方转移至买方。该术语只适用于海运和内河运输。

（二）买卖双方的基本义务

1. 卖方义务

（1）在合同规定的时间和装运港口，将合同规定的货物交到买方指派的船上，并及时通知买方。

（2）承担货物至装运港装上船为止的一切费用和风险。

（3）自负风险和费用，取得出口许可证或其他官方批准证件，并且办理货物出口所需的一切海关手续。

（4）提交商业发票和自费提供证明卖方已按规定交货的清洁单据，或具有同等作用的电子信息。

2. 买方义务

（1）订立从指定装运港口运输货物的合同，支付运费，并将船名、装货地点和要求交货的时间及时通知卖方。

（2）根据买卖合同的规定受领货物并支付货款。

（3）承担货物在指定装运港装上船之后所发生的一切费用和风险。

（4）自负风险和费用，取得进口许可证或其他官方证件，并办理货物进口所需的海关手续。

（三）使用FOB术语时应注意的问题

1. 关于船货衔接问题

按照FOB术语成交的合同属于装运合同，这类合同中卖方的一项基本义务是按照规定的时间和地点完成装运。然而由于在FOB条件下是由买方负责安排运输工具，即租船订舱，所以这就存在一个船货衔接的问题。如果处理不当，自然会影响到合同的顺利执行。根据有关法律和惯例，如果买方未能按时派船，包括未经对方同意提前将船派到和延迟派到装运港，卖方都有权拒绝交货，而且由此产生的各种损失由买方负担。如果买方指派的船只按时到达装运港，而卖方却未能备妥货物，那么由此产生的上述费用则由卖方承担。

有时双方按 FOB 价格成交，而后来买方又委托卖方办理租船订舱，卖方也可酌情接受。但这属于代办性质，其风险和费用仍由买方承担，就是说运费和手续费由买方支付，而且如果卖方租不到船，卖方不承担责任，买方无权撤销合同或索赔。总之，如果按 FOB 术语成交，对于装运期和装运港要慎重规定，签约之后，有关备货和派船事宜，双方也要加强联系，密切配合，以保证船货衔接。

2. 个别国家对 FOB 的不同解释

以上有关 FOB 的解释都是根据国际商会的《通则 2010》作出的，然而，不同的国家和不同的惯例对 FOB 的解释并不完全一致。它们之间的差异在有关交货地点及卖方承担的责任义务等方面的规定上都可体现出来。

如在北美国家普遍采用的《1990 年美国对外贸易定义修订本》中，将 FOB 概括为六种，其中前三种是在出口国内陆指定地点的内陆运输工具上交货，第四种是在出口地点的内陆运输工具上交货，第五种是在装运港船上交货，第六种是在进口国内陆指定地点交货。在使用上述第四种和第五种 FOB 时应加以注意，因为这两种术语在交货地点上有可能相同，如都是在旧金山交货，如果买方要求在装运港口的船上交货，则应在 FOB 和港名之间加上 "vessel" 字样，变成 "FOB（vessel）San Francisco"，否则，卖方有可能按第四种情况在旧金山的内陆运输工具上交货。

另外，两者在关于办理出口手续问题上也存在分歧。按照《通则 2010》的解释，在 FOB 条件下，卖方必须自负风险及费用，取得出口许可证或其他官方批准证件，并办理货物出口所必需的一切海关手续。但是，按照《1990 年美国对外贸易定义修订本》的解释，卖方只是在买方请求并由其负担费用的情况下，协助买方取得由原产地及（或）装运地国家签发的，为货物出口或在目的地进口所需的各种证件。

鉴于上述情况，在我国同美国、加拿大等国家的进出口贸易中，采用 FOB 术语成交时，应对有关问题在合同中具体订明，以免产生纠纷。

三、CFR 术语

（一）CFR 术语的含义

CFR 是 cost and freight（...named port of destination）的缩写，意为成本加运费（……指定目的港）。

采用这种贸易术语成交，卖方要在合同规定的装运港和规定的期限内，将货物装上船，并及时通知买方。货物在完成装船后，风险即由卖方转移至买方。除此之外，卖方要自负风险和费用，取得出口许可证或其他官方证件，并负责办理货物出口手续。以上与 FOB 条件下卖方承担的义务是相同的。不同的是，在 CFR 条件下，与船方订立运输契约的责任和费用改由卖方承担。卖方要负责租船订舱，支付到指定目的港的运费，包括装船费用以及班轮公司可能在订约时收取的卸货费用。但从装运港至目的港的货运保险，仍由买方负责办理，保险费由买方负担。该术语仅适用于海运和内河运输。

(二) 买卖双方的基本义务

1. 卖方义务

(1) 提供合同规定的货物，负责租船订舱和支付运费，按合同规定的时间在装运港装船，并于装船后向买方发出已装船的充分通知。

(2) 办理货物出口手续以及自负在装运港将货物交至船上之前的费用和风险。

(3) 按合同规定提供有关单证或同等的电子信息。

2. 买方义务

(1) 承担货物在装船后灭失或损坏的风险，以及货物装船后发生事故所引起的额外费用。

(2) 在合同规定的目的港受领货物，并办理货物进口手续。

(3) 受领卖方提供的各项单证，并按合同规定支付货款。

(三) 采用 CFR 术语时应注意的问题

1. 关于卖方的装运义务

采用 CFR 贸易术语成交时，卖方要承担将货物由装运港运往目的港的义务。为了保证能按时完成在装运港交货的义务，卖方应根据货源和船源的实际情况合理地规定装运期。装运期一经确定，卖方就应及时租船订舱和备货，并按规定的期限发运货物。按照《联合国国际货物销售合同公约》的规定，卖方延迟装运或者提前装运都是违反合同的行为，需要承担违约的责任。买方有权根据具体情况拒收货物或提出索赔。

2. 装船通知的重要作用

按照 CFR 条件达成的交易，卖方对于装船通知的履行应特别注意。卖方在货物装船后必须及时向买方发出装船通知，以便买方办理投保手续。如果货物在运输途中遭受损坏或灭失，由于卖方未发出装船通知而使买方漏保，那么卖方要承担由此而产生的责任。由此可见，尽管在 FOB 贸易术语条件下，卖方装船后也应向买方发出通知，但 CFR 条件下的装船通知具有更为重要的意义。

3. 关于卸货费用的负担问题

在 CFR 术语中，通常装船费用由卖方承担，卸货费用由买方承担，但买卖双方可以在合同中对卸货费用负担问题作出各种不同的规定，由此衍生出 CFR 的各种变形，它们主要有：

(1) CFR liner terms (CFR 班轮条件)。它是指卸货费用按照班轮的做法来计量，即买方不负担卸货费，而由卖方或船方负担。

(2) CFR landed (CFR 卸至岸上)。它是指由卖方承担将货物卸到码头上的各项有关费用，包括驳船费和码头费。

(3) CFR ex tackle (CFR 吊钩下交接)。这一变形是指卖方负责将货物从船舱吊起卸到船舶吊钩所及之处（码头上或驳船上）的费用。在船舶不能靠岸的情况下，租用驳船的费用和货物从驳船卸至岸上的费用，概由买方负担。

(4) CFR ex ship's hold (舱底交接)。它指货物运达目的港后，自船舱底起吊直至卸到码头的费用，均由买方负担。

CFR 的变形也只是为了说明卸货费用的负担问题，其本身并不改变 CFR 的交货地点和风险划分的界限。

四、CIF 术语

(一) CIF 术语的含义

CIF 是 cost，insurance and freight (…named port of destination) 的缩写，即成本加保险费、运费 (……指定目的港)。它是指在装运港将货物装到船上时卖方即完成交货，卖方须支付将货物运至目的港所需的运费和保险费，但交货后货物灭失或损坏的风险及由各种事件造成的额外费用由买方承担。CIF、CFR 和 FOB 同为装运港交货的贸易术语，也是国际贸易中常用的三种贸易术语。它们均适用于水上运输方式。

在业务上，过去常称 CIF 为“到岸价”，这一提法非常容易令人误解。按 CIF 条件成交时，卖方仍是在装运港完成交货，卖方承担的风险，是指在装运港货物装船结束以前的风险。而装船以后的风险由买方承担；货物装船后产生的除运费、保险费以外的费用，也要由买方承担。CIF 条件下的卖方只要提交了约定的单据，就算完成了交货义务，并不保证把货物按时送到对方港口。

(二) 买卖双方的基本义务

1. 卖方义务

(1) 签订从指定装运港承运货物的合同；在合同规定的时间和港口，将合同要求的货物装上船并支付至目的港的运费；装船后需及时通知买方。

(2) 承担货物在装运港结束装船之前的一切费用和风险。

(3) 按照买卖合同的约定，自负费用办理水上运输保险。

(4) 自负风险和费用，取得出口许可证或其他官方批准证件，并办理货物出口所需的一切海关手续。

(5) 提交商业发票和在目的港提货所用的通常的运输单据或具有同等作用的电子信息，并且自费向买方提供保险单据。

2. 买方义务

(1) 接受卖方提供的有关单据，受领货物，并按合同规定支付货款。

(2) 承担货物在装运港装船之后的一切风险，以及除运费和保费以外的费用。

(3) 自负风险和费用，取得进口许可证或其他官方证件，并且办理货物进口所需的海关手续。

(三) 使用 CIF 术语应注意的问题

1. 关于险别的问题

按 CIF 术语成交，一般在签订买卖合同时，双方会在合同的保险条款中，明确规定险别、保险金额等内容，这样，卖方就应按照合同的规定办理投保。但如果合同中未能就险别等问题作出具体规定，按照《通则 2010》对 CIF 的解释，卖方只需投保最低的险别，但在买方要求，并由买方承担费用的情况下，卖方需加保战争、罢工、暴乱和民变险等。

2. 关于租船订舱问题

采用 CIF 术语成交，卖方的基本义务之一是租船订舱，办理从装运港至目的港的运输事宜。《通则 2010》的解释是，卖方按照通常条件自行负担费用订立运输合同，将货物按惯常路线用通常类型可供装载该合同货物的海上航行船只（或适当的内河运输船只）装运至指定目的港。如果没有相反的约定，卖方只负责按通常条件和惯驶航线，租用适当船舶将货物运往目的港。因此，对于在业务中有时买方提出的关于限制船舶的国籍、船型、船龄、船级以及指定装载某班轮公司的船只等要求，卖方均有权拒绝接受。但卖方也可放弃这一权利，可根据具体情况给予通融。就是说，对于买方提出的上述要求，如果卖方能办到又不会增加额外开支，也可以接受。一旦在合同中作出明确规定，就必须严格照办。

3. 关于象征性交货问题

从交货方式来看，CIF 是一种典型的象征性交货方式（symbolic delivery）。所谓象征性交货是针对实际交货（physical delivery）而言的，前者指卖方只要按期在约定地点完成装运，并向买方提交合同规定的包括物权凭证在内的有关单证，就算完成了交货义务，而无须保证到货；后者则是指卖方要在规定的时间和地点，将符合合同规定的货物提交给买方或其指定人，而不能以交单代替交货。

可见，在象征性交货方式下，卖方是凭单交货，买方是凭单付款。只要卖方如期向买方提交了合同规定的全套合格单据（名称、内容和份数相符的单据），即使货物在运输途中损坏或灭失，买方也必须履行付款义务。反之，如果卖方提交的单据不符合要求，即使货物完好无损地运达目的地，买方仍有权拒绝付款。

但是，必须指出，按 CIF 术语成交，卖方履行其交单义务只是买方付款的前提条件，除此之外，卖方还必须履行交货义务。如果卖方提交的货物不符合要求，买方即使已经付款，仍然可以根据合同的规定向卖方提出索赔。

4. 关于卸货费用的问题

采用 CIF 价格术语时，为了明确目的港的卸货费用承担问题，通常采用 CIF 的变形加以明确。

(1) CIF liner terms（CIF 班轮条件）。这一变形是指卸货费用按照班轮的做法来计算，即买方不负担卸货费，而由卖方或船方负担。

(2) CIF landed（CIF 卸至码头）。这一变形是指由卖方承担将货物卸至码头上的各项有关费用，包括驳船费和码头费。

(3) CIF ex tackle（CIF 吊钩下交接）。这一变形是指卖方负责将货物从船舱吊起卸到船舶吊钩所及之处（码头上或驳船上）的费用。在船舶不能靠岸的情况下，租用驳船的费用和货物从驳船卸至岸上的费用，概由买方负担。

(4) CIF ex ship's hold（CIF 舱底交接）。按此条件成交，货物运达目的港在船上办理交接后，自船舱底起吊直至卸到码头的卸货费用，均由买方负担。

贸易术语的变形是为了解决装卸费用的负担问题而产生的，这些变形通常不会影响到风险划分。

现将《通则 2010》中的 11 种贸易术语列表作归纳对比，如表 4-1 所示。

表 4-1 《通则 2010》中 11 种贸易术语比较

国际代码	名称 英文全称/中文全称	贸易术语/合同性质	交货地点	交货运输状态	风险转移	运输责任费用	保险责任费用	出口报关	进口报关	运输方式适用
EXW	ex works（...named place of delivery）工厂交货（……指定交货地点）	启运/商品所在地交货合同	商品所在地或产地	不装上买方备妥车辆	在指定地点交由买方处置时	买方	买方	买方	买方	任何方式
FAS	free alongside ship（...named port of shipment）船边交货（……指定装运港）	主运费未付/装运合同（开航前链式转售）	指定的装运港	置于码头或驳船上	货物到达船边	买方	买方	卖方	买方	水上运输
FOB	free on board（...named port of shipment）船上交货（……指定装运港）	主运费未付/装运合同（开航前链式转售）	指定的装运港	装上指定船舶	货物装上船	买方	买方	卖方	买方	水上运输
FCA	free carrier（...named place of delivery）货交承运人（……指定交货地点）	主运费未付/装运合同	出口国仓库、车站、机场、CY/CFS* 或码头	当地要装异地不卸承运人运输工具	承运人或运输代理人处置货物后	买方	买方	卖方	买方	任何方式
CFR	cost and freight（...named port of destination）成本加运费（……指定目的港）	主运费付/装运合同（开航前链式转售）	指定的装运港	装上指定船舶	货物装上船	卖方	买方	卖方	买方	水上运输
CPT	carriage paid to（...named place of destination）运费付至（……指定目的地）	主运费付/装运合同	出口国仓库、车站、机场、CY/CFS 或码头	当地要装异地不卸承运人运输工具	承运人或运输代理人处置货物后	卖方	买方	卖方	买方	任何方式
CIF	cost, insurance and freight（...named port of destination）成本加保险费、运费（……指定目的港）	主运费付/装运合同（开航后链式转售）	指定的装运港	装上指定船舶	货物装上船	卖方	卖方	卖方	买方	水上运输

续表

国际代码	名称 英文全称/中文全称	贸易术语/合同性质	交货地点	交货运输状态	风险转移	运输责任费用	保险责任费用	出口报关	进口报关	运输方式适用
CIP	carriage and insurance paid to（...named place of destination）运费、保险费付至（……指定目的地）	主运费付/装运合同	出口国仓库、车站、机场、CY/CFS或码头	当地要装异地不卸承运人运输工具	承运人或运输代理人处置货物后	卖方	卖方	卖方	买方	任何方式
DAT	delivered at terminal（...named terminal at port or place of destination）运输终端交货（……指定港口或目的地的运输终端）	到达/到货合同	目的港、目的地的承运人运输终端	要从运输工具上卸下	抵达目的地的运输工具上卸下交由买方处置时	卖方	卖方	卖方	买方	任何方式
DAP	delivered at place（...named place of destination）目的地交货（……指定目的地）	到达/到货合同	指定目的地	不从运输工具上卸下	抵达目的地的运输工具上，且已做好卸载准备时	卖方	卖方	卖方	买方	任何方式
DDP	delivered duty paid（...named place of destination）完税后交货（……指定目的地）	到达/到货合同	指定目的地	不从运输工具上卸下	抵达目的地的运输工具上，且已做好卸载准备时	卖方	卖方	卖方	卖方	任何方式
备注	①关于商检费用——商检应该由买方负责。但出口商检“法定检验”的除外；EXW 术语下，即便是法定检验也应该由买方负责。合同另有规定的按合同规定办。②关于包装费用——当知道运输方式时，卖方要提供适合该运输方式的包装；当不知道运输方式时，卖方要提供惯常包装。合同另有规定的按合同规定办。③运输装卸费用——卖方负责运输的，如运输合同包括装卸费用的，卖方不得另行再向买方计收。									

* CY 指集装箱堆场，CFS 指集装箱货运站。

第四节　跨境电子商务商品报价

一、贸易术语选择

虽然《通则 2010》对商业界来说不是一次根本性变革，但它的实施可以让贸易双方更好地适应国际贸易实践领域的新变化，保持交易文件更新换代。当然，提单、货物保单及其他各种文件可以继续参考使用旧版的通则，也可以继续采用即将淘汰的 DAF、DES、DEQ 和 DDU 术语，但是建议企业对新通则采取积极的态度，利用好使用电子通信改善现状的机会。

（一）多式联运带来的变化

由于集装箱在国际物流中逐渐充当主流角色，很多货物即便使用海洋运输方式也往往在集装箱堆场进行交接，甚至进行"门到门"的交接。因此，《通则 2010》删除 DEQ 和 DES，增加了 DAT 和 DAP。对于进出口商来说，尤其是欧盟成员国之间的进出口货物贸易，可多采用 D 组术语以便更加明晰风险和费用，毕竟在 C 组术语中始终存在两个临界点，即风险和费用的临界点分别在装运地和目的地。此外，国际商会多次强调 FOB、CFR 和 CIF 术语不如 FCA、CPT 和 CIP 等术语更加实用，尤其是在集装箱带来的多式联运条件下，后三种术语更加方便当事人对货物的交接。我国很多进出口企业，无论是沿海地区，还是内陆地区，长期固有的习惯是使用 FOB、CFR 以及 CIF 三种传统的贸易术语，而不习惯采用 FCA、CPT、CIP 等贸易术语。随着运输业技术的不断革新，尤其是集装箱运输和国际多式联运的迅速发展，传统贸易术语 FOB、CFR 和 CIF 的弊端显现，特别是我国一些内地省份外贸也非常发达，如采用 FOB、CFR 和 CIF 等贸易术语，将直接导致卖方交货的风险扩大，费用负担增加，影响收汇时间，增大收汇风险。

（二）D 组术语带来的风险

从《通则 2010》的描述中不难发现，新增的 DAT 和 DAP 的差异并不明显。如卖方欲在目的地指定地点交货，且愿意承担货物运送到该地点的费用（卸货费除外）和风险时，可考虑选择 DAP。如卖方除承担 DAP 必须履行的义务外，还愿意承担货物运送到该地点从运输工具上卸货产生的费用时，可考虑选择 DAT。同时 DAT 中的"Terminal"可以是任何一个地方，与 DAP 中在指定地点交货实在没有太大差异。

从我国的外贸实践看，D 组术语在实际业务中很少使用，对于出口方来说，D 组术语存在许多可预测的以及不可预测的因素，D 组术语的费用、风险、责任最大，业务环节最多，贸易情况最为复杂，交货时间难以掌控。可能出现的问题有：进口方的不合作以及失去货物控制的可能，进口方的信誉不良或支付能力不强，承运人的信誉不佳；不同的国际贸易惯例和贸易做法所带来的潜在风险，个别商人滥用国际贸易惯例，合同或信用证存在软条款。因此，如果要选用 D 组术语，就必须充分了解这组术语的风险，并采取相应的措施将风险降低到最低的限度。

二、使用《通则 2010》的注意事项

尽管《通则 2010》在多个方面有了明显改进，但是其具体效果现在仍难以判断，这些改进在实践中难以避免地会存在一些具体问题，目前还很难一一做出预见。尽管修订组成员力求使《通则 2010》更加完善和具有实际指导性，但是其中的部分问题仍值得商榷，其最终效果也有待在今后的实施过程中检验。在使用新版本后，以下几个方面值得关注：

第一，不存在新版本替代旧版本。国际商会（ICC）的《国际贸易术语解释通则》属于国际惯例，在效力上并不存在"新法取代旧法"，对当事人不产生必然的强制性约束力，交易双方应就所使用的《国际贸易术语解释通则》版本在合同或信用证中给予明确，以免责任不清，产生纠纷，影响合同的履行。

第二，风险临界点仍需确定。《通则 2010》删除了 FOB、CFR 和 CIF 项下的船舷界限，但在装运港作业时的意外风险仍可能存在，那么关于风险如何划分的所谓临界点的问题仍不可避免，双方在订立合同时要考虑到该问题；《通则 2010》意图将具体问题留待当事人自行解决，这就需要双方在订立合同时要考虑到该问题，必要时可在商定的基础上另行规定双方认可的风险临界点。

第三，电子文件取代纸质文件。《国际贸易术语解释通则》的早期版本对所需单据进行了规定，这些单据可被电子数据交换信息替代。应国际贸易市场的电子货运趋势，《通则 2010》赋予了电子通信方式完全等同的功效，只要各方当事人达成一致，电子文件可取代纸张文件。

第四，重视适用于各种运输方式的贸易术语的使用。随着国际贸易运输方式的发展变化，即集装箱、多式联运和滚装船运输的广泛发展，以及很多处于内陆的国家或者地区、省份对外贸易的增多，常用贸易术语 FCA、CPT、CIP 将取代 FOB、CFR、CIF。因此，在实际业务中，应有意识地使用 FCA、CPT、CIP，而不是在应该用 FCA、CPT、CIP 时，仍不恰当地使用 FOB、CFR、CIF，使买卖双方的责任无法真正明确下来，特别是增大了卖方的责任、风险、费用，为日后合同的履行埋下隐患。

三、出口商品总成本的构成

出口商品总成本是指外贸企业为出口商品支付的国内总成本，是将生产部门或供货单位购进准备出口货物的进货价值，加上管理、包装，至交到装运地点的码头、机场或车站所发生的一切费用的总和。综合起来看，它由两个基本因素构成，即商品本身的成本和国内总费用。如果是需要缴纳出口税的商品，在出口总成本中还要包括出口税。

出口商品总成本的计算公式为：

总成本（退税后）＝商品本身的成本＋国内总费用－出口退税收入

公式中的各项说明如下：

1. 商品本身的成本

商品本身的成本包括生产成本、加工成本和采购成本三种类型。

2. 国内总费用

国内总费用是指货物出口时所发生的除货物购进价（或生产成本）和国外费用（国际货物运费及其保险费等）之外的所有费用，通常包括下列项目。

（1）货物附加费用。如包装费用（未包括在货价中的）、预计损耗（耗损、短损、漏损、破损、变质等）、加工整理费用等。

（2）国内储运费用。如国内运输费用（卡车运输费、内河运输费、路桥费、过境费及装卸费、港区杂费）、保管费或仓储费等。

（3）办证费。出口商办理出口许可证、配额、产地证明及其他证明和手续所支付的费用，如商检费、公证费、领事签证费、产地证费、许可证费、报关单费、核销费用等。

（4）税金。国家对出口商品征收、代收的有关税费，通常有出口关税、增值税等。

（5）利息和银行费用。包括垫款利息、远期收款利息和手续费用等。

（6）业务费用。出口商在经营中发生的有关费用，如通信费、交通费、交际费、广告费等。

（7）经营管理费用。包括经营出口商品过程中所发生的经营管理费用，如工资、办公费等。

（8）杂费。是指除以上各项费用之外所发生的费用。

3. 出口退税收入

计算公式为：

$$\text{出口退税收入}=\frac{\text{出口商品购进价（含增值税）}}{1+\text{增值税税率}}\times\text{退税率}$$

出口商品的总成本越低，对外贸易企业得到的利润和外汇收入越多；反之，对外贸易企业所获得的利润和外汇收入越少。

在出口商品成本构成中，生产成本（自营）或进货价款是主要因素，它受生产或供货企业的影响。要降低生产成本，就要求外贸企业提高企业的经营管理水平，节约不必要的开支，才能降低出口商品总成本，提高出口的经济效益。要降低进货价款，外贸企业就应加强同生产或供货单位的联系，从多家生产或供应同种商品的单位中，选择提供质优价廉商品的单位。

四、跨境电商进口商品完税价格认定

（一）完税价格认定原则

按照《财政部 海关总署 国家税务总局 关于跨境电子商务零售进口税收政策的通知》（财关税〔2016〕18号）以及海关总署2016年第26号公告有关规定，跨境电子商务零售进口商品按照货物征收关税和进口环节增值税、消费税，实际交易价格（包括商品零售价格、运费和保险费）为完税价格。购买跨境电子商务零售进口商品的订购人为纳税义务人。

（二）对优惠促销的认定原则

优惠促销行为是电商常见的营销方式，常见的促销形式就有几十种甚至过百种。促销后部分商品的零售交易价格可能明显低于成本甚至接近零元，完税价格的认定难度较大。对此，应遵循以下原则对优惠促销价格进行认定：第一，按照实际交易价格原则，以订单价格为基础确定完税价格，订单价格原则上不能为零。第二，对直接打折、满减等优惠促销价格的认定应遵守公平、公开原则，即优惠促销应是适用于所有消费者，而非仅针对特定对象或特定人群，海关以订单价格为基础确定完税价格。第三，在订单支付中使用电商代金券、优惠券、积分等虚拟货币形式支付的“优惠减免金额”，不应在完税价格中扣除，应以订单价格为基础确定完税价格。

（三）运费、保险费的认定原则

考虑到跨境电子商务零售进口商品的运费问题较为复杂，在直邮模式（跨境贸易电子商务，监管代码 9610）中，电商企业或快递企业向纳税义务人收取的运费通常是“门到门”费用，既包括“空港到空港”航空运费，也包括境外境内陆路运输费用，甚至一些其他费用，但电商企业或快递企业通常无法提供详细数据，准确拆分各段费用分别占“门到门”费用的比例。此外，快递行业存在一些通行惯例。一是对不同客户实行不同的收费标准，即在统一收费标准基础上，按照客户使用快递服务的基数给予折扣，基数越大，折扣越低。二是快递行业与客户的费用结算通常是月结，并且是后置的，即费用结算晚于运输行为发生。这也意味着电商企业在向消费者收取运费时，尚不能准确确定实际运费金额（电商企业向快递企业支付的运费标准是基于其使用的快递服务基数）。因此，电商企业向纳税义务人收取的运费（名义运费）与相关商品实际发生的运费难以一一对应。基于上述情况，在确定跨境电子商务零售进口商品的完税价格时将运费［网购保税模式下的运费是指从特殊监管区域及保税物流中心（B 型）送交到消费者期间的运输费用］都计入。保险费也按照同样的标准执行。

案例　跨境电商亚马逊产品定价和成本计算方法解析

简单来说，价值是潜在顾客对产品及其他同类已知可替代的所有利益与所有成本的差额的感知。差额越高，价值越大，价格售卖越高，买家花大笔钱购入也丝毫不觉得贵；差额越低，价值越小，价格定得再低也鲜有人问津。

产品的成本包含采购价、国内物流费、头程运费、平台佣金、FBA 配送费。假设你的产品的采购成本是 30 元人民币，产品重量是 500 克，售价是 30 美元（191 元人民币），那么国内的物流费以物流价格 13 元/千克为例。

单个产品的国内物流费是：0.5 千克乘以 13 元/千克等于 6.5 元（不同物流公司价格有所差异），头程物流费以美国的空运费 32 元/千克计算，0.5 千克乘以 32 元/千克等于 16 元（具体价格随时变动）。

平台佣金是售价的 15%：30 美元乘以 15%等于 4.5 美元，折合人民币 29 元。

FBA 配送费单个产品大概是 2～3 美元（体积越大，价格越贵），折合人民币 15 元，那么，产品的单个运营成本是：30＋6.5＋16＋29＋15＝96.5（元）。

单个产品的毛利润是：191－96.5＝94.5（元）。此产品毛利润率大概是50％。

单个产品的净利润是：94.5元减去一定的退货，减去产品广告费，减去公司运营成本，再减去1％的汇损的最终值。

如果企业能将退货和广告费控制好，此产品的净利润率是35％～45％。

一个新产品从研发、生产、上架到销售，卖家不仅要研究自己行业的市场，还要研究相关行业（与本行业有互补性）的市场。行业和行业之间不是独立关系，它们之间会彼此影响，卖家要基于全行业、全平台来考虑问题。卖家要结合市场对产品进行分析，同时借鉴对手的经验，找到产品卖得好或不好的核心原因，好的借鉴，不好的避免。

关键术语

贸易术语　出口商品总成本的构成　完税价格

复习思考题

1. 简述贸易术语的含义与作用。
2. 采用CPT术语时应注意的问题有哪些？
3. FOB术语的含义是什么？FOB买卖双方的基本义务有哪些？
4. 简述跨境电商进口商品完税价格认定原则。

第五章 跨境电子商务物流

第一节　跨境电子商务物流概述

物流是跨境电子商务的重要环节，是跨境电子商务优势发挥的基础，物流系统不断升级发展直接关系到电子商务的效率与效益的提高。跨境电子商务物流是指位于不同国家或地区的交易主体通过电子商务平台达成交易并进行支付清算后，通过跨境物流送达商品进而完成交易的一种商务活动。跨境电子商务物流和国内物流具有很多相似点，同时又兼具国际性的特点，因此在物流过程中可能会受到各国因素的影响。跨境电子商务物流的发展首先面临着不同国家和地区之间在语言、文化以及法律等方面的差异，因此相对国内普通物流的发展更为复杂。此外，跨境电子商务物流还可能受到关税壁垒、物流成本等方面的影响。

一、跨境电商物流发展现状

1. 跨境电商物流发展速度不能满足国内需求

目前，我国跨境电子商务发展速度越来越快，跨国购物的现象越来越普遍，但是物流公司的数量仍然较少，尤其是跨境电子商务物流公司数量较少。而且我国跨境电子商务基本上是通过国际物流配送中心转包到国内的配送中心进行统一配送的，这使得国际包裹的物流速度较慢，当前的跨境电商物流发展速度难以满足国内需求。

2. 跨境电商物流与仓储基础设施建设不完善

由于我国跨境电子商务起步时间较晚，所以相关的物流基础设施还不够完善，物流服务配套设施还没有建立起来，这是阻碍跨境电商物流发展的主要因素。而且跨境电子商务物流对我国物流质量和发展水平提出了更高的要求，在仓储基础设施建设还不完善的背景下，难以满足跨境电子商务的需求。

3. 运营成本较高

目前我国跨境电商物流公司的数量相对较少，为了解决这一问题，我国跨境物流公司已经建立起相应的物流平台并且与多家网站达成共识。这有效缓解了跨境电子商务的压力，但是由于运营成本很高，物流公司难以保证可持续发展。目前消费者在进行网络购物时，商品的质量和配送的速度成为消费者选择的主要标准，因此物流公司在选择供应商时应该评价它们的服务质量和配送速度，为消费者带来一流的购物体验。当然，这种高质量的物流体验大大增加了物流成本，因此在提高消费者物流体验和服务水平的基础上降低运营成本成为当前跨境电商物流公司面临的重要问题。

二、跨境电商的物流模式

1. 国际快递

国际快递是用于跨境电子商务物流服务的一种传统模式，它主要是通过国际快递公司来解决跨境电子商务中商品配送及物流的问题。在国际上知名的国际快递公司包括 UPS、USPS、FedEx、DHL 等，而我国一些快递公司如顺丰、圆通等也纷纷在时代趋势下涉足跨境电子商务物流。国际快递这种传统的物流模式在快递时效性及服务质量上占据优势，可以满足世界各地客户的需求，但是也存在着价格高、特色专线快递未开通等劣势，进而影响客户物流体验。通过 UPS 寄送到美国的包裹，最快可在 48 小时内到达。然而，优质的服务往往伴随着昂贵的价格。一般中国商户只有在客户时效性要求很高的情况下，才使用国际商业快递来派送商品。

2. 邮政包裹模式

邮政网络基本覆盖全球，比其他任何物流渠道都要广。这主要得益于万国邮政联盟（UPU）和卡哈拉邮政组织（KPG）。万国邮政联盟是联合国下设的一个关于国际邮政事务的专门机构，通过一些公约法规来改善国际邮政业务，发展邮政方面的国际合作。万国邮政联盟由于会员众多，会员之间的邮政系统发展很不平衡，因此很难促成会员之间的深度邮政合作。于是在 2002 年，邮政系统相对发达的 6 个国家和地区（中国、美国、日本、澳大利亚、韩国以及香港）的邮政部门在美国召开了邮政 CEO 峰会，并成立了卡哈拉邮政组织，后来西班牙和英国也加入了该组织。卡哈拉组织要求所有成员的投递时效要达到 98%的质量标准。如果货物没能在指定日期投递给收件人，那么负责投递的运营商要按货物价格的 100%赔付客户。邮政小包是各邮政系统联合推出的物流方式，以个人邮包的模式发货。为大家熟知的有中国邮政小包、新加坡邮政小包、香港邮政小包、德国邮政小包、荷兰邮政小包、瑞士邮政小包、英皇邮政小包、比利时邮政小包等。邮政小包一般都有相应的规定和区域优势，比如中国邮政小包不支持刀具、含液体、带电产品的运输，荷兰邮政小包就没有类似要求；再比如德国邮政小包的时效性比香港邮政小包要稳定。在选择邮政包裹发货的同时，必须注意出货口岸、时效、稳定性等。例如，从中国通过 E 邮宝发往美国的包裹，一般需要 15 天才可以到达。

3. 专线物流模式

跨境专线物流一般是将商品通过航空包舱方式运输到国外，再通过合作公司进行目的国的派送。专线物流的优势在于其能够集中大批量到某一特定国家或地区的货物，通过规模效应降低成本。因此，其价格一般比商业快递低。在时效上，专线物流稍慢于商业快递，但比邮政包裹快很多。市面上最普遍的专线物流产品是美国专线、欧洲专线、澳洲专线、俄罗斯专线等，也有不少物流公司推出了中马专线、中加专线等。

4. 海外仓

海外仓是最近几年兴起的新型跨境电商国际物流模式，它是指经营跨境电商的企业在境外目的地建立或租赁仓库，采用海陆空等运输方式将货物运输至境外目的地，通过跨境电商的方式进行线上销售，消费者成功下订单之后，企业再利用境外目的地仓库或境外第三方物流机构直接进行商品运输及配送。与传统物流模式存在的弊端相比，海外仓这种新兴的物流模式能够缩短物流时间、降低物流配送成本，同时还能有效解决商品检验及退换货等诸多问题；虽然其具有传统物流无可比拟的优势，但建设海外仓投资庞大，致使很多跨境电商企业望而生畏。海外仓储包括头程运输、仓储管理和本地配送三个部分。头程运输，即中国商家通过海运、空运、陆运或者联运将商品运送至海外仓库。仓储管理，即中国商家通过物流信息系统，远程操作海外仓储货物，实时管理库存。本地配送，即海外仓储中心根据订单信息，通过当地邮政或快递将商品配送给客户。

5. 边境仓

边境仓与海外仓都是新型跨境电商国际物流模式，都是将物流仓库设立在远离国境的国家；而边境仓与海外仓的区别就在于，海外仓位于境外目的地，而边境仓则位于商品输入国的邻国。同时，对于边境仓而言，仓库的位置可以分为相对边境仓及绝对边境仓两种，相对边境仓也就是仓库设立在与商品输入国不相邻却相近的国家，而绝对边境仓则是仓库设立在与商品输入国相邻的国家。在实际运作中，边境仓的优势主要体现在可以有效规避商品目的国的政治、法律、税收等风险，同时设立边境仓还能够充分利用“自由贸易区”区域物流政策，从而降低物流成本及提升物流效率。

6. 集货物流

集货物流也是现今跨境电商物流较常运用的一种物流模式，它使得跨境电子商务物流配送成本更低、效率更高，目前它主要有两种操作方式，即：（1）建立仓储物流中心；（2）建立跨境电子商务战略联盟共同构建国际物流中心。

7. 自贸区或保税区物流

自贸区或保税区物流模式也是跨境电子商务的产物，它是通过将货物运输至自贸区或保税区仓库，再由跨境电商企业负责商品销售，同时由自贸区或保税区仓库负责货物分拣、检疫、包装等环节，最后通过自贸区或保税区实现商品集中物流配送的模式。这种模式的最大优势就是可以在最大程度上利用自贸区及保税区自身优势，为跨境电子商务物流的快速运行提供保障。

三、跨境电商物流运费

1. 班轮运费

班轮运输（liner transport）又称定期船运输，通常是指具有固定航线、沿途停靠若干个固定港口，按照事先公布的船期表和运费率往返航行，从事客货运输业务的一种运输方式。

班轮运价是班轮公司为运输货物向货主收取的运费价格，也就是班轮公司为运输单位货物所消耗的人力、物力以及为运输货物支付给有关方面的费用。

影响班轮运价的主要因素是运输成本、货物的价值和特性、运输量和港口的装卸效率、航程距离、燃料的价格和船员的工资水平以及航运市场供求关系的变化等。

（1）班轮运费的计算标准。

在班轮运价表中，有些商品是按重量（weight），有些是按体积（measurement），有些是按商品价值计收运费，这些就叫做运费计算标准。班轮运价表中对运费的计算标准一般有以下几种规定：

A. 按货物的毛重计算。在运价表中以“W”字母表示，一般以每一公吨为计算单位，也有按长吨或短吨来计算的，故称重量吨。

B. 按货物的体积计算。在运价表中以“M”字母表示，一般以一立方米为计算单位，故称尺码吨。

重量吨和尺码吨统称为运费吨（freight ton），是运费计算的一个特殊计算单位，指按每一种货物的重量或体积（尺码）计算运费的单位。由于各个国家的法定计量制度不完全相同，因而在计算运费时所采用的法定计算单位也不尽相同。我国采用的是公制，即重量单位用“吨”（metric ton），体积单位用“立方米”（cubic meter）。以1公吨或1立方米为一计费吨。

C. 按重量或体积计算。在运价表中以“W/M”字母表示，以其较高者计收运费。

D. 按货物的价格计算，又称从价费。在运价表中以“A. V”或“Ad. Val”表示。从价费一般按货物的FOB价格的一定比率收取。按从价费计算运费时，一般都是一些价值较高的货物。

E. 按货物重量或体积或价值三者中最高的一种计算。在运价表中以“W/M OR Ad. Val”表示。也有按照货物重量或体积计算，再加收一定百分比的从价运费。在运价表中以“W/M PLUS Ad. Val”表示。

F. 按货物的件数计算。一般只对包装固定，包装内的数量、重量、体积也是固定不变的货物，才按每箱、每捆、或每件等特定的运费额计收。

G. 按议价运费（open rate）计算。这种方法通常是在运输大宗货物如粮食、煤炭等时由托运人和船公司临时商定价格。议价运费通常比按等级计算运费低廉。

H. 起码费率（minimum rate）。它是指按每一提单上所列的重量或体积计算出运费，尚未达到运价表中规定的最低运费额时，则按由起码费率计算出的最低运费计收。

应当注意，如果不同商品混装在同一包装内，则全部运费按其中较高者计收。同一票商品如包装不同，其计算标准及等级也不同。托运人应按不同包装分列毛重及体积，才能分别计收运费，否则全部货物均按较高者收取运费。另外，同一提单内如有两种或两种以上不同货名，托运人应分别列出不同货名的毛重或体积，否则全部货物均将按较高者收取运费。

（2）班轮运费的构成。

班轮运费是由基本运费和各种附加运费两部分构成的。基本运费是指班轮航线内基本港之间对每种货物规定的必须收取的费用，它是构成全程运费的主要部分；附加运费是由于客观情况发生变化，使运输费用大量增加，为弥补损失而额外加收的费用。附加费名目繁多，而且随着客观情况的变动而变动。常见的几种附加费用有：燃油附加费、港口拥挤费、港口附加费、货币贬值附加费、绕航附加费、转船附加费、直航附加费、选港附加费、变更卸货港附加费、超重超长附加费。

（3）班轮运费的计算。

班轮运费的计算公式为：

如果附加费为绝对数值，则运费的计算公式为：

运费＝运费吨×(基本运价＋附加运价)

如果附加费为按百分比计算，则运费的计算公式为：

运费＝运费吨×基本运价×(1＋附加费率)

班轮运费计算步骤：

①选择相关的运价表；

②根据货物名称，在货物分级表中查到运费计算标准（BASIS）和等级（CLASS)；

③在等级费率表的基本费率部分，找到相应的航线、启运港、目的港，按等级查到基本运价。

④再从附加运价部分查出所有应收（付）的附加费项目和数额（或百分比）及货币种类；

⑤根据基本运价和附加运价算出实际运价；

⑥运费＝实际运价×运费吨。

[例] 一批纺织品由上海运往柏林，毛重为 1.05 吨，尺码为 3.01 立方米，基本运价为每运费吨人民币 37.00 元，计收标准为 W/M，燃油附加费每运费吨人民币 8.50 元，港口附加费 10%。求该批纺织品的运费为多少？

解：运价：

基本运价　　37.00 元/运费吨

燃油附加费　　8.50 元/运费吨

港口附加费　　37.00 元/运费吨×10%＝3.70/运费吨元

合计（即实际运价)：49.20 元/运费吨

运费吨：因为 1.05＜3.01，所以按 M 尺码吨计算。

运费＝49.20×3.01＝148.09（元）

答：这批纺织品的运费为人民币 148.09 元。

2. 航空运费

货物的航空运费是指将一票货物自始发地机场运输到目的地机场所应收取的航空运输费用，不包括其他费用。货物的航空运费主要由两个因素组成，即货物适用的运价与货物的计费重量。

运价，又称费率，是指承运人对所运输的每一重量单位货物（千克或磅）所收取的自始发地机场至目的地机场的航空费用。货物的航空运价一般以运输始发地的本国货币公布。

计费重量，是指货物的计费重量或者是货物的实际毛重，或者是货物的体积重量，或者是较高重量分界点的重量。①实际毛重：包括货物包装在内的货物重量。②体积重量：体积重量的折算，换算标准为每 6 000 立方厘米折合 1 千克。③较高重量分界点的重量：采用货物的实际毛重与货物的体积重量两者中较高者；但当以货物较高重量分界点的较低运价计算的航空运费较低时，则将此较高重量分界点的货物起始重量作为货物的计费重量。

国际航协规定，国际货物的计费重量以 0.5 千克为最小单位，重量尾数不足 0.5 千克的，按 0.5 千克计算；0.5 千克以上不足 1 千克的，按 1 千克计算。

最低运费，是指货物按其适用的航空运价与其计费重量计算所得的航空运费，应与货物最低运费相比，取高者。

（1）航空运价的种类。

目前国际航空货物运价按制定的途径划分，主要分为协议运价和国际航协运价。

国际航协运价是指国际航空运输协会（IATA）在其运价资料《空运货物运价表》（The Air Cargo Tariff，TACT）上公布的运价。国际货物运价使用国际航空运输协会的运价手册，结合并遵守国际货物运输规则共同使用。按照国际航空运输协会货物运价公布的形式划分，国际货物运价可分为公布直达运价和非公布直达运价。

公布直达运价包括普通货物运价（general cargo rate）、指定商品运价（specific commodity rate）、等级货物运价（commodity classification rate）、集装货物运价（unit load device rate）。

非公布直达运价包括比例运价和分段相加运价。

（2）我国国内航空运价体系。

①最低运费（运价代号 M）。

②普通货物运价（运价代号 N 或 Q）。普通货物运价包括基础运价和重量分界点运价。基础运价为 45 千克以下普通货物运价，费率按照民航总局规定的统一费率执行。重量分界点运价为 45 千克以上运价，由民航总局统一规定，按标准运价的 80%执行。

③等级货物运价（运价代号 S）。

④指定商品运价（运价代号 C）。

（3）运费计算。

普通货物运价（GCR）的计算步骤：

第一步：计算出航空货物的体积（volume）及体积重量（volume weight）。

体积重量的折算，换算标准为每 6 000 立方厘米折合 1 千克。即：

$$体积重量（千克）=\frac{货物体积}{6\ 000\ 立方厘米/千克}$$

第二步：计算货物的总重量（gross weight）。

总重量=单个商品重量×商品总数

第三步：比较体积重量与总重量，取大者为计费重量（chargeable weight）。

第四步：根据公布运价，找出适合计费重量的适用运价（applicable rate）。

①计费重量小于 45 千克时，适用运价为 GCR N 的运价（GCR 为普通货物运价，N 运价表示重量在 45 千克以下的运价）。

②计费重量大于 45 千克时，适用运价为 GCR Q45、GCR Q100、GCR Q300 等与不同重量等级分界点相对应的运价（航空货运对于 45 千克以上的不同重量分界点的普通货物运价均用“Q”表示）。

第五步：计算航空运费（weight charge）。

航空运费=计费重量×适用运价

第六步：采用较高重量分界点的较低运价计算出的运费与第五步计算出的航空运费相

比，取低者。

第七步：比较第六步计算出的航空运费与最低运费 M，取高者。

［例］ 一批零件，实际毛重 38.6 千克，体积 101 厘米×58 厘米×42 厘米，从中国北京直接运往荷兰阿姆斯特丹，运价情况见表 5－1，请计算其航空运费。

表 5－1

	M	320.00
	N	50.22
GCR	Q45	41.53
GCR	Q300	37.52

体积：101×58×42＝246 036（立方厘米）

体积重量：246 036÷6 000＝41.0（千克）

毛重：38.6（千克）

计费重量：41.0（千克）

适用运价：GCR N50.22（元/千克）

航空运费：41.0×50.22＝2 059.02（元）

采用较高重量分界点的较低运价计算：

计费重量：45.0（千克）

适用运价：GCR Q41.53（元/千克）

航空运费：45.0×41.53＝1 868.85（元）

航空运费：1 868.85（元）

因为 1 868.85 元＜2 059.02 元且 1 868.85 元＞320 元，因此航空运费为 1 868.85 元。

第二节　跨境电子商务物流运输单据

运输单据是承运人收到货物后签发给托运人的证明文件，它是交接货物、处理索赔和理赔以及向银行结算货款或进行议付的重要单据。在国际货物运输中，运输单据的种类很多，其中包括海运提单、航空运单、铁路运单、承运货物收据和邮包收据等。

一、海运提单

海运提单（bill of lading，简写 B/L）简称提单，是货物承运人（或其代理人）应托运人的要求，在收到货物归其掌管后，签发给托运人的一种单据。《1978 年联合国海上货物运输公约》对提单下了定义。《中华人民共和国海商法》第 71 条也对提单下了定义："提单，是指用以证明海上货物运输合同和货物已经由承运人接收或者装船，以及承运人保证据以交付货物的单证。"

（一）海运提单的性质和作用

在国际海洋货物运输中，托运人与承运人之间一般需要订立运输合同和签发提单来确定双方的权利和义务以及责任豁免。因此，提单是国际海运中十分重要的单据，只有对其性质和作用有一个清楚的认识，才能正确处理按提单进行运输的各项业务。

在法律上和商业上，提单代表货物，占有提单即占有货物所有权，并在货物运输中有权处理提单上所载明的货物。所以提单有以下性质和作用：

1. 提单是货物收据

提单是承运人或其代理人签发给托运人的货物收据，证明承运人已经按提单所列内容收到托运货物。各国法律一般认为，提单是由船长、承运人或其代理人签发的证明其已收到或接管货物的证明。

2. 提单是物权凭证

承运人或其代理人在目的港交货时，必须向提单持有人交货。因为提单是代表货物所有权的凭证，提单的合法持有人可以凭提单在目的港向轮船公司提取货物，也可以有偿转让。

3. 提单是托运人和承运人之间的运输契约证明

海上货物运输合同包括“提单所证明的运输合同”。在班轮货物运输中，提单只是运输合同存在的一种证明，而不是运输合同。另外，提单的签发是合同成立之后，它只是在履行运输合同的过程中出现的一种证据，而合同实际上是在托运人向承运人或其代理人订舱、办理托运手续时就已成立。确切地说，承运人或其代理人在托运人填制的托运单上盖章时，承运人、托运人之间的合同就已成立。

（二）海运提单的种类

海运提单可以从各种不同角度分类，主要有以下几种：

1. 根据货物是否已装船分类

（1）已装船提单。

已装船提单（on board B/L，shipped B/L），又称为装运提单，是指轮船公司将货物装上指定轮船后所签发的提单，其特点是提单必须以文字表明货物已装上某条船，并注明装运货物的船舶名称和货物实际装船完毕的日期。在国际贸易中按惯例的规定，出口人向银行议付货款时必须提交已装船提单。

（2）备运提单。

备运提单（received for shipment B/L），又称收讫代运提单，是指轮船公司在托运货物等待装运，即尚未装船期间所签发的提单。由于这种提单上的货物没有装船，没有载明船名、装船日期，到货时间没有保证，对收货方很不利，因此买方一般不愿意接受备运提单。

2. 根据提单收货人一栏填写的内容不同，即抬头不同分类

（1）记名提单。

记名提单（straight B/L），又称收货人抬头提单，是指在提单收货人一栏填上特定的收货人名称，承运人在卸货港只能将货物交给提单上所指定的收货人。这种提单原则上不能转让给第三者，因此一般只有在运输贵重货物或展览品时才采用。

（2）不记名提单。

不记名提单（open B/L，blank B/L，bearer B/L）是指在提单收货人一栏内没有指明任何收货人，只注明提单持有人（bearer）字样，谁持有提单，谁就可以提货，承运人凭单交货。不记名提单无须背书即可转让，流通性极强。而一旦丢失或被窃，容易引起纠纷，风险极大。故其在国际贸易中很少使用。

（3）指示提单。

指示提单（order B/L）是指在提单收货人一栏内填写"凭指示"（to order）或"凭某人指示"（to order of...）字样的一种提单。这种提单可以经背书转让，故在国际贸易中被广泛使用。

提单背书有"空白背书"和"记名背书"两种。目前在实际业务中，使用最多的是"凭指示"并注明空白背书的提单，习惯上称为"空白抬头，空白背书提单"。"空白抬头，空白背书提单"是指在提单收货人一栏内填写"凭指示"字样，在提单的背面只写上背书人的名称。

在使用指示提单时，在托运人（卖方）未指定收货人之前，卖方仍保有货物所有权，如经空白背书，则称为不记名提单，而作为凭提单收货的凭证；如经记名背书后即成为记名提单。

3. 根据提单上对货物外表状况有无不良批注分类

（1）清洁提单。

清洁提单（clean B/L）是指货物在装船时"表面状况良好"，船公司在提单上未加注任何有关货物受损或包装不良等批注的提单。国际商会 UCP600（《跟单信用证统一惯例》）第 27 条规定，银行只接受清洁提单，且"清洁"一词并不需要在运输单据上出现，即使信用证要求运输单据为"清洁已装船"的。清洁提单也是提单转让时所必备的条件。

（2）不清洁提单。

由于承运人须对承运货物的外表状况负责，因此在装船时，若发现货物包装不牢、破损、渗漏、标志不清等情况，承运人将在收货单上对此加以批注，并将其转移到提单上，这种提单称为不清洁提单（unclean B/L）。

4. 根据运输方式不同分类

（1）直达提单。

直达提单（direct B/L）是指货物从装运港装船后，中途不转船直接抵达目的港卸货所签发的提单，提单的卸货港（port of discharge）一栏只填写最终目的港。凡信用证中规定不准转船者，必须使用这种直达提单。

（2）转船提单。

转船提单（transhipment B/L）是指货物从装运港装船后，不直接驶往目的港，而需中途换装其他船舶将货物运至目的港卸货的提单。在提单上面注明"转船"或"在××港转船"字样。转船提单往往由第一承运人签发。

（3）多式联运提单。

多式联运提单（combined transport B/L）主要是用于集装箱运输。它是指一批货物需要经过海运、铁路等两种以上的不同运输方式共同完成全程运输时，由第一承运人签发的包括全程运输的提单。联运提单虽包括全程运输，但签发联运提单的承运人一般都在提单中规定，只承担它负责运输的一段航程内的货损责任。

5. 根据提单格式分类

（1）全式提单。

全式提单（long form B/L）是指在印就的提单格式中，既有提单正面条款又有提单背面条款的提单，提单背面条款一般详细规定了承运人与托运人之间的权利和义务。

（2）简式提单。

简式提单（short form B/L）是指仅有提单正面条款，而没有提单背面详细条款的提单。这种提单多用于租船合同下所签发的提单，并注有“所有条件均根据×年×月×日签订的租船合同”。简式提单上一般均印有“各项条款及例外条款以本公司正式全式提单内所印就的条款为准”。

这种简式提单与全式提单在法律上一般具有同等效力。

6. 根据提单使用的有效性分类

（1）正本提单。

正本提单（original B/L）是指提单上面有承运人、船长或其代理人签字盖章并注明签发日期的提单。这种提单在法律上和商业上都是公认有效的提单。提单上面必须标明“正本”（original）字样，以区别于副本提单。

（2）副本提单。

副本提单（copy B/L）是与正本提单相对的提单，即提单上没有承运人、船长或其代理人签字盖章，只供工作参考之用的提单。在副本提单上一般都标有“copy”或“not original”字样，以区别于正本提单。

7. 其他种类的提单

（1）舱面提单。

舱面提单（on deck B/L），又称甲板提单，是指承运货物装在船甲板上所签发的提单。这种提单上批注“已装船舱”或“将装舱面”的字样。由于货物装在甲板上风险较大，承运人对货物的损失、灭失不负有赔偿责任，所以，除非另有规定，银行有权拒收舱面提单。

（2）倒签提单。

倒签提单（anti-dated B/L）是指由于货物实际装船日期迟于信用证规定的装运日期，为了能够安全结汇，承运人应托运人的请求签发提单日期早于实际装船日期的提单。承运人签发这种提单的风险较大，要承担可能因此产生的损失。

（3）预借提单。

预借提单（advanced B/L）是指由于在信用证规定的结汇期，即信用证的有效期即将届满，而货物尚未装船或尚未装船完毕的情况下，托运人为了能及时结汇，而要求承运人提前签发的已装船提单。即托运人为了能及时结汇而从承运人那里借用的已装船清洁提单。

（4）过期提单。

过期提单（stale B/L）有两种情形。一种是由于出口商在取得提单后未能及时到银行议付形成过期提单。

另一种情况则是由于航线较短或银行单据流转速度较慢，以至于提单晚于货物到达目的港，使收货人提货受阻，这种提单也称为过期提单。此情况多数发生在近洋国家之间，所以，近洋国家之间的贸易合同一般都规定有“过期提单可接受”的条款。

（三）海运提单的内容（见表5－2）

表5－2　**BILL OF LADING**

<table>
<tr><td colspan="3">SHIPPER</td><td colspan="3" rowspan="6">B/L NO.

COSCO
中国远洋运输（集团）总公司

CHINA OCEAN SHIPPING（GROUP）CO.
ORIGINAL

COMBINED TRANSPORT BILL OF LADING</td></tr>
<tr><td colspan="3">CONSIGNEE</td></tr>
<tr><td colspan="3">NOTIFY PARTY</td></tr>
<tr><td colspan="2">PLACE OF RECEIPT</td><td>OCEAN VESSEL</td></tr>
<tr><td colspan="2">VOYAGE NO.</td><td>PORT OF LOADING</td></tr>
<tr><td colspan="2">PORT OF DISCHARGE</td><td>PLACE OF DELIVERY</td></tr>
<tr><td colspan="6">MARKS　NOS. &KINDS OF PKGS　DESCRIPTION OF GOODS　G.W.（kg）　MEAS（m³）</td></tr>
<tr><td colspan="6"></td></tr>
<tr><td colspan="6">TOTAL NUMBER OF CONTAINERS OR PACKAGES（IN WORDS）</td></tr>
<tr><td>FREIGHT &
CHARGES</td><td>REVENUE TONS</td><td>RATE</td><td>PER</td><td>PREPAID</td><td>COLLECT</td></tr>
<tr><td>PREPAID AT</td><td colspan="2">PAYABLE AT</td><td colspan="3">PLACE AND DATE OF ISSUE</td></tr>
<tr><td>TOTAL PREPAID</td><td colspan="2">NUMBER OF ORIGINAL B（S）/L</td><td colspan="3"></td></tr>
<tr><td colspan="3">LOADING ON BOARD THE VESSEL
DATE</td><td colspan="3">BY</td></tr>
</table>

海运提单主要项目填制说明如下：

1. 托运人

托运人（shipper），是与承运人签订运输契约、委托运输的货主，即发货人。在信用证支付方式下，一般以受益人为托运人；托收方式下托收的委托人为托运人。

2. 收货人

收货人（consignee）要按合同和信用证的规定来填写。一般的填法有下列几种：

（1）记名式：在收货人一栏直接填写指定的公司或企业名称。该种提单不能背书转让，必须由收货人栏内指定的收货人提货或转让。

（2）不记名式：在收货人栏留空不填，或填“to bearer”（交来人/持票人）。在这种方式下，承运人交货凭提单的持有人，只要持有提单就能提货。

（3）指示式：指示式的收货人又分为不记名指示和记名指示两种。

不记名指示，是在收货人一栏填“to bearer”，又称空白抬头。采用该种提单时，发货人必须在提单背面背书才能转让。背书又分为记名背书和不记名背书（空白背书）两种。前者是指在提单背面填上“deliver to ×××”“endorsed to×××”，然后由发货人签章；后者是发货人在背面不做任何说明只签章即可。记名背书后，其货权归该记名人所有，而且该记名人不可以再背书转让给另外的人。不记名背书，货权即归提单的持有人。

记名指示，是在收货人一栏填“to order of shipper”，此时，发货人必须在寄单前在提单背面背书；另外还有凭开证申请人指示，即信用证（L/C）中规定“to order of applicant”，在收货人栏就填“to order of ××× Co.”；凭开证行指示，即L/C中规定“to order of issuing bank”，则填“to order of×××bank”。

在实际业务中，L/C项下提单多使用指示式。托收方式，也普遍使用不记名指示式。若做成代收行指示式，事先要征得代收行同意。因为根据URC522（《托收统一规则》）中第10条a款规定：除非先征得银行同意，货物不应直接运交银行，亦不应以银行或银行的指定人为收货人。如未经银行事先同意，货物直接运交银行，或以银行的指定人为收货人，然后由银行付款或承兑后将货物交给付款人时，该银行并无义务提取货物，货物的风险和责任由发货人承担。

3. 被通知人

原则上被通知人（notify party）一栏一定要按信用证的规定填写。被通知人，是指收货人的代理人或提货人。货到目的港后承运人凭该栏提供的内容通知其办理提货，因此，提单中的被通知人一定要有详细的名称和地址，供承运人或目的港及时通知其提货。若信用证中未规定明确地址，为保持单证一致，可在正本提单中不列明，但要在副本提单上写明被通知人的详细地址。托收方式下的被通知人一般填托收的付款人。

4. 船名

船名（ocean vessel）是指由承运人配载的装货的船名，班轮运输多加注航次（Voy.No.）。

5. 装运港

装运港（port of loading）一栏需填实际装运货物的港名。信用证项下一定要符合信用证的规定和要求。如果信用证规定为“中国港口”（Chinese port），此时不能照抄，而要按装运的我国某一港口实际名称填写。

6. 卸货港

原则上，信用证项下提单卸货港（port of discharge）一定要按信用证规定办理。但若信用证规定两个以上港口者，或笼统写“××主要港口”如“European main ports”（欧

洲主要港口）时，只能选择其中之一或填明具体卸货港名称。

如果信用证规定卸货港名后有“In transit to××”，则只能在提单上托运人声明栏或唛头下方空白处加列。尤其如果我国只负责到卸货港而不负责转运，则不能在卸货港后加填，以说明卖方只负责到卸货港，之后的转运由买方负责。

另外，对美国和加拿大 O.C.P（overland common points，即“陆路共通点”）地区出口时，卸货港名后常加注“O.C.P ××”。例如信用证规定“Los Angeles O.C.P Chicago”，可在提单目的港填制“Los Angeles O.C.P”；如果要求注明装运最后城市名称时，可在提单的空白处和唛头下加注“O.C.P. Chicago”，以便转运公司办理转运至“Chicago”。

7. 唛头

对于唛头（shipping marks /marks & Nos.），如果信用证有明确规定，则按信用证缮制；如果信用证没有规定，则按买卖双方的约定，或由卖方决定缮制，并注意做到单证一致。

8. 包装与件数

关于包装与件数（No.&kind of packages），对于一般散装货物，该栏只填“in bulk”，大写件数栏可留空不填。单位件数与包装都要与实际货物相符，并在大写合计数内填写英文大写文字数目。如总件数为 320 cartons 填写在该栏项下，则应在总件数大写栏［total number of containers or packages（in words）］填写：THREE HUNDRED AND TWENTY CARTONS ONLY。如果货物包括二种以上不同包装单位（如纸箱、铁桶），应分别填列不同包装单位的数量，然后再表示件数：

300 cartons
400 iron drums
700 packages

9. 商品名称（描述）

原则上提单上的商品描述（description of goods）应按信用证规定填写并与发票等其他单据一致。但若信用证上货物的品名较多，提单上允许使用类别总称来表示商品名称，如出口货物有餐刀、水果刀、餐叉、餐匙等，信用证上分别列明各种商品名称、规格和数量，但包装都用纸箱，提单上就可以笼统写：餐具×××cartons。

10. 毛重和体积

除非信用证有特别规定，提单上一般只填货物的总毛重和总体积（gross weight & measurement），而不表明净重和单位体积。一般重量均以公斤表示，体积用立方米表示。

11. 运费支付

信用证项下提单的运费支付（freight & charges）情况，按规定填写。一般根据成交的价格条件分为两种：若在 CIF 和 CFR 条件下，则注明“freight prepaid”或“freight paid”；FOB 条件下则填“freight collect”或“freight payable at destination”。若是租船契约提单，则有时要求填：“freight payable as per charter party”。有时信用证还要求注明运费的金额，按实际运费支付额填写即可。

12. 签发地点与日期

提单的签发地点（place）一般在货物装运港所在地，日期（date of issue）则按信用证的装运期要求，一般要早于或与装运期为同一天。有时由于船期不准，迟航或发货人造成迟延，使实际船期晚于规定的装期，发货人为了适应信用证规定，做到单证相符，要求船方同意以担保函换取较早或符合装运期的提单，这就是倒签提单；另外，有时货未装船或未开航，发货人为及早获得全套单据进行议付，要求船方签发已装船提单，即预借提单。这两种情况是应该避免的，如果发生问题，或被买方察觉，足以造成巨大经济损失和不良影响。

13. 承运人签章

提单必须由承运人或其代理人签字即承运人签章（signed for the carrier），才能生效。若信用证要求手签，也要照办。对于海运提单由哪些人签署才有效的问题，UCP600 作了新的补充规定，即第 21 条 a（1）款中规定，签署人可以是承运人或作为承运人的具名代理人或代表，或船长或作为船长的具名代理人或代表。

14. 提单正本签发的份数

信用证支付方法下对于提单正本的签发份数（No. of original B（s）/L）一般都有明确规定，因此，一定要按信用证的规定出具要求的份数。例如信用证规定："Full set 3/3 Original clean on board ocean Bill of Lading..."，这就表明提单签发正本三份，在提交给银行议付时必须是三份正本。若在提单条款上未规定份数，而是在其他地方指明："…available by beneficiary's draft at sight drawn on us and accompanied by the following documents in duplicate"，表明信用证要求提交的单据，当然包括提单，都是一式两份。又如信用证规定："Full set of clean on board Bill of Lading issued..."，此种规定没有具体表明份数，而是指"全套"。根据 UCP600 第 21 条 a（4）款规定："包括一套单独一份的正本提单，或如果签发正本超过一份，则包括出立的全套正本。"因此，对此类规定，要依据实际船方签发的正本份数而定。

15. 提单号码

提单号码（B/L NO.）一般位于提单的右上角，是为便于工作联系和核查，承运人对发货人所发货物承运的编号。在其他单据中，如保险单、装运通知的内容往往也要求注明提单号。

海运提单除上述正面内容外，一般背面是托运人与承运人的运输条款（terms and conditions of shipment mutually agreed），理论上应是托运人与承运人双方约定的事项，但实际上是承运人单方面印定的，托运人很少有修改的机会。这也就是为什么说提单是双方运输契约的证明，而不能说是运输契约或合同。由于各国航运公司提单的格式不同，其条款的规定内容也各不一样，内容较多，如托运人与承运人的定义、承运人责任条款、运费和其他费用条款、责任限额、共同海损等，其内容虽多大同小异，可以归类，一般首要条款中要规定所适用的国际公约（如《海牙规则》、《维斯比规则》和《汉堡规则》），以便在发生争议时可以将其作为依据。

二、航空运单

（一）航空运单的性质和作用

航空运单（airway bill）与海运提单有很大不同，但与国际铁路运单相似。它是由承运人或其代理人签发的重要的货物运输单据，是承托双方的运输合同，其内容对双方均具

有约束力。航空运单不可转让，持有航空运单也并不能说明可以对货物要求所有权。

（1）航空运单是发货人与航空承运人之间的运输合同。与海运提单不同，航空运单不仅证明航空运输合同的存在，而且航空运单本身就是发货人与航空运输承运人之间缔结的货物运输合同，在双方共同签署后产生效力，并在货物到达目的地交付给运单上所记载的收货人后失效，但作为书面证明，货运单的有效期限应延至运输停止后的两年。

（2）航空运单是承运人签发的已接收货物的证明。航空运单也是货物收据，在发货人将货物发运后，承运人或其代理人就会将其中一份交给发货人（即发货人联），作为已经接收货物的证明。除非另外注明，它是承运人收到货物并在良好条件下装运的证明。

（3）航空运单是承运人据以核收运费的账单。航空运单分别记载着属于收货人负担的费用，属于应支付给承运人的费用和应支付给代理人的费用，并详细列明费用的种类、金额，因此可作为运费账单和发票。承运人往往也将其中的承运人联作为记账凭证。

（4）出口时航空运单是报关单证之一。在货物到达目的地机场进行进口报关时，航空运单也通常是海关查验放行的基本单证。

（5）航空运单同时可作为保险证书。如果承运人承办保险或发货人要求承运人代办保险，则航空运单也可用来作为保险证书。

（6）航空运单是承运人内部业务的依据。航空运单随货同行，证明了货物的身份。运单上载有有关该票货物发送、转运、交付的事项，承运人会据此对货物的运输做出相应安排。

（二）航空运单的分类

航空运单主要分为两大类：

1. 航空主运单

凡由航空运输公司签发的航空运单称为航空主运单（master air waybill，MAWB）。它是航空运输公司据以办理货物运输和交付的依据，是航空公司和托运人订立的运输合同，每一批航空运输的货物都有自己相对应的航空主运单。

2. 航空分运单

集中托运人在办理集中托运业务时签发的航空运单被称作航空分运单（house air waybill，HAWB）。在集中托运的情况下，除了航空运输公司签发主运单外，集中托运人还要签发航空分运单。

航空分运单作为集中托运人与托运人之间的货物运输合同，合同双方分别为货主A、B和集中托运人；而航空主运单作为航空运输公司与集中托运人之间的货物运输合同，当事人则为集中托运人和航空运输公司。货主与航空运输公司之间没有直接的契约关系。

不仅如此，由于在起运地集中托运人将货物交付航空运输公司，在目的地集中托运人或其代理从航空运输公司处提取货物，再将货物转交给收货人，因而货主与航空运输公司也没有直接的货物交接关系。

（三）航空运单的内容

航空运单与海运提单类似，也有正面、背面条款之分，不同的航空公司也会有自己独特的航空运单格式。不同的是，航运公司的海运提单可能千差万别，但各航空公司使用的航空运单则大多借鉴国际航空运输协会（International Air Transport Association，IATA）所推荐的标准格式，差别并不大（见表 5－3）。航空运单主要项目填制说明如下：

表 5－3　　航空运单示例

Shipper' Name and Address	Shipper's Account Number	Not negotiable Air Waybill　　中国东方航空公司 Issued by　　CHINA EASTERN AIRLINES 2250 HONGQIAO ROAD SHANGHAI CHINA
Consignee's Name and Address	Consignee's Account Number	Copies 1,2 and 3 this Air Waybill are originals and have the same validity It is agreed that goods described herein are accepted in apparent good order and condition (except as noted) for carriage SUBJECT TO THE CONDITIONS OF CONTRACT ON THE REVERSE HEREOF. ALL GOODS MAY BE CARRIED BY ANY OTHER MEANS INCLUDING ROAD OR ANY OTHER CARRIER UNLESS SPECIFIC CONTRARY INSRUCTIONS ARE GIVEN HEREON BY THE SHIPPER, AND SHIPPER AGREES THAT THE SHIPPMENT MAY BE CARRIED VIA INTERMEDIATE STOPPING PLACES WHICH THE CARRIER DEEMS APPROPRIATE. THE SHIPPER'S ATTENTION IS DRAWN TO THE NOTICE CONCERNING CARRIER'S LIMITATION OF LIABILITY. Shipper may increase such limitation of limitation of liability by declaring a higher value for carriage and paying a supplemental charge if required.
Issuing Carrier's Agent Name and City		Accounting Information
Agent's IATA Code	Account No.	
Airport of Departure (Addr. Of First Carrier) and Requested Routing		

To	By First Carrier　Routing and Destination	To	By	To	By	Currency	Chgs Code	WT/VAL PPD	WT/VAL COLL	Other PPD	Other COLL	Declared Value for Carrier	Declared Value for Customs

Airport of Destination	Requested Flight/Date		Amount of Insurance	If shipper requests insurance in accordance with the conditions thereof indicate amount to be insured in figures in box marked "Amount of Insurance".

Handling Information

No. of Pieces RCP	Gross Weight	kg lb		Rate Class Commodity Item No.	Chargeable Weight	Rate / Charge	Total	Nature and Quantity of Goods (Incl. Dimensions or Volume)

Prepaid　Weight Charge　Collect	Other Charges
Valuation Charge	
Tax	
Total other Charges Due Agent	Shipper certifies that particular's on the face hereof are correct and agrees THE CONDITIONS ON REVERSE HEREOF: SUZHOU / AIR EXPORT 张强 Signature of Shipper or his Agent
Total other Charges Due Carrier	
Total Prepaid　　Total Collect	Carrier certifies that the goods described hereon are accepted for carriage subject to THE CONDITION OF CONTRACT ON THE REVERSE HEREOF. The goods then being in apparent good order and condition except as noted hereon. CHINA EASTERN AIRLINES Executed on (date)　　at (place)　　Signature of Issuing Carrier or its agent
Currency Conversion Rates　　CC Charges in Dest.. Currency	
For Carriers Use only at Destination　　Charges at Destination	Total Collect Charges　　789-3905 0933

（1）填写始发站机场的IATA三字代码，由承运人填写。如果没有机场的IATA三字代码，可以填写机场所在城市的IATA三字代码。

（1A）印制或者电脑打制承运人的票证注册代号。

（1B）货运单号码由八位数字组成，前七位为顺序号，第八位为检查号。

上述代码可放在表头，也可放在表尾，样表是在表尾处。

（2）托运人姓名和地址（shipper's name and address）：填写托运人的全名，地址填写国家名称、城市名称、街道名称、门牌号码、邮政编码和电话号码。

（3）托运人账号（shipper's account number）：根据承运人的需要，填写托运人账号。

（4）收货人姓名和地址（consignee's name and address）：填写收货人的全名，地址填写国家名称、城市、街道的名称、门牌号码、邮政编码和电话号码。收货人的姓名要与其有效身份证件相符，地址要详细，邮政编码和电话号码要清楚准确。因货运单不能转让，此栏内不可填写"to order"（凭指示）字样。

（5）收货人账号（consignee's account number）：根据承运人的需要，填写收货人账号。

（6）代理人名称和城市（issuing carrier's agent name and city）：填写制单代理人的名称及其所在的城市，应清楚、详细。

（7）代理人的IATA代号（agent's IATA code）：在NON—CASS系统区，必须填写IATA七位数字的代号；在CASS系统区，还应填写三位数字的地址代码及检查号。

（8）代理人账号（account No.）：根据承运人的需要，填写代理人账号。

（9）始发站机场（airport of departure）：填写货物始发站的机场名称，应填写英文全称，不得简写或使用代码。

（10）结算注意事项（accounting information）：填写与结算有关的注意事项。

①以现金或者支票支付货物运费，应予注明。

②以旅费证支付货物运费，仅限于作为货物运输的行李，填写旅费证的号码及应支付的金额，填写"客票及行李票"号码、航班、日期等。

③以政府提单支付货物运费，填写政府提单的号码。

④因无法交付而退回始发站的货物，在新的货运单的此栏内填写原货单号码。

（11A）至（to）：填写目的站或者第一中转站机场的IATA三字代码。

（11B）第一承运人（by first carrier）：填写第一承运人的全称或者IATA两字代码。

（11C）至（to）：填写目的站或者第二中转站机场的IATA三字代码。

（11D）通过（by）：填写第二承运人的全称或者IATA两字代码。

（11E）至（to）：填写目的站或者第三中转站机场的IATA三字代码。

（11F）通过（by）：填写第三承运人的全称或者IATA两字代码。

（12）币种（currency）：填写始发站所在国家货币的三字代码（由国际标准化组织，即IS规定）。除（33A）至（33D）栏以外，货运单上所有货物运费均应以此币种表示。

（13）付款方式（chgs code）：填写货物运费的支付方式。

①CA，partial collect credit-partial prepaid cash，部分到付信用卡-部分预付现金。

②CB，partial collect credit-partial prepaid credit，部分到付信用卡-部分预付信用卡。

③CC，all charges collect，全部货物运费到付。

④CG，all charges collect by GBL，全部货物运费到付政府提单。

⑤CP，destination collect cash，目的站到付现金。

⑥CX，destination collect credit，目的站到付信用卡。

⑦NC，no charge，免费。

⑧PC，partial prepaid cash-partial collect cash，部分预付现金-部分到付现金。

⑨PD，partial prepaid credit-partial collect cash，部分预付信用卡-部分到付现金。

⑩PG，all charges prepaid by GBL，全部货物运费预付政府提单。

⑪PP，all charges prepaid by cash，全部货物运费预付现金。

⑫PX，all charges prepaid by credit，全部货物运费预付信用卡。

（14A）（14B）航空运费/声明价值附加费（WT/VAL）的付款方式：航空运费和声明价值附加费必须同时全部预付或者到付，并在相应的栏目“PPD”（预付）、“COLL”（到付）内填写“×”。

（15A）（15B）其他费用（other）的付款方式：（27A）和（28A）栏内的其他费用必须同时全部预付或者到付，（27B）和（28B）栏内的其他费用必须同时全部预付或者到付，并在相应的栏目“Prepaid”“Collect”内填写“×”。

（16）供运输用声明价值（declared value for carriage）：填写托运人向承运人办理货物声明价值的金额。托运人未办理货物声明价值，必须填写“NVD”（no value declaration）字样。

（17）供海关用声明价值（declared value for customs）：填写托运人向海关申报的货物价值。托运人未办理此声明价值，必须填写“NCV”（no value declaration）字样。

（18）目的站机场（airport of destination）：填写货物目的站机场的名称，应填写英文全称，不得简写或使用代码。如有必要，填写该机场所属国家、州的名称或城市的全称。

（19A）（19B）航班/日期（requested flight/date）：填写托运人已经定妥的航班/日期；填写托运人已经定妥的续程的航班/日期。

（20）保险金额（amount of insurance）：中国民航不代理国际货物的保险业务，此栏填写“NIL”或者“×××”等字样。

（21）储运事项（handling information）：填写货物在仓储和运输过程中需要注意的事项。如：

①对于危险物品，填写“详见随附货运单的危险物品申报单”或者“危险物品——但不需危险物品申报单”或者“仅限货机”等。

②对于危险物品中包含有非危险物品，填写危险物品的件数。

③填写货物标志、数码以及货物包装方式等。

④填写除 4 栏以外的其他在目的站的被通知人的名称、地址以及联系方式等。

⑤填写随附货运单的文件的名称。

⑥填写需要作特殊说明的其他情况。

但必须注意，这些事项应不能超过承运人的仓储、运输能力。

（21A）海关信息（SCI）：填写海关信息，仅在欧盟国家之间运输货物时使用。

（22A）件数/运价点（No. of pieces，RCP）：填写货物的件数，如果所使用的货物运

价种类不同，应分别填写，并将总件数填写在22J内。如果货物运价系分段相加运价，将运价组成点（运价点）的IATA三字代码填写在件数下面。

（22B）毛重（gross weight）：与件数相对应，填写货物的毛重，如果分别填写，将总毛重填写在（22K）栏内。

（22C）毛重的计量单位（kg / lb）：填写货物毛重的计量单位，“K”或者“L”分别表示“千克”或者“磅”。

（22D）运价种类（rate class）：填写所采用的货物运价种类代号。

M——minimum charge，最低运费。

N——normal rate，普通货物标准运价。

Q——quantity rate，重量分界点运价。

C——specific commodity rate，指定商品运价。

R——class rate surcharge，附加等级运价。

S——class rate reduction，附减等级运价。

U——unit load device basic charge or rate，集装货物基础运价。

（22E）商品代号（commodity item No.）。

（22F）计费重量（chargeable weight）：填写据以计收航空运费的货物重量。

（22G）费率（rate/charge）：填写适用的货物运价。

（22H）航空运费（total）：填写根据货物运价和货物计费重量计算出的航空运费额。如果分别填写，将航空运费总额填写在（22L）内。

（22I）货物品名及数量（nature and quantity of goods）（包括尺寸或体积）：填写货物的具体名称及数量。货物品名不得填写表示货物类别的统称，如：不能填写电器、仪器、仪表等；鲜活易腐物品、活体动物等不能作为货物品名。托运人托运危险物品应填写其标准学术名称。作为货物运输的行李应填写其内容和数量，或随附装箱清单。如果有分舱单的话需要在该栏的顶部显示一句：“Consolidation shpt as per attached manifest”，其中品名不能有更改，如果有鉴定的话需要在品名的下面显示一句：“Not restricted as per special provision”。

填写每件货物的外包装尺寸或体积，单位分别用厘米和立方米表示，货物尺寸按其外包装的长×宽×高×件数的顺序填写。

（22J）见（22A）。

（22K）见（22B）。

（22L）见（22H）。

（22Z）根据承运人的要求，填写有关服务代号。

（23）其他费用（other charges）：填写其他费用的项目名称和金额。在始发站发生的其他费用，应全部预付或者到付；也可以填写在运输过程中或目的站发生的其他费用，应全部预付或者到付，未在此栏内列明的其他费用见（33C）；其他费用可以用下列代号表示。

AC——animal container，动物容器费。

AS——assembly service fee，集装服务费。

AW——air waybill fee，货运单费。

CD——clearance and handling-destination，目的站办理海关手续和处理费。

CH——clearance and handling，始发站办理海关手续和处理费。

DB——disbursement fee，货物运费到付手续费。

FC——charge collect fee，货物运费到付手续费。

GT——government tax，政府税。

IN——insurance premium，代办保险手续费。

LA——live animal，活体动物处理费。

MA——miscellaneous-due agent，代理人收取的杂项费。

MC——miscellaneous-due carrier，承运人收取的杂项费。

MO——miscellaneous，杂项费，如牛栏、马厩的租用费。

MZ——miscellaneous-due issuing carrier，制单承运人收取的杂项费。

PK——packaging，货物包装费。

PU——pick-up，货物提取费。

RA——dangerous goods fee，危险物品处理费。

SD——surface charge-destination，目的站地面运输费。

SO——storage-origin，始发站仓储费。

SR——surface charge-origin，始发站地面运费。

SU——storage-destination，目的站仓储费。

TR——transit，过境费。

TX——taxes，税款。

UH——ULD-handling，集装设备处理费。

在相应的其他费用代号后加“C”表示该项费用由承运人收取，加“A”表示该项费用由代理人收取。

(24A) (24B) 航空运费 (weight charge)：填写 (22H) 或 (22L) 中的航空运费总额，可以预付或者到付，根据付款方式分别填写。

(25A) (25B) 声明价值附加费 (valuation charge)：填写按规定收取的声明价值附加费，可以预付或者到付，根据付款方式分别填写。

(26A) (26B) 税款 (tax)：填写按规定收取的税款额，可以预付或者到付，根据付款方式分别填写，但是，必须同 (24A) 和 (25A) 或 (24B) 和 (25B) 同时全部预付或者同时全部到付。

(27A) (27B) 交代理人的其他费用总额 (total other charges due agent)：填写交代理人的其他费用总额，可以预付或者到付，根据付款方式分别填写。

(28A) (28B) 交承运人的其他费用总额 (total other charges due carrier)：填写交承运人的其他费用总额，可以预付或者到付，根据付款方式分别填写。

(29A) (29B) 根据承运人的要求，填写应收取的有关费用额，可以预付或者到付，付款方式分别填写。

(30A) 全部预付货物费用的总额 (total prepaid)：(24A) (25A) (26A) (27A)

(28A)(29A)合计的预付货物运费的总额。

(30B)全部到付货物费用的总额(total collect):(24B)(25B)(26A)(27B)(28B)(29B)合计的到付货物运费的总额。

(31)托运人或其代理人签字、盖章(signature of shipper or his agent):由托运人或其代理人签字、盖章。

(32A)填开日期[executed on (date)]:填写货运单的填开日期,年、月、日。

(32B)填开地点[at (place)]:填写货运单的填开地点。

(32C)制单承运人或其代理人签字、盖章(signature of issuing carrier or its agent):由填制货运单的承运人或其代理人签字、盖章。

(33)仅限在目的站由承运人填写(for carrier's use only at destination)。

(33A)汇率(currency conversion rates):使用所在国家的币种和汇率。

(33B)到付货物运费(CC charge in dest... currency):填写根据(33A)中的汇率将(30B)中的到付货物运费换算成的金额。

(33C)目的站其他费用额(charges at destination):填写在目的站发生的货物运费额。

(33D)合计金额 total collect charges:填写(33B)和(33C)的合计金额。

(四)货运单的修改

当货运单内容填写出现错误、需要修改时,应将错误处划去,在旁边空白处填写正确的内容,并在货运单各联的修改处加盖修改人的印章。每份货运单只限修改一次,修改地方不得超过三处。如果发生多处填写错误、无法修改清楚时,应另填制新的货运单,原货运单作废。已经作废的货运单,应在全部各联上加盖"作废"的印章,随同货物销售日报送财务部门注销。修改货运单时,还应严格遵守财务部门的其他各项规定。

(五)货运单的组成及其各联的用途

货运提单一般由三份正本(original)、六份副本(copy)和三份额外副本(extra copy)共十二联组成。各联的顺序及用途如下:

正本 1:绿色　航空公司财务联
正本 2:粉色　收货人联
正本 3:蓝色　托运人联
副本 4:黄色　航空公司留存联
副本 5:白色　目的站机场联,交目的站机场
副本 6:白色　第三承运人联,结算运费
副本 7:白色　第二承运人联,结算运费
副本 8:白色　第一承运人联,结算运费
副本 9:白色　代理人联,制单代理留存
额外副本 10/11/12:白色,备用

案例　亚马逊FBA卖家在跨境物流中遇到许多棘手的事

跨境运输乍一看可能令人困惑和畏惧，据了解，除成本以外，跨境电商面临的大多数挑战都与物流相关，具体包括海关合规性、跨境物流追踪、管理交付预期、跨境物流和退货等。但许多中小企业通过了解进口税和国际运输的规则，并选择正确的海外交付合作伙伴，进入了蓬勃发展的全球电商市场。

一、为跨境电商做准备

在你开始向海外发货之前，首先要确保是否可以将产品出口到目标国家或地区。有些产品可能会受到限制，需要特殊许可证才能进口，而有的产品则有可能严格禁止进口。此外，B2C卖家通常会通过空运运送小包裹，值得注意的是，空运可能会有额外的限制，这取决于你具体的产品类型。

二、你的产品含有危险品吗?

在运输领域中，危险货物通常被归类为可能在运输过程中对他人造成伤害的物品。大多数危险货物是由国际航空运输协会定义的，该协会是管理航空旅行的国际组织。

网上卖家出售较为常见的危险物品是移动电源（包括锂离子电池）、粉状化妆品以及任何含有液体或酒精的物品。如果你的产品属于危险货物，就需要准备采取额外的措施将产品发送到海外。这些货物可能需要额外的文件，以特定的方式标记，并需要货运公司小心处理。因此，一些航空公司可能会对这些货物收取更高的运费。

三、进口关税

政府通常会对来自其他国家的货物征税，目的在于：

(1) 保护国内公司免受国外竞争者的侵害。

(2) 控制某些产品的流动。

(3) 通过税收增加收入。

当你将货物运往另一个国家时，你或你的客户可能会被要求在货物交付前支付额外的关税和税款。

计算货物的税收和关税数额的一个简单方法是获取目的地国家的税收和关税百分比，并将其乘以货物的应纳税价值。

但请记住以下几点：

• 每个国家和每种商品的税率和关税百分比将有所不同；

• 应纳税价值通常是基于货物的价值，但根据估价方法的不同，它也可以包括其他金额。

四、你需要运输保险吗?

如果你的产品价值低于100美元，那么你可能不需要运输保险。世界范围内的大多数快递公司都承保国内和国际货物运输，其对损失价值的弥补最高可达100美元。但这可能与邮政服务公司有所不同，例如，如果你使用USPS（美国邮政管理局）的特快专递服务，USPS只提供100美元的自动保险。

值得注意的是，这些都是声明的价值保险范围，也就是说，这是运输公司在包装损坏或丢失时所承担的最大责任。如果你的货物价值超过100美元，为了避免货物损坏或丢失造成的损失，可以考虑为海外货物购买其他保险。

五、提供多渠道物流解决方案

避免跨境运输超支的好方法就是与多家运输公司合作。仅与一家运输公司合作可能会限制客户的送货选择，并且会面临支付更高运费的风险，因为其他本地的运输公司可能能够在你的目的地国家提供更具竞争力的价格。

提供多种运输解决方案不仅可以满足客户的期望，还可以通过提供灵活的交付方式提高客户的忠诚度。要为业务找到较好的运营商，需要对价格、交付时间和跟踪质量进行比较，这点非常重要。

价格：这取决于你使用的运营商类型。一般来说，邮政运营商（如美国邮政管理局）是最便宜的，而快递公司更贵（但它能提供更好的服务）。

交付时间：一些客户希望快速交付，而另一些客户则愿意等待。提供不同的解决方案和不同的交付时间将帮助你吸引更多的客户。

跟踪质量：选择提供良好跟踪的运营商，这将减少客户服务请求的次数并降低货物在海外丢失的风险。

六、选择海外交付合作伙伴

与位于同一国家或大陆的交付合作伙伴合作是有诸多好处的，例如：

（1）降低制造商或供应商的运输成本。如果你的合作伙伴离仓库更近，那么还可以节省从工厂运输货物的费用。

（2）可能节省税款和关税。通过将海外仓库作为产品的第一个交货地点，你可以为你的业务办理报关手续并处理任何需要支付的额外税款和关税事宜，这也消除了客户必须支付税费的障碍。

（3）为客户提供更快更便宜的送货服务。与客户的距离越近，运输成本也越低，交付时间也会更快，从而提高客户的满意度。

（4）实现快捷包装处理。通过外包专业人员处理你的订单履行事宜，产品将能被安全且快速地打包。

七、运输到海外后会发生什么？

以下是你的货物第一次到达目的地国家时的情况。

（1）海关官员会检查你的装运文件。所有国际货物都需要有空运单、商业发票和报关单。商业发票包括一些重要的信息，如发货人和收货人的联系信息、发货产品的描述以及它们的总价值。

（2）海关官员将确定是否对货物进行征税。这将取决于货物的类别、价值和进口国的法律。如果确定货物的价值高于起征点，海关官员将检查这些税款是否已经支付。

（3）如果未支付，海关将要求缴纳税款和关税。如果货物被标记为DDP（完税后交货），这意味着已经支付了税款。有些快递公司有它们自己的报关行，它们可以为你处理这笔付款。但是，如果货物被标记为DDU（未完税交货），海关将会把包裹转交给独立的报关行收取所需金额，这些报关行将与收款人联系收取应付款项。

（4）一旦确认已经支付了未付的税款和关税，货物就会被放行，继续运往最终目的地。只要你有必要的文件并了解如何处理税款和关税，货物一般会被通关放行。

八、跨境物流的挑战有哪些？

在跨境运输的过程中，卖家往往会遇到一些棘手的事：

1. 未预缴税款

一些卖家更喜欢发送DDU（未完税交货）货物，因为这会使得下单时的送货成本显得更低。然而，这并不意味着税收会被取消，卖方需要与买家沟通，货物到达海关时征收的关税将由买家负责支付。但通常情况下，对于买家来说，他们甚至不知道需要支付关税，当他们接到海关要求付款的电话时，或许会对你的客户体验产生负面影响。因此，为了获得更顺畅的发货体验，建议国际运输的新卖家先为买家预付关税。

2. 货物卡在海关

货物在海关滞留的原因有很多，且严重程度不同，例如禁止进口的货物或文件不正确。为了让你的货物摆脱海关的限制，建议你做好以下事情：

（1）直接与快递公司联系。一些运输公司或者报关公司，可能会直接查看你的货物，帮助你找出问题所在，并就如何清关提供建议。

（2）查明是否有未缴税款。如有未缴税款，请尽快安排付款，以结清余款。

（3）确保没有遗漏或错误的文件。提供海关官员需要处理的任何额外细节、修正或文件。

3. 处理国际退货

处理国际退货是件棘手的事情，但67%的购物者会在决定购买之前查看电子商务网站的退货政策。

下面是一些有关处理国际退货的建议：

（1）选择快递公司，它们在跟踪方面更可靠，而且有能力处理任何海关问题。

（2）找到一个可以帮你自动退货的平台，市面上有许多软件可以帮助你设置自动退货流程，并允许客户打印退货的发货标签，如跨境达可以帮你解决这些问题。

关键术语

物流模式　物流运费　海运提单　航空运单

复习思考题

1. 简述跨境电商的自贸区或保税区物流模式。
2. 简述班轮运价的构成。
3. 简述海运提单的性质和作用。
4. 简述航空运单的性质和作用。

第六章

跨境电子商务保险

随着我国国际贸易的发展以及互联网电商的日渐普及，如今越来越多的企业通过跨境电商出口商品，越来越多的消费者购买跨境电商进口商品。在消费升级背景和国家“一带一路”政策支持下，保险则成为化解各方风险、保证各方交易顺利完成的重要一环。

第一节　传统国际贸易保险

货物运输保险是以运输途中的货物作为保险标的，保险人对由自然灾害和意外事故造成的货物损失承担赔偿责任的保险。在国际货物买卖业务中，业务量最大、涉及面最广的就是海上保险。目前，世界上大多数国家在海上保险业务中直接采用英国伦敦保险协会的《协会货物条款》。在我国，进出口货物运输最常用的保险条款是《中国保险条款》中的《海洋运输货物保险条款》。常用海洋运输货物保险条款和险别参见表 6-1。

表 6-1　常用海洋运输货物保险条款和险别

海洋运输货物保险条款	协会货物条款
平安险	协会货物条款（C）
水渍险	协会货物条款（B）
一切险	协会货物条款（A）
附加险（一般附加险、特殊附加险）	附加险［协会战争险条款（货物）、协会罢工险条款（货物）、恶意损害险条款］

一、协会货物条款

英国伦敦保险协会的《协会货物条款》（Institute Cargo Clause，简称 ICC）最早制定于 1912 年，后来经过多次修改，最近一次的修改已于 2009 年 1 月 1 日生效。伦敦保险协会新修订的保险条款一共有 6 种，包括协会货物条款（A）、协会货物条款（B）、协会货物条款（C）、协会战争险条款（货物）、协会罢工险条款（货物）和恶意损害险条款。

(一) 协会货物条款 (A)

协会货物条款（A）［Institute Cargo Clause A，简称 ICC（A）］的责任范围、除外责任和保险期限如下。

1. 责任范围

ICC（A）采用“一切风险减除外责任”的办法，即除了“除外责任”项下所列风险保险人不予负责外，其他风险均予负责。从承保范围看，ICC（A）主要承保海上风险和一般外来风险，责任范围广泛。同时，ICC（A）还承保共同海损和救助费用，对根据运输合同中“船舶互撞责任”条款规定的由被保险人承担比例责任的部分，保险人也予以负责。

2. 除外责任

ICC（A）的除外责任，包括一般除外责任，不适航、不适货除外责任，战争除外责任和罢工除外责任 4 个除外责任。

（1）一般除外责任。如归因于被保险人故意的不法行为造成的损失或费用；保险标的自然渗漏、自然损耗或自然磨损；保险标的包装不足或不当所造成的损失或费用；保险标的固有缺陷或特性所造成的损失或费用；直接由于延迟所引起的损失或费用；由于船舶所有人、租船人经营破产或不履行债务所造成的损失或费用；由于使用任何原子或核武器所造成的损失或费用（本条对核战争武器所致的损失后果一概除外不保，但对于民用的核风险并没有予以除外，保险人应予负责）。

（2）不适航、不适货除外责任。指保险标的在装船时，被保险人或其受雇人已经知道船舶不适航，以及船舶、装运工具、集装箱等不适货，而将保险标的装于其上时所造成的损失或费用，保险人不予负责。

（3）战争除外责任。如由于战争、内战、敌对行为等造成的损失或费用；由于捕获、拘留、扣留等（海盗除外）所造成的损失或费用；由于漂流水雷、鱼雷等造成的损失或费用。

（4）罢工除外责任。罢工者、被迫停工工人造成的损失或费用，以及由于罢工、被迫停工所造成的损失或费用等。

3. 保险期限

ICC（A）对保险期限的规定包括 3 个条款，分别是运输条款、运输合同终止条款和航程变更条款。

（1）运输条款。保险期限采用的是“仓至仓条款”，即自被保险货物运离保险单所载明的起运地仓库或储存处所开始运输时生效，包括正常运输过程中的海上、陆上、内河和驳船运输在内，直至该项货物到达保险单所载明目的地收货人的最后仓库或储存处所，或被保险人用于非正常运输的其他储存处所或分配、分派处所为止。如未抵达上述仓库或储存处所，则以被保险货物在最后卸载港全部卸离海轮后满 60 天为止。

（2）运输合同终止条款。如在上述 60 天内被保险货物需转运到非保险单所载明的目的地时，则以该项货物开始转运时终止。

（3）航税变更条款。由于被保险人无法控制的运输延迟、绕道、被迫卸货、重行装载、转载或承运人运用运输契约赋予的权限所作的任何航海上的变更或终止运输契约，致使被保险货物运到非保险单所载明目的地时，在被保险人及时将获知的情况通知保险人，并在必要时加缴保险费的情况下，本保险仍继续有效，保险责任按下列规定终止：① 被保险货物如在非保险单所载明的目的地出售，保险责任至交货时为止，但不论任何情况，均以被保险货物在卸载港全部卸离海轮后满 60 天为止。② 被保险货物如在上述 60 天期限内继续运往保险单所载原目的地或其他目的地时，保险责任仍按上述第①款的规定终止。

（二）协会货物条款（B）

协会货物条款（B）［Institute Cargo Clause B，简称 ICC（B）］的责任范围、除外责任和保险期限如下。

1. 责任范围

根据伦敦保险协会对 ICC（B）和 ICC（C）的规定，其承保风险的做法是采用“列明风险”的方法。ICC（B）条款主要承保由自然灾害和意外事故所致的损失，以及共同海损的牺牲、分摊和救助费用。

ICC（B）承保的风险是：（1）火灾或爆炸；（2）船舶或驳船搁浅、触礁、沉没或倾覆；（3）陆上运输工具的倾覆或出轨；（4）船舶、驳船或运输工具同水以外的外界物体碰撞；（5）在避难港卸货；（6）地震、火山爆发、雷电；（7）共同海损牺牲；（8）抛货；（9）浪击落海；（10）海水、湖水或河水进入船舶、驳船、运输工具、集装箱、大型海运箱或储存处所；（11）货物在装卸时落海或摔落造成整件的全损。

2. 除外责任

ICC（B）与 ICC（A）的除外责任基本相同，但有下列两点区别。

（1）ICC（A）除对被保险人的故意不法行为所造成的损失、费用不负保险责任外，对被保险人之外任何个人或数人故意损害和破坏标的物或其他任何部分的损害，要负保险责任；但 ICC（B）对此均不负保险责任。

（2）ICC（A）把海盗行为列入风险范围，而 ICC（B）对海盗行为不负保险责任。

3. 保险期限

ICC（B）的保险期限与 ICC（A）相同，采用“仓至仓”条款。

（三）协会货物条款（C）

协会货物条款（C）［Institute Cargo Clause C，简称 ICC（C）］的责任范围、除外责任和保险期限如下。

1. 责任范围

ICC（C）承保的风险比 ICC（A）、ICC（B）要小得多，它只承保“重大意外事故”，而不承保“自然灾害及非重大意外事故”。ICC（C）条款主要承保重大意外事故所致的损失，以及共同海损的牺牲、分摊和救助费用。

ICC（C）承保的风险是：（1）火灾、爆炸；（2）船舶或驳船触礁、搁浅、沉没或倾覆；（3）陆上运输工具倾覆或出轨；（4）船舶、驳船或运输工具同水以外的外界物体碰撞；（5）在避难港卸货；（6）共同海损牺牲；（7）抛货。

2. 除外责任和保险期限

ICC（C）的除外责任和保险期限与 ICC（B）完全相同，采用“仓至仓”条款。

（四）协会战争险条款（货物）

协会战争险条款（货物）的责任范围、除外责任和保险期限如下。

1. 责任范围

（1）战争、内战、革命、造反、叛乱或由此引起的内乱或任何交战方之间的敌对行为。

（2）由上述承保风险引起的捕获、拘留、扣留、禁制或扣押，以及这些行动的后果或任何进行这种行为的企图。

（3）被遗弃的水雷、鱼雷、炸弹或其他被遗弃的战争武器。

从上述规定可知，“协会战争险条款（货物）”仅对战争行为及战争武器导致的保险标的的直接损失负责，不负责因此而致的费用损失。此外，海盗风险并不属于承保风险。

对为避免承保风险所造成的共同海损和救助费用，予以负责。

2. 除外责任

协会战争险条款（货物）的除外责任包括“一般除外责任”和“不适航、不适货除外责任”两部分。

（1）一般除外责任。该部分和 ICC（A）相比，增加了“航程挫折条款”，表明保险人对货物本身没有受损，但由于航程受阻或航海上的损失而引起的货物的索赔不予负责，也就是说，保险人只承保货物本身的损失，而不承保其运输航程的完成。此外，在战争险条款中，“核武器除外责任”的内容为“由于敌对性地使用核战争武器所致损失不予负责”。

（2）不适航、不适货除外责任。战争险条款的“不适航、不适货除外责任”和 ICC（A）中的有关规定完全一致。

3. 保险期限

协会战争险条款（货物）关于保险期限的规定比较复杂，主要包括以下三方面。

（1）保险期限以“水上危险”为限，即保险责任自货物装上海轮时开始，直到卸离海轮时终止，若货物不及时卸离海轮，以海轮到最后港口或卸货港当日午夜起满 15 天为限，保险责任终止，如果在中途港转运，也以到港 15 天为限。

（2）当保险责任中途终止时，如果货物继续运往保险单载明目的地，通过支付保险人所要求的额外保险费，自续运开始后，保险单可以重新恢复效力。

（3）如果由驳船向海轮装卸货物，保险人承保装卸时的水雷和鱼雷风险，但最长不超过货物卸离海轮后 60 天。

（五）协会罢工险条款（货物）

协会罢工险条款（货物）的责任范围、除外责任和保险期限如下。

1. 责任范围

（1）罢工者、被迫停工工人或参与工潮、暴动或民变的人员所造成的损失。

（2）任何恐怖分子或任何出于政治目的采取行动的人所致的损失。

此外，协会罢工险条款（货物）也承保为避免承保风险所致的共同海损和救助费用。

2. 除外责任

协会罢工险条款（货物）的除外责任包括一般除外责任和不适航、不适货除外责任两部分。

（1）一般除外责任。该部分和ICC（A）相比，增加了下列内容：① 由于航程或航海上的损失或受阻的索赔，保险人不负责。② 由于罢工、关厂、工潮、暴动或民变造成的各种劳动力缺乏、短缺或抵制引起的损失保险人不负责。③ 对战争风险所致的损失后果，保险人不负责。另外，其中“核战争武器除外责任”仅对敌对性使用核战争武器所致的损失后果予以除外。

（2）不适航、不适货除外责任。协会罢工险条款（货物）的“不适航、不适货除外责任”和ICC（A）中的有关规定完全一致。

3. 保险期限

协会罢工险条款（货物）的保险期限与ICC（A）、ICC（B）和ICC（C）相同，采用“仓至仓”条款。

（六）恶意损害险条款

恶意损害险条款，主要承保除被保险人以外的其他人的故意损害、故意破坏、恶意行为所致保险标的的损失或损害。如果恶意行为是出于政治动机，则不属于本条款的承保范围，但可以在罢工险条款中得到保障。

ICC（A）条款只把被保险人的恶意行为列入除外责任，显然已将恶意损害的内容包括在承保范围之内，而在ICC（B）条款和ICC（C）条款中，被保险人以外的任何他人的恶意行为所致的损失均属于除外责任。因此，若想得到恶意损害风险的保障，除非已经投保ICC（A）险，否则须加保恶意损害险。

需要特别说明的是，在协会货物条款中，只有恶意损害险条款不能单独投保，ICC（A）、ICC（B）、ICC（C），以及协会战争险条款（货物）和协会罢工险条款（货物），均可单独投保。

恶意损害险条款的保险期限与ICC（A）、ICC（B）、ICC（C）和协会罢工险条款（货物）相同，采用“仓至仓”条款。

二、海洋运输货物保险条款

《中国保险条款》（China Insurance Clauses，简称为CIC）是由中国人民保险公司制定，中国人民银行及原中国保险监督管理委员会审批颁布。CIC保险条款按运输方式来分，有海洋、陆上、航空和邮包运输保险条款四大类；对某些特殊商品，还配备有海运冷藏货物、陆运冷藏货物、海运散装桐油及活牲畜、家禽的海陆空运输保险条款等，共计八种条款。其中业务量最大、涉及面最广的海上保险是海洋运输货物保险条款（Ocean Marine Cargo Clause）。海洋运输货物保险条款所承保的险别，分为基本险别和附加险别两类。

（一）基本险别的责任范围

基本险别也称主险，是可以单独投保的险别。主要有平安险（Free from Particular Average，简称 FPA）、水渍险（With Average or With Particular Average，简称 WA/WPA）和一切险（All Risks，简称 AR）三种。

1. 平安险的责任范围

平安险，英文原意是"不负单独海损责任"，即被保险标的所遭受的单独海损的损失，原则上不在保险人承保范围之内。平安险的责任范围如下：

（1）货物在运输途中由于恶劣气候、雷电、海啸、地震、洪水自然灾害造成整批货物的全部损失或推定全损。当被保险人要求赔付推定全损时，须将受损货物及其权利委付给保险公司。被保险货物用驳船运往或运离海轮的，每一驳船所装的货物可视作一个整批。

（2）由于运输工具遭受搁浅、触礁、沉没、互撞、与流冰或其他物体碰撞以及失火、爆炸等意外事故造成货物的全部或部分损失。

（3）在运输工具已经发生搁浅、触礁、沉没、焚毁等意外事故的情况下，货物在此前后又在海上遭受恶劣气候、雷电、海啸等自然灾害所造成的部分损失。

（4）在装卸或转运时由于一件或数件整件货物落海造成的全部或部分损失。

（5）被保险人对遭受承保责任内的货物采取抢救、防止或减少货损的措施而支付的合理费用，但以不超过该批被救货物的保险金额为限。

（6）运输工具遭遇海难后，在避难港由于卸货所引起的损失以及在中途港、避难港由于卸货、存仓以及运送货物所产生的特别费用。

（7）共同海损的牺牲、分摊和救助费用。

（8）运输契约订有"船舶互撞责任"条款，根据该条款规定应由货方偿还船方的损失。

依据以上所列举的承保范围，平安险虽然在词义上不负单独海损责任，但实际上它还是包括一部分单独海损责任的。

2. 水渍险的责任范围

水渍险，英文原意是"负单独海损责任"。除包括平安险所列的各项责任外，水渍险还负责被保险货物由于恶劣气候、雷电、海啸、地震、洪水自然灾害所造成的部分损失。这说明水渍险的责任范围比平安险的责任范围大。

3. 一切险的责任范围

除包括平安险和水渍险所列的各项责任外，本保险还负责被保险货物在运输途中由于外来原因，如偷窃、淡水雨淋、短量、渗漏、破损等所致的全部或部分损失。但是由于货物本身特性所造成的损失、物价跌落的损失等，不包括在一切险承保范围之内。一切险条款的责任范围很广泛，但战争险（war risks）或罢工险（strikes risks）不包括在内。

总之，上述三种险别都是货物运输的基本险别，被保险人可从中选择一种投保。

（二）附加险别的责任范围

附加险别是基本险别责任的扩大和补充，它不能单独投保，附加险别包括一般附加险

和特殊附加险。

1. 一般附加险

一般附加险有 11 种，不能独立承保，它必须附属于基本险别下。也就是说，只有在投保了基本险别以后，才允许投保人投保附加险。投保一切险后，这 11 种一般附加险均包括在内。具体包括：(1) 偷窃，提货不着险；(2) 淡水雨淋险；(3) 短量险；(4) 渗漏险；(5) 混杂、玷污险；(6) 碰损、破碎险；(7) 串味险；(8) 受潮受热险；(9) 钩损险；(10) 包装破裂险；(11) 锈损险。

2. 特殊附加险

特殊附加险也属于附加险类，但不属于一切险的范围。它与政治、国家行政管理规章所引起的风险相关。特殊附加险包括：(1) 交货不到险；(2) 进口关税险；(3) 舱面险；(4) 拒收险；(5) 黄曲霉素险；(6) 卖方利益险；(7) 出口货物到香港（包括九龙）或澳门存仓火险责任扩展条款；(8) 罢工险；(9) 海运战争险；等。

需要特别说明的是，在中国的海洋运输货物条款中，战争险和罢工险一定要在投保了三种基本险别（平安险、水渍险和一切险）的基础上才能加保；而在伦敦保险协会的协会货物条款中，战争险和罢工险可以作为独立险别投保。

（三）除外责任

1. 基本险别的除外责任

为了明确保险人承保的责任范围，中国人民保险公司《海洋运输货物保险条款》中对海运基本险别的除外责任有下列 5 项。

(1) 被保险人的故意行为或过失所造成的损失。

(2) 属于发货人责任引起的损失。

(3) 在保险责任开始前，被保险货物已存在的品质不良或数量短差所造成的损失。

(4) 被保险货物的自然损耗、本质缺陷、特性以及市价跌落、运输延迟引起的损失或费用。

(5) 本公司海洋运输货物战争险条款和罢工险条款规定的责任范围和除外责任。

2. 附加险别的除外责任

一般附加险均已包括在一切险的责任范围内，凡已投保一切险的就无须加保任何一般附加险，但应当说明一切险并非对于一切风险造成的损失均予负责。特殊附加险的海运战争险的承保责任范围，包括由于战争、类似战争行为和敌对行为、武装冲突或海盗行为，以及由此引起的捕获、拘留、扣留、禁制、扣押所造成的损失；或者各种常规武器（包括水雷、鱼雷、炸弹）所造成的损失；以及由于上述原因引起的共同海损牺牲、分摊和救助费用。但对原子弹、氢弹等热核武器所造成的损失不负赔偿责任。

（四）保险期限

按照国际保险业的习惯，与伦敦保险协会的协会货物条款相同，基本险采用的是“仓至仓条款”[具体内容参见本章 ICC (A)、ICC (B) 和 ICC (C) 的“保险期限”相关内容]。

战争险的保险责任期限以水面危险为限 [具体内容可参见本章协会战争险条款（货物）中的“保险期限”相关内容]。

第二节　跨境电子商务保险

随着跨境电商的高速发展，传统保险在面对市场需求的时候受到了越来越多的掣肘：现有系统不能支撑海量、小额、短期的高频交易；难以完成跨境多流程、多环节的定损、定责；难以实现不同国家的多币种投保及理赔结算处理；难以把控恶意欺诈及道德风险；市场繁杂，数据不集中，不易监管等。目前，国内典型的跨境电商平台和保险公司联手，推出的跨境电商保险产品如下。

一、华甫达＋保险公司

华甫达信息技术有限公司（以下简称“华甫达”）是国内首家与美国易贝（eBay）、亚马逊（Amazon）、薇仕（Wish）、贝宝（PayPal）、菜鸟、俄罗斯货运航空公司、中国邮政速递、进口物流等全球跨境电商平台系统对接并提供跨境交易、物流保险及反向保理融资等金融服务的技术服务公司。

在跨境电商交易中，由于消费者无法体验实物，如果物流时间过长，一旦商品有所差池便容易引发消费者不满，平台仲裁中卖家往往处于被动。为此，华甫达设计了“描述不符险”，凡因为颜色、尺寸、外观原因造成买家退货的，出口电商都获得赔付，这正切中卖家的心理软肋，能帮助卖家快速高效解决买卖纠纷。跨境物流虽然日渐完善，但因为距离过远等不可控因素太多，还是容易出现延误、无法送达、坏件等情况。华甫达根据电商用户体验原则，设计出只要延误一天就赔偿的跨境电商物流险，把原来没有保险、顶多赔付运费的惯例改变为不仅破损赔付、丢失赔付，只要商品延误一天到达，保险公司就赔付。针对进口电商，则推出了“原产地保证险”“产品责任险”等，满足食品安全法、海关部门的需求，希望能让消费者买得放心，用得安心。现介绍易贝和亚马逊“订单保”保险方案。

（一）易贝“订单保”保险方案

1. 产品简介

保险人承保“描述不符、物品延误、物品破损、发错货责任”险，初期每 30 天动态调整一次保费，“描述不符、物品延误、物品破损”理赔按退款金额的 50％赔偿，“发错货责任”理赔按退款金额的 15％赔偿。

2. 保险责任与理赔标准

（1）保险责任。

① 描述不符责任。买家收到的实际货物与投保人在电商平台进行宣传的货物由于颜色、尺寸、形状的不一致导致投保人的退款损失（货物编号一致）。

在保险期间，每个自然月内针对同一投保人的同一易贝账户与同一买家无论任何交易货物因描述不符提出的赔偿，在每个自然月，保险人最多承担赔偿不超过两次。

② 物品延误责任：因货物延误导致投保人的退款损失。

发货时间要求：投保人需在交易成立后 7 个自然日内发货（海外仓业务需在交易成立后 3 个自然日内发货）。

延误期限标准：交易时间到退款时间的天数超过妥投时间表即发生延误（见表 6－2）。

表 6－2　　易贝“订单保”延误期限标准

物流方式	送达国家	妥投时间（自然日）
DHL/UPS/FEDEX/TNT	巴西、俄罗斯	15 天
	其他国家	8 天
EMS 快递	美国、英国、法国	10 天
	巴西	20 天
	其他国家	15 天
“e 邮宝”等出口专线	巴西	20 天
	俄罗斯	30 天
	其他国家	10 天
UK48 英国专线	英国	12 天
CNE 美国专线	美国	16 天
CNE 澳大利亚专线	澳大利亚	16 天
e 速宝	德国、澳大利亚	20 天
其他物流方式	俄罗斯	50 天
	乌克兰	50 天
	巴西	50 天
	其他国家	30 天
海外仓		5 天

说明：1. 如买卖双方在发货前对于到货时间有特殊约定，且此约定超过妥投时间表对应的妥投时间，保险人对于延迟/丢失的判断依据以约定为准。2. 投保人在交易日后 3 个自然日内发货的前提下，才能享用上述 3 条专线（UK48 英国专线、CNE 美国专线及 CNE 澳大利亚专线）的妥投时间。

③ 物品破损责任。货物在运输过程中因自然灾害或意外事故造成外观的损坏，导致投保人的退款损失。

④ 发错货责任。买家收到的实际货物与投保人在电商平台进行宣传的货物编号不一致导致投保人的退款损失。

（2）赔偿比例。

因描述不符、物品破损、延误责任造成的退款，均按照退款金额的 50％赔付；若退款金额超过保险金额，超出保险金额的退款金额不纳入赔付范围。

因发错货导致的退款，即货物编号不一致导致的退款，按照退款金额的 15％赔付；若退款金额超过保险金额，超出保险金额的退款金额不纳入赔付范围。

3. 不承保商品

侵犯知识产权的商品；违禁品；虚拟商品；数字商品；票务产品；旅游服务类商品；其他非实物类商品；生鲜类商品；珠宝、玉器、黄金饰品及超过 3 000 元人民币的单件工艺品。

4. 除外责任

因下列情形之一，直接或间接导致投保人发生退款损失的，保险人不承担赔偿责任：①战争、敌对行动、军事行为、武装冲突、罢工（不包含货物在途期间发生的罢工）、骚乱、暴动、恐怖活动；②核辐射、核爆炸、核污染及其他放射性污染；③违法行为；④侵犯知识产权的货物；⑤任何间接损失；⑥买卖双方未就退货达成一致意见发生的退款行为；⑦投保人的故意行为；⑧由信用卡发行方或金融机构的过失或责任导致的；⑨投保人未使用满足承诺送达时效的物流方式（指客观存在更快的运送物流方式，但投保人仍选择使用了运送周期相对较长的物流方式）；⑩买家未按指定时间和地点接货的或买家未及时收货造成的延迟送货；⑪未经第三方支付系统/交易平台操作，由买卖双方私自达成的退款；⑫被保险人可从其他渠道追回货品交易账单，或获得账单金额补偿的；⑬买家错误购买的；⑭投保人在交易前未明确告知所卖货物为二手货或翻新货的；⑮买家明确提到投保人的商品外包装不适于正常运输的，例如，买家收到货物后提出投保人使用纸袋邮寄手机导致产品损坏；⑯包裹无损坏或拆开的痕迹，内部货物发生的损坏；⑰由于买家未按使用说明操作或不正当使用导致产品发生损坏、产品整体或部分不能工作；⑱其他不属于保险责任的情形。

5. 投保规则

（1）投保人有权自由选择保险期间（180 天、90 天、60 天）并在成功投保后，在保险期间内除与被冻结易贝账号的投保人所对应的交易账单外，全部交易均自动投保，最高投保金额不超过下述第（3）条的规定。对于订单生成后 72 小时内取消的订单，保险人不予承保且不收取保费，已经收取的保费将在 24 小时内退回投保人。

（2）投保成功后投保人不能在保险期限内退保。

（3）投保金额：单件商品最高保险金额为人民币 12 000 元；单笔交易最高保险金额为人民币 20 000 元。（电商网站订单保险金额含商品金额及运费。）

（4）运输方式：空陆联运、陆运、海运。

（5）运输范围：全球。

（6）特别说明：如买家在得到投保人退款之后针对该笔订单又向投保人进行二次付款，依据保险不可额外受益原则，保险人有权要求投保人退回该笔赔款。

6. 投保费用

（1）入门首月保险费率。

选择 180 天自动投保周期，首月费率：0.5%；

选择 90 天自动投保周期，首月费率：0.55%；

选择 60 天自动投保周期，首月费率：0.6%。

此为入门费率，以每 30 天为一个调整周期进行调整。

（2）保险费率动态调整周期。

根据投保人每个易贝账号的综合理赔率，以每 30 天为一个调整周期进行调整，每月 25 日计算下一周期的保险费率并为此发邮件提示投保人，投保人如有异议需在 48 小时内与保险公司或保险代理人沟通，否则下一周期按提示费率收取保险费。

举例情景一：

投保人在 10 日之前投保（包括 10 日），当月 25 日计算调整费率。例如，投保人于 1 月 5 日投保，则保险人于 1 月 25 日计算其 1 月 5 日到 1 月 25 日的综合理赔率，如投保人无异议，那么在 2 月 5 日开始执行新的费率。下一周期于 2 月 25 日计算其 1 月 5 日到 2 月 25 日的综合理赔率，在 3 月 5 日执行新的费率，以此类推。

举例情景二：

投保人在 10 日之后投保，下月 25 日计算调整费率。例如，投保人于 1 月 15 日投保，则保险人于 2 月 25 日计算其 1 月 15 日到 2 月 25 日的综合理赔率，如投保人无异议，那么在 3 月 15 日开始执行新的费率。下一周期于 3 月 25 日计算其 1 月 15 日到 3 月 25 日的综合理赔率，在 4 月 15 日执行新的费率，以此类推。

（3）保险费率调整方法。

按照投保人每个易贝账号的前一个保险期间的理赔情况行调整。如果投保人在保险期限内单方面终止保险合约或投保人在保险期限到期后未按时续保，该投保人再次投保签约时，保险费率参照终止合约前核算的保险费上浮 10%收取。

7. 建立投保人黑名单

涉嫌或疑似欺诈、骗保情况包含但不限于投保人投保账号的退款率、物流延误率、商品破损率、商品描述不符率、商品发错货率明显高于同期投保人账号的平均水平；或投保人的沟通记录存在造假嫌疑等，如查明投保人涉嫌存在欺诈、骗保行为，保险人会延长审核时间筛查以往赔案并追究投保人的法律责任。

8. 投保流程

（1）投保人登录保险服务平台，网址为 http：//www.insurance188.com，注册成为该网站的用户以便浏览跨境电商保险产品并申请投保。

（2）投保人填写投保申请，授权深圳市中诚安信保险经纪有限公司及北京华甫达信息技术有限公司将此申请信息传送保险人。

（3）投保人授权易贝通过应用程序接口（API）向深圳市中诚安信保险经纪有限公司及北京华甫达信息技术有限公司提供如第（4）条所列的投保、理赔所需信息。

（4）为避免歧义，在投保时由深圳市中诚安信保险经纪有限公司及北京华甫达信息技术有限公司系统获取投保人如下信息字段：

①销售交易号；

②支付时间；

③支付状态；

④币种；

⑤原始币种交易金额；

⑥贝宝付款号；

⑦投保人易贝登录 ID；

⑧易贝唯一标识码；

⑨支付类型；

⑩收货概貌地址（买家概貌地址，仅精确到国家、城市）；

⑪买家易贝登录 ID；

⑫商品名称；

⑬易贝平台上商品编号；

⑭商品发货地址（仅精确到国家、城市）；

⑮商品单价；

⑯商品数量；

⑰易贝消息（eBay Message）窗口信息。

除第 8（4）条、第 9（2）条及第 9（3）条下所获取的投保人的易贝信息外，保险人、深圳市中诚安信保险经纪有限公司及北京华甫达信息技术有限公司确认并保证不获取其他投保人信息。

（5）投保人将预缴的保险费通过网上银行支付到本项目指定的深圳市中诚安信保险经纪有限公司专用账户。

（6）投保人在 https://signin.ebay.com/ws/eBayISAPI.dll 页面授权确认易贝投保账号。

（7）保险人同意由深圳市中诚安信保险经纪有限公司通过 http://www.insurance188.com 回复确认承保函。

（8）保险人在 2 个工作日内，将书面保险协议及发票通过电子邮件邮寄给投保人，如投保人需要纸质的保险协议及发票，保险人在第一次投保期满后的 10 个工作日内邮寄到投保人登记的地址。

9. 理赔流程

（1）投保人登录保险服务平台，即 http://www.insurance188.com，点击申请理赔，投保人需勾选提出理赔原因。

（2）投保人需使用保险人认可的承运商，包括但不限于中国邮政、香港邮政、台湾中华邮政、美国邮政、英国皇家邮政、新加坡邮政、德国邮政、新西兰邮政等邮政以及 TNT、Fedex、DHL、UPS 等商业速递公司，并需在提出理赔时提供快递单号或物流单号；如使用海外仓的投保人所使用的物流方式能提供物流跟踪单号，则只需提供物流单号、实际承运商名称及电话；如使用海外仓的电商所使用的物流方式不能提供物流跟踪单号（如平邮小包），则提供发货截图、实际承运商名称及电话。

（3）投保人需在易贝交易平台的消息窗口与买家进行沟通，由深圳市中诚安信保险经纪有限公司及北京华甫达信息技术有限公司系统抓取如下信息：

① 退款编号；

② 销售交易号；

③ 原始币种交易金额；

④ 原始退款金额；

⑤ 原始币种；

⑥ 退款时间；

⑦ 交易时间；

⑧ 买家登录姓名；

⑨ 买家电话；

⑩ 买家概貌地址（仅精确到国家、城市）。

对于在易贝、贝宝开个案（case）或者争议（dispute）的案件，由买家提供个案或者争议的截图。截图须包括买家申请退款的原因、买家姓名、开个案或争议的时间、退款金额、货物的名称及货物编号。

（4）提出保险理赔申请时间。投保人需自退款时间起30个自然日内向保险公司发起提出保险理赔申请；发运地为中国，目的地国家为俄罗斯、巴西、乌克兰的货物，提出保险理赔申请时间为自退款时间起15个自然日内；经保险公司审核后不通过的理赔申请，投保人二次提出保险理赔申请时间为自申请退回起20个自然日内。

投保人需自交易日期起60个自然日内完成退款；发运地为中国，目的地国家为俄罗斯、巴西、乌克兰的货物，退款时间为自交易日起75个自然日内。

（5）保险金额理赔支付时间。保险人10个工作日完成审核、理赔、支付手续。

（二）亚马逊“订单保”保险方案

1. 产品简介

针对跨境电商交易，特设“描述不符、物品延误、物品破损”险，入门保险费率为0.5%，初期每30天动态调整一次保费；理赔按退款金额的50%赔偿。

2. 保险责任与理赔标准

（1）描述不符责任：由于货物发生描述不符原因导致卖家的退款损失（见表6-3）。

表6-3　亚马逊“订单保”各商品类别描述不符责任

商品类别	保险责任
数码、电器、小家电类	买家收到的实际货物与卖家在电商平台进行宣传的货物因型号、颜色、品牌不符导致卖家的退款损失。
家纺、鞋靴和服饰箱包类	买家收到的实际货物与卖家在电商平台进行宣传的货物因尺寸、颜色、品牌不符导致卖家的退款损失。
厨具、玩具类	买家收到的实际货物与卖家在电商平台进行宣传的货物因颜色、型号、品牌、规格不符导致卖家的退款损失。
汽配类	买家收到的实际货物与卖家在电商平台进行宣传的货物因型号、颜色、品牌、尺寸不符导致卖家的退款损失。
其他	买家收到的实际货物与卖家在电商平台进行宣传的货物因型号、颜色、品牌不符导致卖家的退款损失。

（2）物品延误责任：因货物延误导致卖家的退款损失。

① 发货时间要求。卖家需在交易成立后 7 个自然日内发货（海外仓业务需在交易成立后 3 个自然日内发货）。

② 延误期限标准。买家在亚马逊平台创建订单的时间至卖家退款时间超过妥投时间表即发生延误（见表 6－4）。

表 6－4　　亚马逊“订单保”延误期限标准

物流方式	送达国家	妥投时间（自然日）
DHL/UPS/FEDEX/TNT	巴西、俄罗斯	16 天
	其他国家	9 天
EMS 快递	美国、英国、法国	11 天
	巴西	21 天
	其他国家	16 天
出口专线	巴西	21 天
	俄罗斯	31 天
	其他国家	11 天
UK48 英国专线	英国	13 天
CNE 美国专线	美国	17 天
CNE 澳大利亚专线	澳大利亚	17 天
其他物流方式	俄罗斯	51 天
	乌克兰	51 天
	巴西	51 天
	其他国家	31 天
海外仓业务		6 天

说明：亚马逊商户在交易日后 4 个自然日内发货的前提下，才能使用上述 3 条专线（UK48 英国专线、CNE 美国专线、CNE 澳大利亚专线）的妥投时间。

（3）物品破损责任。货物在运输过程中因自然灾害或意外事故造成外观的损坏，导致卖家的退款损失。

（4）赔偿比例。因描述不符、物品破损、延误责任造成的退款，均按照退款金额的 50％赔付，若退款金额超过保险金额，则按照保险金额的 50％进行赔付。

（5）索赔时间。自交易日期起 90 天内。

3. 不承保商品

侵犯知识产权的商品；违禁品；虚拟商品；数字商品；票务产品；旅游服务类商品；其他非实物类商品；生鲜类商品；珠宝、玉器、黄金饰品及超过 3 000 元人民币的单件工艺品。

4. 除外责任

因下列情形之一，直接或间接导致卖家发生退款损失的，保险公司不承担赔偿责任：

①战争、敌对行动、军事行为、武装冲突、罢工（不包含货物在途期间发生的罢工）、骚乱、暴动、恐怖活动；②核辐射、核爆炸、核污染及其他放射性污染；③侵犯知识产权的货物；④违法行为；⑤任何间接损失；⑥卖家的故意行为；⑦由信用卡发行方或金融机构的过失或责任导致的；⑧卖家未使用满足承诺送达时效的物流方式（指客观存在更快的运送物流方式，但卖家仍选择使用运送周期相对较长的物流方式）；⑨买家未按指定时间和地点接货的；⑩未经亚马逊平台支付系统/交易平台操作，由买卖双方私自达成的退款；⑪买家错误购买的；⑫卖家在交易前未明确告知所卖货物为二手货或翻新货的；⑬买家明确提到卖家的商品外包装不适于正常运输的，例如，买家收到货物后提出卖家使用纸袋邮寄手机导致产品损坏；⑭由于买家未按使用说明操作或不正当使用导致产品发生损坏、产品整体或部分不能工作；⑮包裹无损坏或拆开的痕迹，内部货物发生的短少与损坏；⑯其他不属于保险责任的情形。

5. 投保规则

（1）卖家成功投保后，在180天内全部交易均自动投保。

（2）投保成功后卖家不能在保险期限内退保。

（3）投保金额：单件商品最高保险金额为人民币12 000元；单笔交易最高保险金额为人民币20 000元（电商网站订单保险金额含商品金额及运费）。

（4）运输方式：空陆联运、陆运、海运。

（5）运输范围：全球。

6. 投保费用

（1）入门保险费率：0.5%。

（2）保险费率动态调整周期：根据卖家每个亚马逊账号的综合理赔率，以每30天为一个调整周期进行调整，每月25日计算下一周期的保险费率并为此发邮件提示卖家，卖家如有异议需在48小时内与投保平台沟通，否则下一周期按提示费率收取保险费。

举例情景一：

卖家在10日之前投保（此处包括10日），当月25日计算调整费率。例如卖家于1月5日投保，则保险人于1月25日计算其1月5日到1月25日的综合理赔率，如卖家无异议，那么在2月5日开始执行新的费率。下一周期于2月25日计算其1月5日到2月25日的综合理赔率，在3月5日执行新的费率，以此类推。

举例情景二：

卖家在10日之后投保，下月25日计算调整费率。例如卖家于1月15日投保，则保险人于2月25日计算其1月15日到2月25日的综合理赔率，如卖家无异议，那么在3月15日开始执行新的费率。下一周期于3月25日计算其1月15日到3月25日的综合理赔率，在4月15日执行新的费率，以此类推。

（3）保险费率调整方法：按照卖家每个亚马逊账号的综合理赔率进行调整；如综合理赔率较高，则保险费相应上浮，如综合理赔率较低，则下调保险费。如卖家在保险期限内单方面终止保险合约或卖家在保险期限到期后未按时续保，该卖家再次投保签约时，保险费率参照终止合约前核算的保险费上浮10%收取。

7. 建立卖家黑名单

对于有涉嫌欺诈、骗保行为的卖家，保险公司会延长审核时间筛查以往赔案并追究卖家的法律责任。

8. 投保流程

(1) 卖家由亚马逊卖家服务入口点击“订单保”登录或直接登录保险服务平台 http://www.insurance188.com。

(2) 卖家填写投保申请，授权北京华甫达信息技术有限公司将此申请信息传送保险公司。

(3) 卖家授权亚马逊通过 API 向北京华甫达信息技术有限公司提供投保、理赔所需信息。

(4) 卖家将预估月订单成交额的 0.5%作为投保费用通过网上银行预付到保险公司认可的深圳市中诚安信保险经纪有限公司专用账户。

(5) 卖家授权确认亚马逊账号。

(6) 保险公司同意由深圳市中诚安信保险经纪有限公司通过 http://www.insurance188.com 回复确认承保函。

9. 理赔流程

(1) 卖家登录保险服务平台 http://www.insurance188.com 或由 Amazon.cn 进入卖家服务后点击“订单保”进入理赔流程，卖家需勾选理赔原因。

(2) 卖家须提供亚马逊平台站内沟通信的完整截屏（沟通记录需体现理赔原因）、物流公司名称、物流单号（非 FBA 需提供），已授权华甫达公司抓取邮箱沟通内容的卖家无须提供上述截屏。

(3) 提出理赔时间。自交易日期起 90 天内；若审核不通过，则二次提出理赔时间为自案件退回起 20 天内。

(4) 赔款支付时间。保险公司 10 个工作日完成审核、理赔、支付手续。

（三）技术创新：提供反向保理业务

因为出口电商与传统行业在经营产品、经营模式、物流方式、销售对象方面的差异，所以传统的一个行业同一个保险产品同一个费率持续几十年的模式不适应出口电商的发展。华甫达设计出的能够自我完善的有限元迭代数据模型，可以为几十万卖家制定不同的保险费率且每 30 天就变动一次。该产品数据模型使得华甫达能够迅速介入互联网的多个行业提供反向保理服务。

出口电商有大量的预付款，华甫达将预付款作为反向保理产品，结合其行业现状、企业发展情况以及平台上的过往交易记录，计算出该企业是否需要保理，卖家可获得无抵押、无担保、低利息的短期反向商业保理融资服务。

二、豆沙包＋保险公司

作为互联网保险科技创业平台，豆沙包科技（上海）有限公司（以下简称豆沙包）联合保险公司开发了很多新类型的产品，形成了海关报关清关、检验检疫、跨境运输、海外仓储、采购分销等五大类产品体系，统称为“跨境电商生态保险”。跨境电商生态保险，通过以大数据驱动的风险管理体系及AI机器学习算法的动态风险定价模型，以及AI智能理赔技术，研发创新电商新型保险产品，并与保险公司合作进行产品落地和监管报备。通过互联网完成实时报价、投保、定损及理赔整个闭环流程，实现对跨境电商进出口海量、碎片化及短期订单交易的全流程保障，产品涵盖信用保证类、物流保障类、通关保障类、售后保障类多个维度。

另外，豆沙包还基于区块链跨境电子商务协议（e-Chain Cross-border Ecommerce Protocol）开发了“保险＋溯源＋区块链”平台，通过标签管理技术，做到一个标签绑定一个产品，即“一物一签”，标签即成为产品的唯一“身份认证”。通过分布式记账技术进行储存，物流信息在物流环节更新，每一环节信息都对应时间戳，真实透明、不可伪造，实现商品的溯源可追踪性。打造出覆盖跨境电商产品溯源体系及全流程的保险体系，使保险人和被保险人之间省掉中间环节消耗，直接通过区块链进行信息传递，使得信息真实、透明、可信。基于智能合约可以实现自动投保及理赔，投保信息与理赔信息在链上不可篡改，避免了虚假投保、骗保现象的出现。

自2016年10月运行以来，豆沙包已与全球数百家各类型商户达成深度合作，为数百万跨境电商交易订单提供风险保障，累计覆盖消费者近百万，近期已与多家大型跨境电商产业合作方达成深度战略合作。

三、敦煌网＋保险公司

敦煌网成立于2004年，是中国第一个B2B跨境电子商务交易平台，致力于帮助中小企业通过跨境电商走向全球市场。目前，敦煌网已实现200万家中国供应商在线，2 200万种商品，覆盖全球222个国家和地区的2 100万买家。

2017年8月24日，敦煌网与平安财险宣布双方联合推出业界首个跨境电商物流险。跨境电商物流险为平台广大商户提供物流运输环节的专属保障。合作首推的“丢包”保障服务是针对跨境运输途中货物丢失的情况而特别推出的保险产品。敦煌网商户只需支付4.8‰的费用即可享受订单100％的安全，既提升了当前跨境电商客户在物流环节的服务体验，又降低了商户在物流环节的丢包损失，从而有效减少纠纷，提升买卖双方体验。

案例　全国首个跨境电商真品保险在宁波上线

2019年6月4日上午，2019中国（宁波）跨境电商高峰论坛在宁波开幕。开幕式上，由宁波银保监局、宁波保税区管委会和中国人寿财产保险股份有限公司宁波市分公司推出的全国首个跨境电商真品保险项目正式上线。

真品险投保人是宁波保税区管委会，被保险人是保税区内各跨境电商平台，保险赔款受益人是各跨境电商平台及跨境电商商品的消费者，保障范围和保险责任则是由商品品牌真伪导致纠纷及消费者财产损失的赔偿责任。保险总金额为人民币25亿元，保险费率为0.08％，保险试办期三年，分年投保，到期续保。

在真品险中每个单件商品赔偿限额不高于人民币 5 500 元，每个网络销售平台每次事故赔偿限额为人民币 50 万元，每个网络平台累计赔偿限额为人民币 100 万元，每个进口商户每次事故赔偿限额为人民币 5 万元，每个进口商户累计赔偿限额为人民币 20 万元，每次事故免赔额（率）为 0，年度累计责任限额为人民币 4 000 万元。保险费由宁波保税区财政局和各跨境电商平台出资投保。

开展跨境电商真品保险，有利于分散和转移跨境电商平台的经营风险和真品事故的处理压力，有利于提升消费者对宁波保税区口岸的信任度和有利于非真品事故受害者及时得到经济补偿，有利于发挥保险机制的社会管理功能，有利于促进跨境电商渠道健康发展和跨境电商平台在宁波保税区的集聚。同时通过跨境电商真品保险机制的创新，可以更好地调动各方合力，构建政府行政部门、保险公司、电商平台、电商企业、消费者多方参与、互动共赢的跨境电商风险防控机制，提升宁波保税区的国际贸易发展水平。

关键术语

跨境电子商务保险　海洋运输货物保险条款　仓至仓条款　反向保理

复习思考题

1. 英国伦敦保险协会的《协会货物条款》内容包括哪些?
2.《中国保险条款》中的海洋运输货物保险条款包括哪些内容?
3. 易贝“订单保”投保流程有哪些?
4. 介绍亚马逊“订单保”赔偿比例。
5. 如何化解跨境电商各个环节的风险?

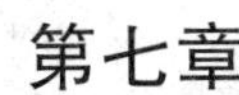

第七章

跨境电子商务通关和商检

第一节　跨境电子商务通关

一、跨境电子商务的通关流程

通关流程的介绍以杭州的跨境电子商务综合试验区为例。

(一) 出口通关流程

1. 申报

(1) 电子商务企业（以下简称“电商企业”）或个人、物流企业应在电子商务出口货物申报前，分别向海关提交订单、支付、物流等信息。订单信息应包括订单号、运单号、商品名称、数量、金额等信息，支付信息应包括支付金额等信息，物流信息应包括运单号、承运货物的订单号、运抵国等。

(2) 以电商企业对企业（以下简称“B2B”）模式出口的货物，电商企业应向海关提交《中华人民共和国海关出口货物报关单》（以下简称《出口货物报关单》）或《中华人民共和国海关出境货物备案清单》（以下简称《出境备案清单》），办理出口货物通关手续。《出口货物报关单》及《出境备案清单》中相应增加“电子商务”字段，以区分跨境电子商务出口货物。

(3) 以电商企业对个人（以下简称“B2C”）模式出口的货物，电商企业应向海关提交《中华人民共和国海关跨境贸易电子商务进出境货物申报清单》（以下简称《货物清单》），办理出口货物通关手续。海关不再将《货物清单》汇总成《出口货物报关单》或《出境备案清单》，《货物清单》数据在放行结关后纳入统一的海关数据归口管理。对不涉及出口征税、出口退税、许可证件管理且金额在人民币 5 000 元以内的电子商务出口货物，电商企业可以按照《中华人民共和国海关进出口税则》4 位品目进行申报；对超过 5 000 元以及涉及出口征税、出口退税、许可证件管理的电子商务出口货物，按现行通关管理规定办理通关手续。

(4) 电商企业需修改或者撤销《货物清单》的，按照海关现行进出口货物报关单修改或者撤销有关规定办理。

(5) 以B2B模式出口货物的转关手续，按照海关现行货物转关管理规定办理；以B2C模式出口货物的转关手续，采用直接转关方式，品名以总运单形式输入“跨境电子商务商品一批”，并附商品清单，出口货物舱单按照总运单进行管理和核销。

(6) 除特殊情况外，《出口货物报关单》、《出境备案清单》和《货物清单》应采取通关无纸化作业方式进行申报。

2. 查验

海关按照现行风险管理和查验管理规定的要求，利用信息技术等手段，对出口货物进行布控和查验，同时实施不限时间、不限频率的机动查验。海关实施查验时，电商企业、海关监管场所经营人应按照有关规定提供便利，配合海关查验。电商企业、物流企业、海关监管场所经营人发现涉嫌违规或走私行为的，应主动报告海关。

3. 征税

以B2B、B2C模式出口的货物，出口关税及出口环节代征税按照现行规定征收。

4. 放行

(1) 电子商务出口货物的查验、放行手续应在海关监管场所内实施。

(2) 电子商务出口货物放行后，电商企业应按照规定接受海关后续管理。

(3) 以B2B模式出口的货物发生退换货等情况，按照海关现有规定办理；以B2C模式出口的货物发生退换货等情况，退运货物应通过原出口的海关监管场所退回，并接受海关监管。

(二) 进口通关流程

1. 申报

(1) 电商企业或个人、支付企业、物流企业应在电子商务进口货物、物品申报前，分别向海关提交订单、支付、物流等信息。订单信息应包括订单号、运单号、商品名称、数量金额等，支付信息应包括支付类型、支付人、支付金额等，物流信息应包括运单号、承运物品的订单号、收件人、启运国等。

(2) 以B2B模式进口的货物，电商企业应向海关提交《中华人民共和国海关进口货物报关单》(以下简称《进口货物报关单》) 或《中华人民共和国海关进境货物备案清单》(以下简称《进境备案清单》)，办理进口货物通关手续。《进口货物报关单》及《进境备案清单》中应相应增加“电子商务”字段，以区分跨境电子商务进口货物。

(3) 以B2C模式进口的物品，物品所有人或者其委托的电商企业、物流企业应向海关提交《中华人民共和国海关跨境贸易电子商务进出境物品申报清单》(以下简称《物品清单》)，办理电子商务进口物品通关手续。

(4) 电商企业、物流企业或个人需修改或者撤销《物品清单》，按照海关现行的进出口货物报关单修改或者撤销等有关规定办理。

(5) 以B2B模式进口货物的转关手续，按照海关现行的货物转关管理规定办理，其中进境是指运地为特殊监管区域或保税物流中心的，按照直接转关方式办理；以B2C模式进口物品的转关手续，采用直接转关方式，品名以总运单形式输入“跨境电子商务商品一批”，并随附物品清单，进口舱单按总运单进行管理和核销。

（6）除特殊情况外，《进口货物报关单》、《进境备案清单》和《物品清单》应采取通关无纸化作业方式进行申报。

2. 查验

海关按照现行风险管理和查验管理规定的要求，利用信息技术等手段，对进口货物进行布控和查验，同时实施不限时间、不限频率的机动查验。海关实施查验时，电商企业或个人、海关监管场所经营人应按照有关规定提供便利，配合海关查验。电商企业或个人、物流企业、海关监管场所经营人发现涉嫌违规或走私行为的，应主动报告海关。

3. 征税

以 B2B 模式进口的货物，进口关税及进口环节代征税按照现行规定征收；以 B2C 模式进口的货物，以实际成交价格作为完税价格，按照行邮税计征税款。海关凭电商企业或其代理人出具的保证金或保函按月集中征税。

4. 放行

（1）电子商务进口货物、物品的查验、放行均应在海关监管场所内实施。

（2）电子商务进口货物、物品放行后，电商企业应按照规定接受海关后续管理。

（3）以 B2B 模式下进口的货物发生退换货等情况，按照海关现行规定办理；以 B2C 模式进口的物品发生退换货等情况，退运物品应通过原进口的海关监管场所退回，并接受海关监管。

（三）特殊监管区域或保税物流中心保税进出境货物、物品的监管和进出区管理

（1）电子商务进出口货物、物品在特殊监管区域或保税物流中心辅助管理系统上备案商品料号级账册，实施料号级管理。

（2）B2B 模式下通过特殊监管区域或保税物流中心进出口的电子商务货物，按照《中国（杭州）跨境电子商务综合试验区海关监管方案》规定的进出口通关作业流程办理申报、查验、征税和放行手续。

（3）B2C 模式下电子商务进口物品，一线进特殊监管区域或保税物流中心，申报、查验和放行手续按现有规定办理，二线出特殊监管区域或保税物流中心，按照《中国（杭州）跨境电子商务综合试验区海关监管方案》规定的进口通关作业流程办理申报、查验、征税和放行手续。

（4）B2C 模式下电子商务出口货物，二线进特殊监管区域或保税物流中心，申报、查验、征税和放行手续按现有规定办理，一线出特殊监管区域或保税物流中心，按照《中国（杭州）跨境电子商务综合试验区海关监管方案》规定的出口通关作业流程办理申报、查验和放行手续。

二、跨境电商进出口四类通关监管模式介绍

自 2014 年以来，我国海关频繁出台新的贸易监管方式，代码为 9610、1210、1239，印证了跨境电商的大势所趋，归纳总结为“一般出口”、“保税出口”、“直购进口”和“保

税电商 A” 4 种新型海关通关监管模式。

（一）9610——一般出口模式

自 2014 年 2 月 10 日起，海关总署增列的海关监管方式代码“9610”开始实施，它是一种专为跨境电商服务的出口监管模式，称为“一般出口模式”（见图 7－1）。“9610”出口货物需要满足以下条件：

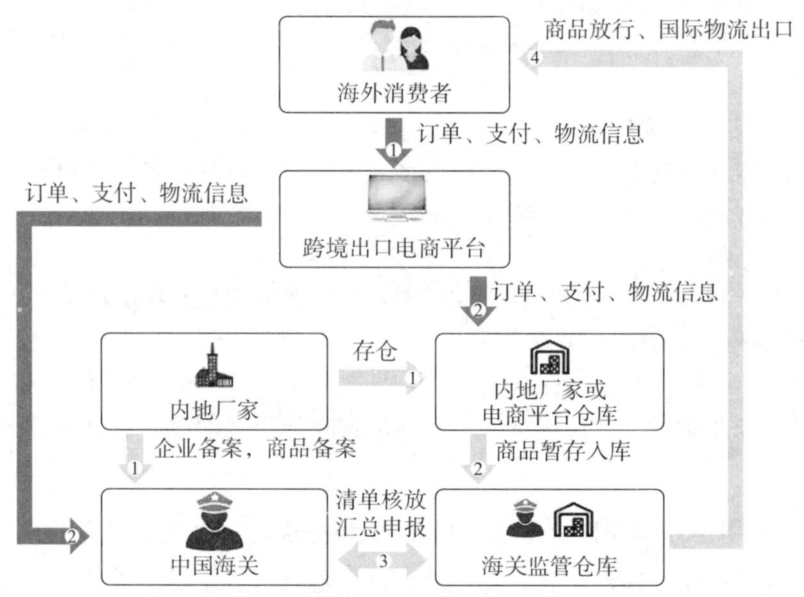

图 7－1　一般出口模式

第一，对电商企业、电商平台、物流企业在海关企业管理系统进行备案。参与跨境电子商务业务的企业应当事先向所在地海关提交以下材料：（1）企业法人营业执照副本复印件；（2）组织机构代码证书副本复印件；（3）企业情况登记表。

第二，电商企业对预售产品进行备案并上架电商平台进行销售。产品备案：按照海关部门的要求统一在跨境通关平台进行备案，备案通过后才能上架销售。商品上架后，由国外客户进行购买形成电子订单。电子订单由电商企业通过跨境通关平台推送到海关系统。

第三，电商企业将零售出口商品交由物流企业运输和清关。在清关前，电商企业汇总出口商品清关信息给物流企业，由物流企业发送商品清单和物流清单到跨境通关平台进行申报。海关审批相关资料合格后给予清关放行。

第四，电商企业可以享受增值税、消费税退（免）税政策。电商企业享受退税的四个条件：（1）电子商务出口企业属于增值税一般纳税人并已向主管税务机关办理出口退（免）税资格认定；（2）出口货物取得海关出口货物报关单（出口退税专用），且与海关出口货物报关单电子信息一致；（3）出口货物在退（免）税申报期截止之日内收汇；（4）电子商务出口企业属于外贸企业的，购进出口货物取得相应的增值税专用发票、消费税专用缴款书（分割单）或海关进口增值税、消费税专用缴款书，且上述凭证有关内容与出口货物报关单（出口退税专用）有关内容相匹配。即外贸企业应当取得上述合法凭证，并且与报关出口货物的金额、数量、计量单位、出口企业名称等内容一致。

一般出口模式采用“清单核放、汇总申报”的方式，电商出口商品以邮、快件方式分批运送，海关凭清单核放出境，定期把已核放清单数据汇总形成出口报关单，电商企业或平台凭此办理结汇、退税手续。

（二）1210——保税出口模式

根据海关总署发布的2014年第57号文件，自2014年8月1日起，增列海关监管方式代码“1210”，全称“保税跨境贸易电子商务”，简称“保税电商”，俗称“备货模式”，也称为“保税出口模式”（见图7-2）。“1210”要求开展区域必须是跨境贸易电子商务进口试点城市的特殊监管区域。我国从2013年开始开展跨境电商城市试点，前有上海、杭州、宁波、郑州、重庆、广州、深圳，后有福州、平潭、天津，在国家政策支持下发展跨境电商，目前又新增了北京、呼和浩特、沈阳等城市。保税出口模式是商家将商品批量备货至海关监管下的保税仓库，消费者下单后，电商企业根据订单为每件商品办理海关通关手续，在保税仓库完成贴面单和打包，经海关查验放行后，由电商企业委托物流配送至消费者手中。它的优点是提前批量备货至保税仓库，国际物流成本低，有订单后可立即从保税仓发货，通关效率高，并可及时响应售后服务需求，用户体验好。缺点是使用保税仓库有仓储成本，备货占用资金大。适用情况为业务规模大、业务量稳定的阶段。可通过大批量订货或备货降低采购成本，逐步从空运过渡到海运降低国际物流成本。

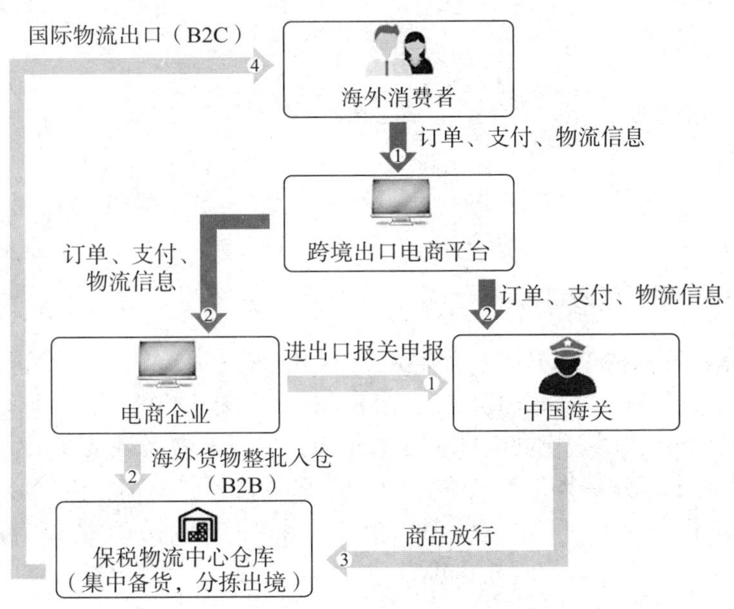

图7-2 保税出口模式

（三）9610——直购进口模式

“直购进口”是一种先下单后发货的模式，国内消费者在跨境电商网站订购境外商品，企业即将电子订单、支持凭证、电子运单等实时传输给海关，随后在海外将商品打包，以海运、空运、邮运等方式直接运输进境，通过电商服务平台和海关通关管理系统对订单、支付、运单等信息申报，并按税率缴纳关税，实现快速通关。它的优点是灵活，不需要提前备货，相对于快件清关而言，物流通关效率较高，整体物流成本有所降低。缺点是需在海外完成打包操作，海外操作成本高，且从海外发货，物流时间稍长。适用情况是业务量迅速增长的阶段，即每周都有多笔订单。

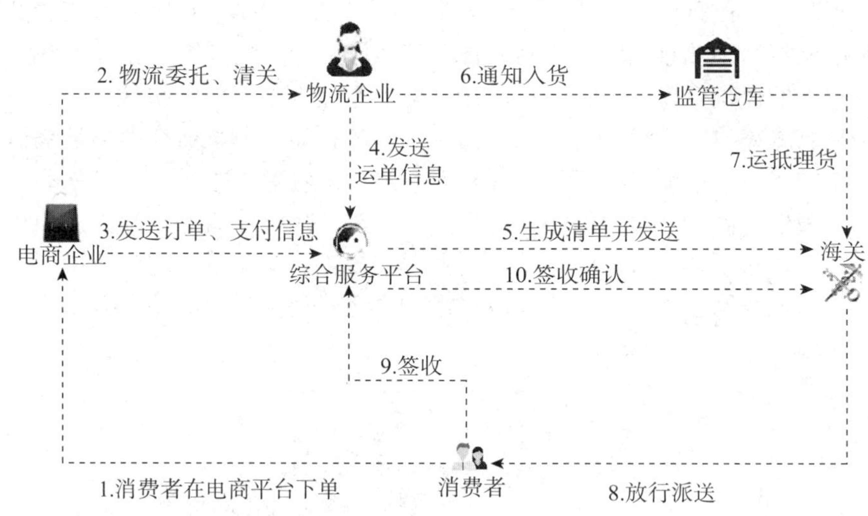

图 7-3　直购进口模式

（四）1239——保税电商 A 模式

根据海关总署发布的 2016 年第 75 号公告，增列海关监管方式代码“1239”，全称“保税跨境贸易电子商务 A”，简称“保税电商 A”（见图 7-4）。与“1210”监管方式相比，“1239”监管方式适用于境内电商企业通过海关特殊监管区域或保税物流中心（B 型）一线进境的跨境电子商务零售进口商品。同时，它区别于“1210”监管方式的是，上海、杭州、宁波、郑州、重庆、广州、深圳、福州、平潭、天津 10 个试点城市暂不适用“1239”监管方式开展跨境电子商务零售进口业务。至此，跨境电商新政后，国内保税进口分化成两种：一是新政前批复的具备保税进口试点的 10 个城市，二是新政后开放保税进口业务的其他城市。由于新政后续出现了暂缓延期措施，且暂缓延期措施仅针对此前的 10 个城市，因此海关在监管时，将二者区分开来：对于免通关单的 10 个城市，继续使用 1210 代码；对于需要提供通关单的其他城市（非试点城市），采用新代码 1239。

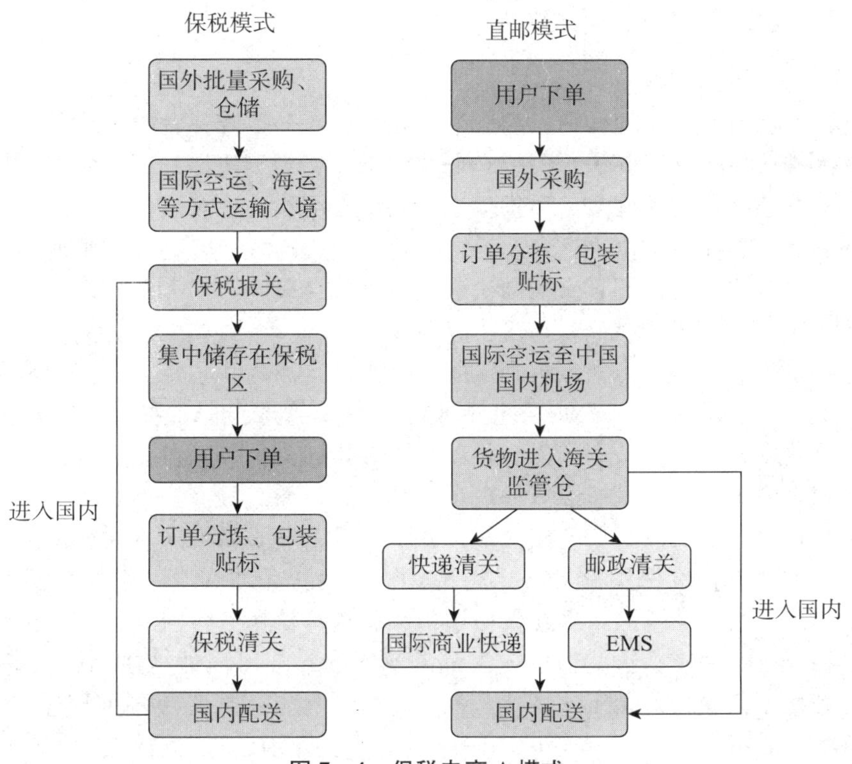

图 7-4　保税电商 A 模式

三、跨境电商海关监管面临的挑战

（一）监管任务艰巨

跨境电子商务的出现为中小贸易企业参与国际贸易提供了新的途径，这些企业或者个体经营者提供的商品更加多样化，同时贸易的方式与传统模式相比也更加灵活。当前我国大部分外贸企业开始采用电子商务作为出口业务的主要工具。跨境电子商务凭借其独特的优势得到了广泛发展，并且这对于我国具有优势的劳动密集型产品而言更是发展的好机会，比如生产服装类、小商品以及礼品等中小企业成为跨境电子商务的主要组成部分。跨境电子商务在发展前期一般以跨境代购为主，但是随着其不断发展，跨境直购也在不断发展中。跨境直购在我国主要以个人代购网店以及专业代购网店两种形式存在。个人代购形式主要是能够获得海外大量商品资源的个人，在比较大型的网站上（比如淘宝等）经营个人网店，为顾客提供代购服务。专业代购网站主要是国内网站与国外的购物网站形成合作，建立比较完善的大规模网络交易平台，以供消费者选购国外商品。这些跨境电子商务形式的出现，使得交易双方逐渐向中小企业或者个人方向发展，其成交额虽然不能与传统的交易模式相比，但是交易数量的不断增加促使跨境电子商务交易额得到了良好的提升。跨境网购和快件包裹的不断增加，给海关人员工作增加了难度，工作人员数量少、监管任务重是海关工作中存在的主要问题，并且保证包裹快速放行的同时又要求提高监管质量，这在一定程度上进一步增加了监管工作难度。

（二）海关税收征管体系不匹配

1. 执法标准和依据不配套

对于跨境贸易电子商务网购物品的监管，现行做法是按邮递物品或快件监管：邮递物品或个人物品类快件征收行邮税；关税起征数额以下货物类快件和法定免税货样广告品快件免征关税；普通货物类快件或免税货样广告品快件征收关税和增值税。两种征管方式并存，导致同一属性商品税赋水平存在差异，乃至大量的跨境网购物品以邮递物品或个人物品类快件或免税货样广告品的名义涌向快递或快件监管渠道，加大了征管难度。

2. 完税价格难以准确认定

关税完税价格指的是经海关审查确定的计税价格。因为我国目前采用的是以课税对象的价格作为标准进行课税，因此准确地界定一个商品的进出口货物完税价格是至关重要的。在海关估价中，对于一般商品而言，最常用的是成交价格估价法。进口货物的成交价格为买方实付、应付的，并且按照有关规定调整后的价款总额。当然，如果进口货物不存在所谓的交易价格时，或者它们的成交价格并不符合一些必备的条件时，那么海关就需要通过与纳税人之间进行价格调整来认定完税价格，可以依次采用相同货物成交价格估价法、类似货物成交价格估价法、倒扣价格估价法、计算价格估价法和合理估价法来最终确定关税的完税价格。而以上这些估价方法都是建立在存在可信的纸质票据的基础之上的。跨境电子商务由于其独特的无纸化特性，唯一能得到的是有关交易的网上电子记录。这给海关监管增加了难度。一方面，电子记录是可以人为篡改且不留修改痕迹的，也不具有时效性，造成征税机关在征税过程中重要证据的可靠性和真实性降低。另一方面，由于电子数据或信息具有易破坏性的特点，如果没有可参照的副本，一经病毒入侵或是发生软件兼容性问题就会危害数据安全，降低电子证据的可信性，海关一旦失去了重要的征管和审查凭证，就无法准确地认定货物和物品的完税价格，使得执法难度增大。

3. 征税对象、归类审价和交易地点难以确定

跨境电子商务交易涉及有形商品、无形商品和附带无形商品的有形商品。它改变了交易对象的物质形态，利用新兴技术手段，将传统的有形产品比如书籍、报刊等转变和复制为数字化产品，把不能直接传输的商品例如教程、软件等以光盘或者其他形式进行交易。这样会使得人们对无形资产、有形资产以及特许权使用费的概念模糊，对于相关部门来说，很难鉴别此项收入属于哪种类别，又应按哪一种类别的货物征收税款。以虚拟环境为基础进行交易的跨境电子商务的监管环境和监管条件在很大程度上区别于传统贸易的监管环境和条件，使得原有的利用凭证进行审计追踪稽核的传统监管手段不再适用，这给海关部门造成了巨大的冲击，也增加了现有税收的稽查难度。不仅无法准确认定课税对象，对于相关方交易行为的认定也存在困难。由于跨境电商利用的基本工具是通过开放性的互联网进行洽谈、协商和资金输送，这种线上线下相结合的交易方式剥离了货物与资金的传送时间节点，改变了传送渠道。交易过程的数字化和虚拟化使得监管方原有的追踪和监管手段束手无策，也就不能及时发现和准确认定交易行为。

（三）法律法规滞后，执法依据不足

一是制定的政策原则性文件多，细则性规章少，导致监管现场出现执法尺度不一、随

意性大的特点，产生了较大的执法和廉政风险。如对于进境邮递品“自用合理数量”的划分，缺乏具体的界定，对于进境的邮递品是自用物品还是网购代购商品一般难以进行主观认定，这给海关的税款征收带来技术上的困难。海关往往是对超过规定限值或免税值的物品补征税款后采取放行措施，这使走私分子往往能够免予刑事处罚，降低了违法成本。二是制定的政策缺乏操作性，具体实践存在困难。如完税标准的制定不尽合理，《中华人民共和国进境物品完税价格表》中对不同品牌种类的商品缺乏区分，使得商品在完税价格认定上存在偏差，尤其体现在奢侈品与普通商品价格上。在《中华人民共和国进境物品完税价格表》中，06010200 项下的挎包、背包、提包价格每个认定为 200 元人民币，然而 LV、GUCCI 等一线奢侈品的提包价格往往都在一万元人民币以上，即使是二线的 COACH、CK 等品牌包价格也在千元水平。而跨境网购的箱包往往为类似的国际大牌，完税价格标准的不合理，容易导致税款的大量流失。

（四）知识产权问题

在信息化发展时期出现的跨境电子商务具有虚拟性和无地域性的特点，所以在跨境电子商务中知识产权侵权问题时有发生。当前存在的知识产权问题体现在三个方面，第一是网络中的第三方电子商务平台可能会存在销售侵犯著作权、商标权或者专利权产品的问题，比如盗版图书音像资料等。第二是可能存在在自己的网站中链接其他人的商标或者商品图片等。第三是有的人在自己的网站源代码数据库中插入他人的商标信息，消费者在网站中进行搜索时出现的并不是商标所属企业。电子商务环境下知识产权问题更加隐蔽，并且行为呈现出多样化，针对这一类问题需要不断完善法律法规并明确侵权行为。

（五）海关风险防控体系面临的挑战

1. 信用体系缺失

电子商务是基于网络虚拟性及开放性的商务模式，由此产生的参与者信用不确定性已经成为电子商务发展中的桎梏。国内电子商务交易信用问题突出的同时，跨境电子商务信用问题也难以幸免；国内供应商的假冒伪劣成为跨境外贸电子商务发展的顽疾，因为侵犯知识产权而被海关扣留的假冒产品事件时有发生，而 2013 年初国内某知名外贸电子商务网站被曝信用欺诈，更是使得跨境外贸电子商务信用问题凸显。相比国内电子商务交易，跨境电子商务的发展更需要完善跨地区、跨文化的信用体制来支持其复杂的交易环境。在实际操作中，由于各国法律不同且存在地区差异，缺乏统一的信用表示，各国的信用管理体系尚不能很好地应用到跨境电子商务领域。相比信用体系建设及管理相对完备的欧美国家，我国的企业信用管理机制则显得滞后很多。跨境电子商务信用体系建设是一项系统工程，需要各国政府及相关机构的协调配合，制定行业规范、完善认证体系，以及寻求在法律框架下的信用制度安排，这些都将是跨境电子商务发展中亟须解决的问题。

2. 监管服务对接指导相对滞后

一方面，对跨境网购物品交易中虚拟收发货人、拆分申报进口、伪报个人物品、虚拟价格等现象，我们的应对处置还不够及时和有效，实际监管还比较乏力；另一方面，在指导电商物流企业跨境电子商务通关、合理审定跨境网购物品完税价格、规范跨境贸易电子商务通关作业、促进跨境贸易电子商务发展等方面，我们的对接指导还不够及时和到位，服务促进还比较滞后，存在一定的监管风险。此外，各国对跨境贸易电子商务监管方式各不相同，存在一定的贸易管制风险。

四、跨境电子商务海关监管的对策

（一）创新海关监管模式

跨境电子商务在不断的发展中呈现出小批量、多批次的交易模式，并且往来是以邮件和快递的形式进行的，给海关监管中的通关、结汇以及退税等方面都带来一些问题。在大环境下，海关监管工作应当积极创新监管模式，实现对进出口贸易的完整、高效、实时监管，这一目标的实现可以通过采用三种模式进行。首先是直购进口监管模式，这一监管模式主要是在获得相关政府部门认可的基础上，比如说市场监管、税务、海关等部门，对电子商务可信网站进行规范，从而建立完善的阳光跨境直购渠道，这一渠道的建立能够更好地为消费者提供放心、安全的网购环境，并且能够更好地实现个人行邮税的预缴工作。其次是出口监管模式，这一监管模式主要是采用清单核放、汇总申报的形式对电商出售的以邮、快件运输的货物采取分批核查后允许其出境，在运用这一监管模式的基础上，还要定期做好对已经释放出境的货物的核对工作，同时将出境货物清单制作成一般贸易报关单，从而更好地解决电商在结汇、退税等方面出现的问题。最后是网购保税监管模式，这一模式主要是依托保税物流中心和海关特殊监管区的相关职能和政策，如果电商企业是区内注册的，那么企业需要将网购商品批量报关并入保税区进行储存，当境内的消费者在网络上完成交易以后，区内的货物将被分批进行配送，并按照个人邮递物品缴纳一定的税费。这一模式与其他模式相比具有创新性，为海关监管提供了新的管理模式。

（二）创新适应跨境电子商务的税收征管体系

1. 完善税收征管法规，改革税收征管方式

在WTO规则的指导下，秉持对电子商务与传统贸易公平同等对待的原则，坚持在法治的框架约束下，积极修订《中华人民共和国海关法》，填补跨境电子商务关税征管条例方面的空白，尤其是要对网络产品、无形数字产品的征管予以明确。推进修订《中华人民共和国进出口关税条例》，对跨境电子商务的关税征收原则、完税价格的审定、原产地的认定、适用税种税率的认定以及产品属性认定等一系列问题予以明确，保证海关税收征管的法律法规在跨境电子商务的交易行为发生过程中发挥应有的法律效应，实现依法治税，保证国家税收应收尽收。跨境贸易电子商务虽然与传统贸易的交易方式不同，但是交易行为的本质属性是一致的。作为一种新型的交易业态，跨境电子商务也需严格遵守关税征管条例。而针对跨境电子商务新时代的特性，现行的征管方式也需要与时俱进，要严格区分跨境网购物品与个人行邮物品的界限，区别两种性质物品的关税征管方式，坚决封堵电商及物流企业规避纳税义务的孔道，防控风险，严格打击走私违法行为的发生，保证跨境电子商务税收征管与现行税制的平衡统一。

2. 打造信息化监管系统，税收征管必须加强对境外资金流的监控

在强大信息流的保障下，实现电子商务平台、海关通关征管平台、对外支付平台的

“三网联动”是跨境电子商务税收征管问题的重要解决途径。在跨境电子商务交易环节中，海关通关征管平台系统实现与外管电子商务平台系统、银行的支付平台系统相互联网，实时掌握企业对外贸易结汇情况；同时在海关登记注册的电商企业的ERP系统、企业管理系统也要实现与海关通关征管系统相互联网，以便海关实现对企业贸易信息的全面实时掌握。因此，海关总署联合银行系统积极研发海关与银行之间的征税系统，通过银行对企业对外付汇环节设置电子关卡，对资金流实时监控，以便对跨境电子商务实施有效的税收征管，因为无论是何种电子商务形式，结汇环节都要通过银行完成对外支付。

3. 统一税赋水平，平衡税赋差异

严格遵循税赋公平合理原则，由于关、检、汇、税四部门监管标准存在差异，因此在总结上海、广州、杭州、郑州、宁波、重庆、深圳等7个城市跨境电子商务服务试点工作经验的基础上，为了保障跨境电商健康发展，明确监管服务的政策标准，以及跨境电商涉及的征税机制、应税范围、征管标准、结汇付汇等相关问题执行标准，建议国家有关部委联合研究制定“跨境贸易电子商务监管服务指导意见”，统一跨境贸易电子商务涉税企业的税赋水平，平衡各地区各行业税赋差异，实现同属性商品税赋的公平与合理。

（三）调整跨境电子商务监管政策规定

由于跨境电子商务贸易方式监管涉及多个监管部门，攸关宏观管理政策的制定和电商企业发展前景，为协调各方利益，需建立多层级的制度，建议在“规范引导、科学发展、服务促进”原则的指导下进行顶层设计。首先是国务院行政法规，由于跨境贸易电子商务监管服务涉及检验检疫、监管通关、税收征管、结汇付汇等各行业标准和操作规范，因而亟需与之配套的监管制度和机制，因此要求根据政策规定的要求，构建各部门相互协作的综合监管机制，明确政策规定要求，积极推进各部门相互协作的监管一体化进程。其次是部门规章和操作规程，各部门根据行政法规制定本单位的规章，以构建专业化的监管制度。适时调整与跨境贸易电子商务发展不相适宜的监管政策，对跨境网购的“个人物品”“货样广告品”等跨境贸易电子商务的贸易属性和监管要求予以明确定位，规范跨境贸易电子商务的操作规程，对现行的按个人邮递物品、限值监管和按无商业价值货样广告品免征关税和进口环节代征税的监管做法予以取消，坚决取缔跨境网购监管的灰色地带。

（四）完善跨境电子商务信息管理平台

跨境电子商务平台在网络的支持下，具有复杂性，要想建立完善的电子商务信息管理平台，首先必须明确平台的角色位置。跨境电子商务平台中一般包含自营类服务平台或者是电子商务服务企业等。国内的消费者主要是以个人消费为主，是适合行邮税的主体。跨境支付企业是对于企业而言的，这些企业可以实现跨境支付业务。而跨境快递企业是指具有跨境快件或者是个人包裹配送服务的企业。

（五）建立跨部门联系和配合机制

海关的作用是对物流实现有效监管，为了保证跨境电子商务的安全性，避免出现偷税漏税问题，海关需要与其他相关政府部门加强配合。首先可以建立跨境电子商务企业和个人信用管理机制，通过对企业或者个人的信用进行收集和评估，建立完善的信用档案，保证跨境电子商务的合法性。其次还要建立跨行业、跨区域的企业及个人信用评价与监督机制，海关部门与税务、市场监管等部门实现信息共享，保证各项信息的真实性和有效性。与此同时还需要加强对第三方信用机构的认可，为政府部门开展良好的监管工作提供科学的参考数据。

第二节　跨境电子商务商检

一、跨境电子商务商检不同模式流程

（一）直邮进口模式商检流程

对个人自用的直邮进口模式入境的电子商务商品，按照快件和邮寄物相关检验检疫监管办法要求管理。电商平台或电商向检验检疫监管平台提供交易物流信息。检验检疫机构在检验检疫监管平台中对直邮商品进行查验布控。检验检疫机构在检验检疫监管平台中登记查验结果，并进行放行管理。具体步骤如下：（1）电商通过通关服务平台向分支机构备案。（2）经营企业向分支机构办理报检手续。（3）分支机构根据报检资料收费。（4）分支机构对商品实施现场查验工作。（5）对经检验检疫合格的商品，打印通关单并在申报簿上签章后放行。（6）对检疫不合格的商品，经检疫处理后合格的给予放行，不合格的进行退运或销毁。

（二）备货进口模式商检流程

1. 入区申报

跨境电商相关企业向检验检疫监管平台申报，提交合同、发票、箱单、进货凭证、相关证书（如原产地证、卫生证书）、质量安全承诺书、第三方检测报告等申报资料，生成核准单。相关企业凭检验检疫机构在相关单证上加盖的放行章提货入区。

2. 入区检疫

检验检疫机构在监管场地实施检疫查验。

3. 集中预检验

检验检疫机构根据电商相关企业提供的申报材料，在产品风险评估的基础上，进行验证、采信第三方检测鉴定机构合格评定、抽批检验等检验监管工作。

（三）集货进口模式商检流程

1. 入区申报

跨境电商相关企业向检验检疫监管平台申报，提交合同、发票、箱单、进货凭证、质量安全承诺书、个人订单等申报资料，生成核准单。相关企业凭检验检疫机构在相关单证上加盖的放行章提货入区。

2. 入区检疫

检验检疫机构在监管场地实施检疫查验。

3. 监督抽查

检验检疫机构在监管场地实施监督抽查。

(四) 出口模式商检流程

跨境电子商务通关的出口模式检验检疫业务流程具体步骤如下：

1. 备案

备案包括企业备案和商品备案。

企业备案流程为：(1) 电商登录通关服务平台登记企业资料并提交。(2) 通关服务平台通过电子商务可信交易公共服务系统对企业进行工商资质验证。(3) 开户完成后，通关服务平台按照要求进行数据处理，将已认证的企业备案信息发送至检验检疫监管系统。(4) 检验检疫监管系统对备案资料进行审核，对企业资料齐全且符合准入要求的企业，自动生成企业备案编号，审核通过并发送回执到通关服务平台，通关服务平台进行回执处理后发送回执到电商；对企业资料不全的或不符合准入要求的企业，将审核不通过回执反馈到通关服务平台，通关服务平台进行回执处理后又发送回执到电商，电商进行资料补充或整改后重新提交至通关服务平台。经营企业应在商品上线开展业务前通过通关服务平台向分支机构备案所经营的商品。商品备案由经营企业进行，经营企业可委托平台企业代理进行商品备案，但同一商品的备案结果仅对提出备案申请的企业有效。

商品备案流程为：(1) 电商应登录通关服务平台进行商品备案。(2) 通关服务平台判断企业是否备案。对未备案企业，反馈退单回执。对已备案企业，通关服务平台判断该企业是否为检验检疫锁定状态，对已锁定企业，反馈提示锁定回执并退单；对非锁定企业，通关服务平台将商品备案信息发送至检验检疫监管系统。(3) 检验检疫监管系统对商品备案信息进行审核，检查核对商品备案资料是否齐全，是否属于禁止目录以及是否符合准入要求，对于审核通过的商品给予备案，反馈审核通过回执到通关服务平台，通关服务平台进行回执处理后发送回执到电商；对于审核不通过的商品，反馈审核不通过回执到通关服务平台，通关服务平台进行回执处理后发送回执到电商，电商进行资料补充或整改后重新提交至通关服务平台。

2. 商品申报

电商在检验检疫机构进行出口商品检验检疫申请和出境申报。

3. 放行

检验检疫机构对跨境电子商务出口商品建立检验检疫闸口放行机制，根据申报资料判定商品是否为列入出口法定检验检疫范围内的商品，对未列入出口法定检验检疫范围内的商品，直接放行。对列入出口法定检验检疫范围内的商品，经检验检疫合格后核销放行；不合格的，进行退运或销毁处理。

4. 集中报检

列入出口法定检验检疫范围内的商品离境后，在规定时间内，电商应集中向检验检疫机构报验。

二、建立新型检验检疫监管模式的建议

近年来，跨境电商呈现爆发式增长。据统计，2009—2016 年，跨境电商的交易规模由 0.9 万亿元增长到了 6.5 万亿元，传统的检验检疫监管模式已经不适应新时期跨境电商的发展要求，因此十分有必要建立新型监管模式。首先，要树立以“风险管控”为中心的工作理念，将检验检疫工作由“管产品”变为“管风险”。既要维护检验检疫法律法规的尊严，也要维护中国企业和消费者的合法权益，营造“宽出严进”的跨境电商发展环境，减少出口法检商品的种类，鼓励中国制造和创造的产品走出国门，走向世界，与此同时进行科学的风险分析，重点监管涉及安全、环保、卫生和其他与国计民生相关的高风险产品领域，防止疫病疫情和有毒有害的物质通过跨境电商的方式进入我国。其次，充分考虑跨境电商物流需求，将检验检疫工作由“事中检验”变为“事前备案、事后追溯”。跨境电商交易对物流效率的要求很高，检验检疫部门要对参与跨境电商的境外生产企业进行备案管理，并建立企业信用数据库和黑白名单制度。最后，各职能部门要通力协作，将检验检疫工作由“部门监管”变为“联合监管”。跨境电商作为新形势下的新兴业态，所涉及的商品涵盖了衣食住行的方方面面，检验检疫部门对其监管范围也涉及社会管理的各个部门，各部门应该依据各自职能，结合跨境电商的实际情况，统筹安排，通力协作，力求实现联合监管、资源共享。

三、宁波跨境贸易电子商务检验检疫

（一）宁波跨境电商检验检疫监管模式两个阶段

宁波市作为目前开展跨境贸易电子商务试点的城市之一，自开展试点工作以来，通过学习调研、积极探索、先行先试，大胆实践了具有宁波特色的检验检疫监管模式。宁波入境电子商务检验检疫监管模式探索历程经历了两个阶段。

1. 试点初期，探索“一次检验检疫”监管模式阶段

2015 年 5 月 30 日前，宁波检验检疫局通过分析保税区政策特征，在试点初期打破原有保税区“进境检疫、进口检验”传统模式，实践了“一次检验检疫”监管模式，即境外电商商品进入宁波保税区监管仓库时，一次性完成检验检疫工作，并探索实践了“即查即放”“边检边放”“先放后检”等放行模式，实现了“检放分离”，为试点工作的顺利推进发挥重要作用。“一次检验检疫”模式没有突破现行的检验检疫制度，只是在监管效率、放行效率上有了极大提升。但是在运行中，宁波检验检疫局发现入境电子商务产业发展遭遇三个瓶颈问题，难以通过“一次检验检疫”模式解决：（1）热点商品需求旺与政策准入门槛高的矛盾。目前，电器产品、奶粉、化妆品、保健品等是电商企业最希望开展试点的商品，也是消费者通过海淘方式进口需求旺盛的商品；而这些热点商品遇到的政策准入门槛高的问题，是企业反映最多、要求政策突破呼声最高的问题，也是影响目前跨境电子商务做大的主要问题。这些问题主要表现在：一是难以提供检验检疫要求的报检材料。如日本的电饭锅等日常用品，按规定需提供 3C 证书；进口婴幼儿奶粉，从 2015 年 5 月 1 日起

需提供国外发货人注册证书；此外，有的商品还需检疫审批、检疫证书、许可证等。二是难以提供其他部委行政审批的证明资料。国家市场监管总局和国家药品监督管理局对进口化妆品和保健品实行申报审核制度。在化妆品、保健品报检时，需要提供审批证件。据了解，以海淘方式进口的化妆品、保健品在以电子商务方式进口时，难以提供审批证件。(2) 国外标准与我国国家标准规范不统一的矛盾。以婴幼儿奶粉为例，按照我国《食品安全国家标准较大婴儿和幼儿配方食品》(GB10767-2010) 要求，每 100 千卡的奶粉，蛋白质含量为 2.9～5.0 克，欧洲标准则为 1.9～3.3 克；同时，CAC（国际食品法典委员会）160 多个成员中，大多数国家参照国际公认的《国际食品法典标准婴儿配方食品》(Codex Stan72-1981，2011 年修订)，此标准规定蛋白质中牛乳蛋白含量 1.81～3 克，大豆分离蛋白含量 2.25～3 克，这个标准与我国《食品安全国家标准婴儿配方食品》(GB10765-2010) 基本一致，但低于《食品安全国家标准较大婴儿和幼儿配方食品》要求。(3) 传统通检模式放行时间较长与政府企业便捷呼声高的矛盾。传统通检模式是先报检，再现场查验，并按照规定按批抽取代表性样品进行检测，根据检测结果进行判定、放行。而跨境电子商务具有时间短、成本低等特点，对通检时间提出了“零等待”要求，政府、企业便捷呼声非常高。目前“先检后放”的通检模式，难以满足快速便捷的要求，亟须破解“检与放”的关系。

2. 现行“宁波模式”实践阶段

由于入境电子商务产业遭遇上述瓶颈问题，试点业务难以有很大的发展，为支持入境电子商务试点发展壮大，解决上述三个瓶颈问题，在实施“一次检验检疫”监管模式基础上，宁波检验检疫局大胆创新，敢于实践，探索了现行独具特色的“宁波模式”。“宁波模式”的内容是“一个监管理念、四个监管环节、三项监管目标”。

坚持“一个监管理念”，即“进得来、管得住、放得快”的监管理念。

(1) 进得来。就是通过实施电商能力认定制度和商品风险分级制度，将电商分为高风险能力电商和基本能力电商，将电商商品分为高风险商品和低风险商品。截至 2015 年 1 月 2 日，共有 22 家电商通过高风险能力认定，47 家电商通过基本能力认定。高风险商品清单包括保健品、化妆品、婴幼儿奶粉等 8 大类商品。高风险能力电商可经营认定范围内的高风险商品，在准入方面给予一定便利，基本能力电商只可经营低风险商品。基本能力电商经营高风险商品，或者电商经营超出认定范围内的商品，按照一般贸易监管模式进行监管。

(2) 管得住。目前通过海淘或代购进来的商品一直游离于检验检疫监管之外，现通过对入境电子商务的监管，检验检疫部门把这部分游离于检验检疫监管之外的海量交易商品引入特殊区域——保税区，将其纳入检验检疫监管框架之中。同时实施第三方结果采信制度，要求电商在进口高风险产品时要提供第三方检测报告。

(3) 放得快。电商商品进入保税区时，视同保税仓储，属于境内关外，鉴于没有办理相关的进口手续，宁波检验检疫局仅实施入境检疫，电商申报时给予前置许可便利。通过入境电子商务平台订单交易后，商品出区进口时，基于其以邮包或快件方式直接送达最终消费者的物流和贸易特征，视为个人自用物品进行监管。

严把“四个监管环节”，即“入区（境）检疫、区内监管、出区核查、后续监督”的监管环节。

（1）“入区（境）检疫”，即商品从境外进入保税区入境电子商务基地后，主要对集装箱、木质包装和相关商品实施检疫。

（2）“区内监管”，即要求商品存储在保税区监管库内时，电商按照宁波检验检疫局要求提供相应报告：一是高风险商品提供有资质的第三方检测机构的检测报告；低风险商品提供《合格保证声明》或自检报告。二是所有电商商品加贴防伪溯源二维码。三是检验检疫机构针对电商企业情况和电商商品质量安全状况，每年开展针对性的抽查，并送实验室检测。四是电商自行抽样送实验室进行符合性验证等工作。在完成这些工作后，即可允许电商商品进行销售。

（3）“出区核查”，即商品出区时，电商申报订单、支付单和快递单等信息。检验检疫机构通过信息化系统对出区商品进行现场核查，主要核查出区商品数量、商品的真实性以及货单是否相符等，并在信息化系统核销相应数据。

（4）“后续监督”，主要是根据电商企业诚信情况、消费者评价等对电商企业进行监督；并收集消费者退货情况，尤其是因质量原因退货的情况，采取针对性的监督抽查；出现质量问题时，督促企业快速启动召回程序，监督问题商品按期召回等。

实现“三项监管目标”，即“源头可追溯、过程可控制、流向可跟踪”的监管目标。

（1）“源头可追溯”，主要指两方面：一是要求电商应掌握国外生产商、出口商相关信息。二是要求电商提供国外生产企业产品质量自检报告或第三方产品质量检测报告，宁波检验检疫局对电商提供的资料进行评估，视情况采取不同的监管措施。

（2）“过程可控制”，即从入境电子商务商品进入保税区到出区寄送至最终消费者的全过程，需要在检验检疫监管的范围内，实现过程中的整体监控，确保电商商品的安全。

（3）“流向可跟踪”，主要指：一是要求消费者在下单购买商品时，提供身份证号码、联系方式（手机号）、收货地址等信息，宁波检验检疫局通过跨境贸易电子商务检验检疫监管平台，能够在第一时间全面掌握每单商品的具体流向，实现对商品流向的跟踪。二是电商商品全部纳入“进口商品防伪溯源平台”管理，通过在商品上加贴防伪溯源标识，消费者收到商品后，只要扫描二维码，就立即知道所购商品的源头，方便消费者掌握商品源头信息。

（二）“宁波模式”创新原则与特点

探索跨境电子商务检验检疫监管“宁波模式”，坚持了“三个原则”，凸显了“三个突出”，实现了“三个转变”。

1. 创新原则

一是坚持了“坚守底线”原则。“宁波模式”始终没有放弃检疫的底线，所有电商商品从境外进入保税区均实施“进境全申报”，并对木质包装、集装箱和有关商品实施检疫；需要检疫审批、特许审批的，要求电商必须提供审批证件。二是坚持了“有限突破”原则。“宁波模式”主要创新了检验监管理念、职能和模式，通过“负面清单”形式，明确了八大类不予开展入境电子商务的商品；并通过风险分析，明确了高风险商品目录清单。所有的创新不是“无限创新”。三是坚持了“规范先行”原则。宁波跨境电子商务检验检疫监管模式探索经历了两个阶段。在每个阶段，宁波检验检疫局都制定了规范性文件，如第一阶段制定了《宁波检验检疫局关于做好宁波口岸跨境电子商务进口检验检疫有关工作的通知》（甬检通〔2013〕331号）；第二阶段制定了《入境电子商务检验检疫监管工作规范（试行）》（甬检通〔2014〕138号）和《入境电子商务电商能力认定工作规范（试行）》（甬检通〔2014〕139号）。

2. 创新特点

在打造入境电子商务“宁波模式”的过程中，竭力体现通关和法检监管机制改革精神。一是突出强调了电商企业的主体责任。检验检疫部门由重点管商品向重点管电商和第三方检测机构转变。充分体现电商的主体责任，明确要求电商应对经营的商品质量安全负责，并向检验检疫机构提交质量承诺书；明确要求电商制定源头管理、自检自控、台账管理、召回管理等内部管理制度；明确要求电商履行全面的告知义务，准确无误地告知消费者所售商品的信息。二是突出强调了检验检疫部门的监管职能。保留了监督抽查权，可将抽检商品委托有资质的第三方检测机构进行检测，以验证商品是否符合安全、卫生和健康要求，把监管重点向商品的安全、卫生、环保项目转变；强调了追溯管理，要求电商在合格商品上加贴二维码防伪标签，通过防伪溯源平台和监管平台实现检验检疫机构、电商、消费者之间的“多向溯源”，以便发现问题时能责令并督查电商迅速实施退货、召回等处理；加强了对消费者订单情况的实施监控和统计分析，严防假借消费者个人物品名义大量购买后到流通市场上再次销售。三是突出体现了监管方式转变，由事前检验向事中事后监管转变，强化事后应急处置。

（三）“宁波模式”的成效

1. 入区检疫，商品种类更丰富

“宁波模式”最大的突破点在于前置许可便利，保税办在执行时仅对电商进口商品实施入区检疫，一旦检疫合格即可入区上架销售，整个流程最快可在半个小时内完成。这使得如婴幼儿奶粉、奢侈品包等大量商品纷纷涌入跨境市场。据统计，截至2015年1月2日，保税办已完成对1 070批电商进口商品的检疫工作，货值达9 089万美元，商品既包括尿不湿、奶粉、食品饮料等快消品，也包括奢侈品包、品牌童装等商品，稳居全国前列。

2. 区内监测，商品质量更安全

通过对电商企业实施能力认定考核，对不同能力认定等级的电商企业能开展的业务进行统一规定（如通过高风险能力认定的电商企业可开展婴幼儿奶粉、保健品、化妆品和3C商品等相关业务），打造出具有宁波特色的跨境商品监管模式。截至2015年6月，保税办完成向宁波检验检疫局申请的66家电商企业的能力认定考核工作。履行区内监测职能，保税办已抽检发现不合格进口商品3批次，分别是奶瓶、麦片、月饼，货值3.8万元，均作退运或销毁处理。同时，通过网上购买商品并送样检测的方式开展2次专项监测行动，共对85家电商94批次商品实施抽查检测，抽检发现有1批次新安怡（Avent）塑料奶瓶不合格，已禁止其销售，并通知电商企业启动召回程序。

3. 出区核查，放行效率更高

保税办利用跨境贸易电子商务检验检疫监管系统中出区核销的功能，对出区发货商品按照一定比例进行拦截，现场核查商品名称、数量等货单信息是否相符，实现了放行流程信息化管理操作。出区核查的系统化运作为当前电商进口商品量的跨越式增长提供了保障，不仅大大提高了放行速度，还有力地促进了交易量的提高，截至 2015 年 6 月累计核查包裹 4 100 余个。

4. 后续监督，顾客购物更放心

对电商企业，保税办结合日常监管、消费者质量投诉反馈等情况，对其实施诚信管理。对消费者，则通过实名注册、身份验证来实施购买数量监控。而对第三方检测机构，则加强报告的符合性验证和日常监督。对电商进口商品在区内监测、企业送检第三方检测等环节发现存在质量安全问题或安全隐患的，则实施召回处理。如对进口台湾问题猪油食品排查工作中发现的一批涉事月饼进行召回并后续处理。对在监管中发现有部分商品如奶粉、尿不湿、坚果等 120 多批次因装卸、仓储、打包过程中发生破包损坏的，保税办将进行集中销毁处理，确保发货商品质量安全。

案例

跨境电商“刷单”第一案曝光 多位权威法律专家解读案例

导读：

2018 年 4 月，广州市中院判处广州志都供应链管理有限公司（简称“志都公司”）及有关个人走私普通货物罪，涉案人员均判处有期徒刑以上刑罚和不等罚金，志都公司被没收违法所得及罚金 300 余万元。由于本案具有非常典型的意义，被业内誉为跨境电商保税仓“刷单第一案”。对此，电子商务研究中心发布电商快评予以权威、专业解读。

一、案件回顾

2015 年年初，李某（已另案处理）指使广州志都供应链管理有限公司的经理被告人冯某某、业务主管江某某、兼职人员刘某某利用志都公司可从事跨境贸易电子商务业务，对外承揽一般贸易的进口货物，再以跨境电商贸易形式伪报为个人海外购买进口商品，逃避缴纳或少缴纳税款；同时，李某指使被告人程某某为广州普云软件科技有限公司（以下简称“普云公司”）申请跨境贸易电子商务业务海关备案、开发正路货网，用于协助志都公司跨境贸易制作虚假订单等资料。

从 2015 年 9 月至 11 月期间，志都公司及冯某某、江某某、梁某某、刘某某、李某 1、王某、程某某利用上述方式走私进口货物共 19 085 票，偷逃税款共计人民币2 070 384.36元。

二、法院判决

经过法庭审理，2018 年 4 月，广州市中级人民法院对本案依法公开判决：广州志都供应链管理有限公司、被告人冯某某和江某某、志都公司的其他直接责任人员刘某某，伙同被告人梁某某、李某 1、王某、程某某逃避海关监管，伪报贸易方式报关进口货物，偷逃应缴税额，其行为均已构成走私普通货物罪。志都公司在共同犯罪中处重要地位，是主犯，依法应承担全部罪责。

冯某某、江某某、王某、梁某某、刘某某、李某1、程某某在共同犯罪中起次要或辅助作用，是从犯，应当从轻或减轻处罚。最终，涉案人员均判处有期徒刑以上刑罚和不等的罚金，涉案志都公司没收违法所得及罚金300余万元。

三、案件解读

(1) 问题一：该类跨境电商走私案件为什么会发生?

对此，电子商务研究中心特约研究员、上海亿达律师事务所律师董毅智认为，我国有法律规定，严厉打击利用跨境电子商务网购保税进口渠道“化整为零”进行走私的违法犯罪行为。2015年9月14日，海关总署加贸司发布文件《关于加强跨境电子商务网购保税进口监管工作的函》，业内俗称“58号公告”。

其中主要强调了两方面：一是网购保税进口应当在经批准开展跨境贸易电子商务服务试点城市的特殊监管区域或保税物流中心开展，任何海关不得在保税仓库内开展网购保税进口业务。按照此规定，只有天津、郑州、宁波、广州、深圳、上海、杭州、重庆中的部分海关特殊监管区和保税物流中心才可开展跨境电商网购保税进口业务。二是公告中还强调了严厉打击利用跨境电子商务网购保税进口渠道“化整为零”进行走私的违法犯罪行为。

由于网购保税进口实行实名制，目前保税区的跨境电商试点存在利用他人身份证的刷单现象，类似于“水客”行为，即利用他人身份证“化整为零”进行并非以自用为目的的网购保税进口，然后给一些进口商品店供货。由于行邮税税率比一般贸易关税税率低不少，为此类行为提供了空间。

电子商务研究中心特约研究员、北京德恒（深圳）律师事务所一级合伙人吕友臣律师指出，之所以利用跨境电商渠道进行走私，是因为跨境电商进口与传统的一般贸易方式进口存在着利益上的差距。一般会表现为两个方面，一是税率上的差距，一般贸易进口适用税率相对较高的货物税，跨境电商进口适用税率相对较低的物品税（2016年4月8日财政部、海关总署、国家税务总局发布的《关于跨境电子商务零售进口税收政策的通知》开始执行之前）或跨境电商税率（《关于跨境电子商务零售进口税收政策的通知》执行之后)；二是一般贸易监管条件相对严格，跨境电商的监管条件相对宽松。正是基于不同贸易方式进口的差异，才导致本案的犯罪嫌疑人将本应以一般贸易方式进口的货物伪报成跨境电商商品，偷逃国家税款进行牟利。

此外，电子商务研究中心特约研究员、浙江垦丁律师事务所联合创始人律师麻策认为，订单、运单和支付单三单碰撞一直是跨境电子商务的鲜明特色，这有效保障了国家对于跨境电子商务，特别是保税进口模式下真实物品进境的监管。随着税收新政的缓慢推进，很多平台寻求避免缴纳综合税而通过行邮免税的方式进境商品，虚构三单信息并逃税的方式也随之产生，在这种逃避海关监管的行为中，只要偷逃应缴纳关税额5万元以上，就可以构成走私普通货物罪。

电子商务研究中心法律权益部助理分析师贾路路认为，本案的实质是，企业通过刷单的形式改变货物的法律属性，逃避国家税收，从而谋取不正当利益。这与我国法律对两种不同性质的商品存在不同的税收规定有关，即对于个人自用物品清关时实行税率较低的行邮税，而且行邮税在500元以下还是免征的；对于一般跨境电子商务贸易的物品则征收较高的关税和增值税。

本来企业有避税的动机无可厚非，而且合理的避税行为也是法律所允许的，但是本案中，志都公司及工作人员，通过伪造单证骗取海关来避税显然是不明智的，也是法律所禁止的。

(2) 问题二：跨境电商走私为什么涉及那么多主体？

贾路路认为，这与跨境电子商务涉及环节较多，流程比较复杂，需要多方参与协作有关。跨境电子商务包括从公司内部的销售人员、财务人员、技术开发人员，到业务主管人员、企业管理人员，甚至到公司外部的仓储人员、经销商、批发商等各个环节。而如果通过“刷单”作假的方式逃税，那么按照走私罪的规定，这些环节的人员都难辞其咎。

吕友臣也认为，正因为利用跨境电商渠道的走私需要多方联合造假，因此涉及的违法主体也相对较多。海关要求跨境电商经营主体实现系统对接，提供订单、物流、支付三单信息比对，因此，利用跨境电商渠道进行走私，必须虚构订单、物流、支付信息，伪造相关的证据材料，这也就使得利用跨境电商渠道的走私呈现出一定的技术难度，与一般贸易渠道伪报、瞒报、低报价格等简单粗暴的走私手法存在明显的差别。这在本案中有所体现。

这些违法主体有可能被认定为是犯罪的主犯，也有可能被认定为从犯或者帮助犯，这取决于各个主体在犯罪中的参与程度、地位、作用等因素。

(3) 问题三：该案对跨境电商行业有何影响？

吕友臣认为，该案及后续的相关案件的查处宣判将会对跨境电商行业的合规合法经营带来深远的影响。广州市中级人民法院审理的这一宗走私犯罪案件，被称为“跨境保税仓库刷单第一案”。电子商务研究中心获悉，这确实是近年来查处宣判的第一宗跨境电商走私犯罪案件，具有典型意义，值得关注。

但严格地说，该案并不是跨境电商的经营主体在跨境电商经营过程中发生的案件，而是其他主体利用跨境电商渠道进出口发生的走私犯罪案件。从这个意义上来讲，该案对跨境电商领域的警示意义，特别是对跨境电商实际经营主体的教育作用似乎还存在不足。其实本案只是近两年来海关查处的众多跨境电商渠道走私犯罪案件的其中一个。

近年来，随着跨境电商的蓬勃发展，利用跨境电商渠道进行走私犯罪或者跨境电商经营主体违法经营的情形逐渐增多，海关打击的力度也在不断加大。相信该案及后续的相关案件的查处宣判将会对跨境电商行业的合规合法经营带来深远的影响。

麻策律师进一步指出，在跨境电子商务领域，例如在市区跨境电商 O2O 体验店，其展示的商品亦不得直接销售。通过跨境电子商务进境的物品不得再次销售（例如个人携带进境的商品在境内进行转售或放置在实体店中出售的行为），否则均可能涉嫌构成走私普通货物罪，这些都值得跨境电子商务企业警醒。

贾路路进而指出，企业在经营过程中，会面临各种风险，法律风险也是其中之一，而且处理不好，会给企业造成致命的影响。据悉，李克强总理在 2015 年 5 月 7 日上午视察中关村创业大街时都在说：你们都在创业，但是不要忽略法律风险。

可以说，目前国内企业非法逃税的现象比比皆是，但是对跨境电商企业来说逃税的风险格外大。因为跨境电商流程具有复杂性，监管主体较多，尤其是关税环节的监管越来越规范、越来越严密；而且跨境电商具有技术性，一旦作假，监管部门通过技术侦查手段很可能还原事实真相。因此，本案对于从事跨境电商的企业来说，正是前车之鉴，后事之师。

董毅智律师补充道，相信该案能够给跨境电商从业者更多的警醒，唯有合法经营、真正创新、顺应发展，才能在激烈的竞争中幸存。

本案引发很多思考，其一，本案被告除了公司外，还有七个被告人，这表明执法的力度，不仅仅是单位犯罪的追责，更要相关负责人承担刑事责任。法网无情，不可存侥幸心理。

其二，本案从 2015 年 9 月至 11 月间，走私进口货物共 19 085 票，偷逃税款共计人民币 2 070 384.36 元。金额不属于特别巨大，但是仍被惩戒，可以看出司法机关对这种侵害跨境电商税收法规及政策、违反海关法规、逃避海关监管、伪报贸易方式报关进口货物的行为坚决打击，绝不姑息。

其三，在良好的政策面前，企业及经营者为何不能正常经营赚取合法的利润，反而铤而走险，追求最快的利润，这其中是否与我们的企业和企业经营者缺乏应有的法律意识，缺乏社会责任有关，是否与我们传统的法不责众的侥幸投机心理有关，是否与我们的政策法规缺乏稳定性及确定性有关，值得我们思考。

关键术语

一般出口模式　保税出口模式　直购进口模式　保税电商 A 模式

复习思考题

1. 一般出口模式的出口货物需要哪些条件？
2. 保税出口模式的优缺点是什么？
3. 跨境电商海关监管面临的挑战有哪些？
4. 备货进口模式商检流程有哪些？
5. B2B 和 B2C 模式进口的货物如何征税？

第八章

跨境电子商务支付

第一节　跨境电子商务支付概述

跨境支付是指两个或两个以上国家或者地区之间因国际贸易、国际投资及其他方面所发生的国际债权债务，借助一定的结算工具和支付系统，实现资金跨国和跨地区转移的行为。跨境电子商务支付是指分属不同关境的交易主体，在进行跨境电子商务交易过程中通过跨境电商平台提供的与银行之间的支付接口或者第三方支付工具进行的即时跨境支付行为。中国消费者在网上购买国外商家产品或国外消费者购买中国商家产品时，由于币种不一样，就需要一定的结算工具和支付系统实现两个国家或地区之间的资金转换，最终完成交易。

网经社旗下国内知名电商智库电子商务研究中心发布了《2018年度中国跨境电商市场数据监测报告》。报告显示，2018年中国跨境电商交易规模达9万亿元，同比增长11.6%。其中，出口跨境电商规模7.1万亿元，进口跨境电商规模1.9万亿元。2018年中国跨境电商的交易模式中，跨境电商B2B交易占比达83.2%，跨境电商B2C交易占比达16.8%。2018年中国跨境支付行业交易规模达4 944亿元，同比增长55.03%。

一、跨境电商平台及其主要支付方式

与当前跨境电商经营模式相对应，跨境电商支付结算方式也有所不同。传统跨境大额交易平台（大宗B2B）模式主要为中国外贸领域规模以上B2B电子商务企业服务，如为境内外会员商户提供网络营销平台，传递供应商或采购商等合作伙伴的商品或服务信息，并最终帮助双方完成交易。传统跨境大额交易平台的典型代表有易贝（ebay）、阿里巴巴国际站、环球资源网、中国制造网、工业在线展会（DirectIndustry）等。大宗交易平台仅提供买家和卖家信息，提供商家互相认识的渠道，不支持站内交易。外贸交易主要以线下支付为主，金额较大。因而，线下支付一般采用T/T、L/C、西联等方式。

门户型B2B综合平台模式，主要提供交易、在线物流、纠纷处理、售后等服务。目前，这种跨境平台主要有敦煌网、全球速卖通、易贝、慧聪网等。门户型平台的市场集中

度较高，敦煌网的市场份额占比就超过 60%。这种平台模式多采用线上支付，支付方式主要包括 PayPal、V/MA 等方式。

综合型垂直跨境 B2C（含部分 B2B）小额平台模式，主要提供交易、在线支付、物流、纠纷处理、售后等服务，以小额批发零售为主。代表性平台有兰亭集势（LightIn TheBox）、米兰网、大龙网、Chinavasion、通拓科技（Tomtop）等。这种模式普遍采用线上支付，如 PayPal、信用卡、借记卡等。

第三方服务平台（代运营）模式，不参与电子商务的交易过程，专门为各类小额跨境电子商务公司提供整体解决方案，协助客户提供交易后台的支付、物流及客服服务，属于专业平台技术支持方和运营方。支付方式按客户需求，可有多种选择。

垂直型跨境小额平台（独立 B2C），一般通过自建 B2C 平台，将商品销往海外，其主要业务包括交易、物流、支付、客服等。这种模式与综合型垂直平台一样，普遍采用线上支付，如：PayPal、信用卡、借记卡等。

跨境电子商务的业务模式不同，采用的支付结算方式也存在差异。跨境电子支付业务会涉及资金结售汇与收付汇。从支付资金的流向来看，跨境电商进口业务（包括个人消费者海淘）涉及跨境支付购汇，购汇途径一般有第三方购汇支付、境外电商接受人民币支付、通过国内银行购汇汇出等。跨境电商出口业务涉及跨境收入结汇，其结汇途径主要包括第三方收结汇、通过国内银行汇款，以结汇或个人名义拆分结汇流入、通过地下钱庄实现资金跨境收结汇等。

二、跨境电商支付渠道与工具

我国用户跨境转账汇款渠道主要有第三方支付平台、商业银行和专业汇款公司。艾瑞调研数据显示，我国使用第三方支付平台和商业银行的用户比例较高，分别为 82.2%和 81.4%；其中第三方支付平台使用率更高，占比 50.9%。相较于商业银行较高的费率和专业汇款公司有限覆盖网点，第三方支付平台能同时满足用户对跨境汇款便捷性和低费率的需求，因此受到越来越多用户的青睐。跨境转账汇款用户使用在线跨境支付方式较多。2012—2013 年，中国跨境转账汇款使用境内第三方网上支付、网银线上支付、境外第三方网上支付和信用卡在线支付的跨境转账汇款网民占比分别为 18.9%、16.6%、14.1%和 12.8%；总体占比 62.5%。此外，“信用卡刷卡支付”在整体偏好中占比 15.5%。

消费者在境内外跨境电商网站支付渠道选择存在差异。2012—2013 年，中国网民在境内跨境电商网站和境外电商网站消费时选择使用的跨境支付方式有共性，第三方支付平台使用比例均较高，其作为最常用的支付方式占比在 40%以上，使用过的占比甚至高达 70%左右。当然，两者也存在一定差异。境内跨境电商网站支付用户选择的前两位是第三方平台和网银在线支付，占比分别为 50.7%和 21.7%；而境外电商网站支付用户选择的前两位是第三方平台支付和信用卡在线支付，占比分别为 40.9%和 32.8%。相比较而言，除了在境内外都占首位的第三方支付以外，境外电商网站支付选用信用卡比例更高，这与其整体支付习惯有关，因为信用卡本身在境外使用就更为普遍。

三、跨境电商主要支付机构

从目前支付业务发展情况看，我国跨境电子支付机构主要有境内外第三方支付机构、银联、银行。从我国跨境电商支付的影响力看，境内外第三方支付机构成为用户的首选。目前，PayPal 作为全球最大的在线支付公司，在第三方支付机构中占据重要地位。当前，PayPal 业务支持全球 190 个国家和地区的 25 种货币交易，尤其在欧美普及率极高。同时，PayPal 还是在线支付行业标准的制定者，在全球支付市场中获得认可，拥有很高的知名度和品牌影响力。中国跨境交易的用户也受此影响，更多地选择 PayPal。尤其是个人海淘用户和跨境 B2C 出口商使用率更高。不过，PayPal 在我国的跨境支付绝对领先地位已经开始遭受挑战。

支付宝凭借在国内第三方支付领域的良好基础，逐步进军跨境电商支付领域。2007 年 8 月，支付宝与中行等银行合作，推出跨境支付服务。从 2009 年开始，支付宝先后与维萨卡（VISA）和万事达卡（Master）进行合作，这两大全球发卡机构在港、澳、台地区的持卡用户都可通过支付宝在境内的淘宝网进行购物，从而完成双向的跨境支付服务。

目前，支付宝的跨境支付服务已覆盖 34 个国家和地区，支持美元、英镑、欧元、瑞士法郎等十多种外汇结算。

2013 年 9 月，国家外汇管理局公布了支付宝等 17 家第三方支付机构获得跨境电子支付的试点资格。国内第三方支付机构开始广泛介入跨境电商在线交易及跨境电子支付业务。

2018 年，腾讯财付通与美国运通（American Express）达成合作，其网络支付服务能够借道美国运通，实现在美英两国 Globale Shop 等热门购物网站跨境在线购物、支付。快钱则从 2012 年年初推出适合外贸电商用户的一揽子跨境支付、国际收汇服务方案，通过与西联汇款的合作，实现自动化的汇款支付处理，帮助外贸电商消除烦琐的结汇流程与规避风险。目前，快钱能够支持总量达 15 亿张信用卡的维萨卡、万事达卡、美国运通卡、JCB 等国际卡支付，为外贸电商提供一体化结汇服务和专业化的风控服务。汇付天下则专注小微企业市场，重点关注航空产业链等 B2B 商务市场，特别是在航空机票支付领域，汇付天下的市场份额接近 50%。银联的跨境支付起步更早。银联卡于 2004 年开通了香港、澳门地区服务。目前，银联卡可在中国境外 125 个国家和地区实现跨境支付。在国内，其跨境支付优势明显。

四、跨境电商的国际结算风险

虽然跨境电子商务及其支付业务得到了迅猛发展，同时也存在着巨大的风险，体现在以下三方面。

（一）跨境电商支付交易风险

跨境电商支付交易风险主要分为三类：一类是第三方支付机构本身的交易风险。因为目前跨境电商是一种新型业态，行业的一系列规则和法规还不成熟。我国第三方支付机构在缺乏相应的市场准入和相关管理的条件下，必然存在诸多经营风险。另一类是支付平台用户遭遇的交易风险。因为在跨境支付交易过程中，平台用户可能会遭遇各类网络支付安全问题，将面对支付信息丢失、个人隐私信息被窃取、银行卡被盗用、账号被盗等风险。还有一类是信用风险。由于跨境支付属于商业信用，对于交易双方而言，在某种程度上都存在着一定的信用风险。

（二）跨境电商支付欺诈风险

跨境电商支付欺诈是很多跨境电商都遭遇过的问题。大多数跨境支付交易需要经历很长周期，往往要两到三个月才能判定一笔交易是否属于欺诈交易，并且跨境支付交易的主体遍布全球各地，这些无疑都加大了跨境电商支付欺诈风险。

（三）跨境电商支付资金风险

很多从事跨境电商的中小企业都存在自身资金实力不足的问题，而在跨境支付结算过程中还会存在资金到账时间问题，一般情况下资金不能立即到账，需要经过结算银行购汇或结汇支付，支付平台完成交易资金清算常常需要 7～10 天，这些资金风险可能会导致企业的资金周转出现问题。

第二节　跨境电子商务线下支付

一、汇款

（一）汇款的含义及其当事人

汇款也称汇付，是指汇款人（进口人）通过银行向收款人（出口人）汇寄货款的一种结算方式。

在一笔汇款业务中有四个当事人：汇款人、收款人、汇出行和汇入行。汇款人即付款方，通常是进口人，收款人即收款方，通常是出口人，他们之间原来就存在着债权债务关系；汇出行即受汇款人委托汇款的进口地银行，汇入行即受汇出行委托付款的出口地银行，是汇出行在国外的分支行或代理行。

（二）汇款种类

（1）电汇（telegraphic，缩写成 T/T 或 TT），是进口人请求当地银行（汇出行）用电报或电传委托出口人所在地银行（汇入行）向出口人付款的一种结算方式。电汇收款最快，对出口人收款有利，但对进口人来说，则要负担较高的电报费用。电汇的支付工具比较特殊——是加押电报或电传。

（2）信汇（mail transfer，缩写成 M/T），是进口人请求当地银行（汇出行）用银行信件委托出口人所在地银行（汇入行）向出口人付款的一种结算方式。信汇收款较电汇慢，但汇款费用低。信汇的支付工具也比较特殊——是信汇委托书。

（3）票汇（demand draft，简称 D/D），是进口人请求当地银行（汇出行）开出以出口地银行（汇入行或付款行）为付款人的银行即期汇票后，进口人自行将其寄交出口人，再由出口人到汇入行取款的结算方式。票汇的支付工具是银行即期汇票。

（三）汇款方式的支付程序

（1）汇款人填写汇款申请书，写明收款人、汇款金额、汇款方式等内容，并交款付费给汇出行。

（2）汇出行向汇入行发付款通知（汇款委托书、电报、汇票通知书等）。

（3）收款人凭汇入行的通知（在票汇时凭银行汇票）到汇入行取款、签收。

（4）汇入行凭收款人的取款凭证向汇出行结算双方债权债务。

二、托收

（一）托收的含义及其当事人

托收（collection），是指出口人开具以进口人为付款人的汇票，委托当地银行通过它在国外的分支行或代理行向进口人收取货款的结算方式。目前应用于托收的法律是国际商会于 1995 年制定的《托收统一规则》（URC522）。

在一笔托收业务中有以下四个基本当事人：

（1）委托人，委托银行办理代收货款的人，委托人为债权人，即出口人或收款人。

（2）托收银行，接受委托人的委托，办理代收货款业务的银行。

（3）代收银行，接受托收银行的委托，代向付款人收款的银行。

（4）付款人，即商业汇票的付款人，也是主债务人或进口人。代收银行应将商业汇票等票据向其提示并要求其承兑或付款。

除以上四个基本当事人外，在托收中有时还有一个当事人，即提示银行。提示银行是向付款人提示商业汇票等票据的银行，通常代收银行就是提示银行，但有时代收银行会委托其他银行（如付款人所在地的银行）代为提示票据。

（二）托收方式种类

根据汇票是否随附装运单据，托收方式可以分为光票托收和跟单托收。

1. 光票托收

光票托收，是指出口人仅开立汇票交给银行托收，并不附带任何装运票据，或虽然有时也附带单据，如发票、付款清单等，但因这些单据不是装运单据，所以也属于光票托收。由于光票托收在付款时没有交货凭证——装运单据相交换，对进口人来说，承兑或付款后需承担收不到货物的风险，所以光票托收在国际贸易结算中使用不多，一般只用于收取佣金、样品费等小额费用。光票托收的汇票可以是即期汇票，也可以是远期汇票。

2. 跟单托收

跟单托收，是指出口人将汇票和装运单据一同交给银行，委托银行代收。根据交单的条件不同，跟单托收分为付款交单和承兑交单两种。

(1) 付款交单 (document against payment，简称 D/P)，是指出口人装运之后，开具汇票，连同装运单据一起交给当地银行，当地银行通过国外的分支银行或代理银行（代收银行）向进口人提示，进口人在付清货款后才能从代收银行那里取得装运单据，即通常所说的“一手交钱，一手交货”。

付款交单又有即期付款交单和远期付款交单之分。所谓的即期付款交单是指托收的汇票是即期汇票，在经代收银行（或提示银行）提示时，进口人必须见票付款，然后领取装运单据；所谓的远期付款交单是指托收的汇票是远期汇票，在经代收银行（或提示银行）提示时，进口人先承兑汇票，等汇票到期时再付款赎单。

(2) 承兑交单 (document against acceptance，简称 D/A)，是指出口人装运之后，开具远期汇票，连同装运单据一起交给当地银行，当地银行通过国外的分支银行或代理银行（代收银行或提示银行）向进口人提示，待进口人承兑远期汇票之后，即可取得装运单据，提取货物，待汇票到期再付清货款。

（三）托收方式的特点

(1) 托收是商业信用。托收方式是以进口人为付款人。委托人与银行之间是委托代理关系，银行不负责保证付款，银行办理托收业务时，只是作为委托人的代理行事，既无检查装运单据是否齐全或正确的义务，也无承担付款的责任。

(2) 在付款交单的情况下，进口人在没有付清货款之前，货物的所有权仍属出口人。在承兑交单的情况下，出口人只要在汇票人履行承兑手续后，即可取得货运单据。所以承兑交单的风险比付款交单更大。

三、信用证

（一）信用证的含义及其主要内容

信用证 (letter of credit，简称 L/C) 是开证银行根据开证申请人的请求和开证行以自身的名义向受益人开立的在一定金额和一定期限内凭规定的单据承诺付款的书面文件。简而言之，信用证是一种银行开立的有条件的承诺付款的书面文件。信用证是银行作出的有条件的付款承诺，属于银行信用，采用的是逆汇法。

信用证并无统一的格式。不过其主要内容基本上是相同的，大体包括：

(1) 对信用证自身的说明，包括信用证的种类和性质（如“不可撤销的跟单信用证”“可转让的跟单信用证”等）、编号、金额、开证日期、有效期及到期地点、当事人（如开证申请人、开证行、通知行、受益人、议付行等）和地址等。

(2) 货物的名称、品质、规格、数量、包装、运输标志、单价等。

(3) 对运输的要求，如装运期限、装运港、目的港、运输方式、可否分批装运和中途转运等。

(4) 对单据的要求，如单据的名称、内容、份数和种类等。单据主要分为三类：①货物单据，包括发票、装箱单、重量单、产地证、商检证等；②运输单据，包括提单等；

③保险单据。此外还可能要求提供其他单据或证明等。

(5) 特殊条款。根据进口国政治经济贸易情况的变化或每一笔具体业务的需要，可做出不同的规定。

(6) 开证行对受益人和汇票持有人保证付款的责任文句。

(二) 信用证的当事人和支付的一般程序

1. 信用证一般涉及的主要当事人

(1) 开证申请人。它是指向银行申请开立信用证的人，一般为进口商。

(2) 开证银行。它是指接受开证申请人的委托，开出信用证的银行。

(3) 通知银行。它是指受开证银行的委托将信用证转交出口商（受益人）的银行。它只证明信用证的真实性，并不承担其义务。

(4) 受益人。它是信用证上指明有权使用该证的人，一般为出口商。

(5) 议付银行。它是指愿意买入或贴现受益人交来跟单汇票的银行。议付银行可以是指定的银行，也可以是非指定的银行。

(6) 付款银行。它是指信用证上指定的付款银行。如果信用证未指定付款银行，开证银行即为付款银行。

信用证的当事人除上述 6 个之外，根据需要还可以涉及的当事人有保兑行、偿付行、承兑行与转让行等。

2. 信用证方式支付的一般程序

(1) 开证申请人（进口商）按照合同规定向当地银行提出申请，并交纳若干押金（或担保）和开证手续费，要求银行（开户银行）向出口商开出信用证。

(2) 开证银行开出信用证并将其交给出口商所在地的通知银行。

(3) 通知银行接到信用证并经审查核实无误后将其转交受益人（出口商）。

(4) 受益人对照合同核对信用证无误后，按规定条件装运货物。

(5) 出口商发货后，备妥信用证规定的各项单据连同汇票在信用证有效期内送请当地银行（议付行）议付。

(6) 议付银行将单据与信用证核对无误后，按汇票金额扣除利息和手续费将货款垫付给出口商，即为议付。

(7) 议付银行将单据等寄交开证行或其指定的付款银行要求付款。

(8) 开证银行审核汇票、单据无误后，付款给议付银行，同时通知进口商付款赎单。

(9) 开证申请人付款并取得装运单据，凭以向承运人提货。

(三) 信用证的特点

信用证支付方式具有以下主要特点：

1. 信用证是一项独立文件

信用证虽以贸易合同为基础，但它一经开立，就成为独立于贸易合同之外的另一种契约。贸易合同是买卖双方之间签订的契约，只对买卖双方有约束力；信用证则是开证行与受益人之间的契约，开证行和受益人以及参与信用证业务的其他银行均应受信用证的约束，但这些银行当事人与贸易合同无关，故不受合同的约束。对此，《跟单信用证统一惯例》（UCP600）第 4 条明确规定："就性质而言，信用证与可能作为其依据的销售合同或其他合同，是相互独立的交易。即使信用证中含有对此类合同的任何援引，银行也与该合同无关，且不受其约束。"

2. 开证行是第一性付款人

信用证支付方式是一种银行信用，由开证行以自己的信用作出付款保证，开证行提供的是信用而不是资金，其特点是在符合信用证规定的条件下，首先由开证行承担付款责任。《跟单信用证统一惯例》（UCP600）第 2 条明确规定，信用证是一项约定，无论其如何命名或描述，该约定不可撤销并因此构成开证行对于相符提示予以兑付的确定承诺。

3. 信用证业务处理的是单据

《跟单信用证统一惯例》（UCP600）第 5 条明确规定："银行处理的是单据，而不是单据所涉及的货物、服务或其他行为。"可见，信用证业务是一种纯粹的凭单据付款的单据业务。该惯例在第 15 条对此作了进一步的规定和说明，就是说，只要单据与单据相符、单据与信用证相符，能确定单据在表面上符合信用证条款，银行就得凭单据付款。因此，单据成为银行付款的唯一依据，这也就是说，银行只认单据是否与信用证相符，而"对于任何单据的形式、完整性、准确性、真实性、伪造或法律效力，或单据上规定的或附加的一般及/或特殊条件，概不负责任"，对于货物的品质、包装是否完好，数（重）量是否完整等，也不负责任。所以，在使用信用证支付的条件下，受益人要想安全、及时收到货款，必须做到"单单一致""单证一致"。

（四）信用证的种类

信用证的种类很多，从其性质、用途、期限、流通方式等不同角度，可分为：

1. 跟单信用证和光票信用证

这是根据信用证项下是否随附货运单据划分的。

跟单信用证（documentary credit）是指凭跟单汇票或仅凭单据付款的信用证。由于货运单据代表着货物的所有权，控制单据就意味着控制了货物，故国际贸易结算中使用的信用证绝大部分是跟单信用证。光票信用证（clean credit）是凭不附货运单据的汇票付款的信用证。

2. 不可撤销信用证和可撤销信用证

这是根据开证行付款保证的性质划分的。

可撤销信用证（revocable L/C）是指开证行对所开信用证不必征得受益人同意有权随时修改或撤销的信用证。不可撤销信用证（irrevocable L/C）指信用证一经开出，在有效期内，非经信用证有关当事人同意，开证行不能片面修改或撤销的信用证。由于不可撤销信用证对受益人较有保障，所以在国际贸易结算中使用最多。

3. 保兑信用证和不保兑信用证

这是根据对信用证是否加以保证兑付货款的角度划分的。

保兑信用证（confirmed credit）是指开证行开出不可撤销的信用证以后，再由另一家银行加具保函，对符合信用证条款的单据履行付款。对信用证加具保兑的银行称为保兑行。保兑行一经保兑，就和开证行一样承担付款责任。所以，保兑信用证是一种双重保证的信用证，对出口方安全收汇是非常有利的。不保兑信用证（unconfirmed credit）是未经保兑的信用证，即一般的不可撤销信用证。

4. 即期信用证和远期信用证

这是根据付款期限的不同划分的。

即期信用证（sight credit）是开证行或付款行收到符合信用证条款的汇票和单据后，立即履行付款义务的信用证。

远期信用证（usance credit）是开证行或付款行收到符合信用证的单据时，不立即付款，而是等到汇票到期履行付款义务的信用证。

5. 可转让信用证与不可转让信用证

这是根据受益人对信用证权利可否转让来划分的。

可转让信用证（transferable credit）是指开证行授权通知行，在受益人要求下，可将信用证的全部或一部分金额转让给一个或数个第二受益人，即受让人。这种信用证的第一受益人通常是中间商，而第二受益人则通常是实际供货人。可转让信用证必须注明“可转让”字样，否则只能作为不可转让信用证使用。不可转让信用证（non-transferable credit）是指受益人不得将所持信用证的权利转让给任何人的信用证。

6. 循环信用证

当买卖合同的交易数量较大，需要在较长的一段时间内分期分批交货时，如分批开证，不仅要增加买方的开证费用，而且卖方不能获得收取全部货款的银行保证。对此种交易，可使用循环信用证。循环信用证（revolving credit）是指受益人在一定时间内使用完规定的金额后，可以重新恢复信用证原金额再度使用，直至达到规定的时间、次数或余额为止的信用证。它与一般信用证的不同之处在于它可以多次循环使用，而一般信用证在使用后即告失效。

循环信用证主要是用于长期或较长期内分批交货的供货合同。使用这种信用证，买方可节省开证押金和逐单开证的手续及费用，卖方也避免了等证、催证、审证的麻烦，因而有利于买卖双方业务的开展。

7. 对背信用证

对背信用证（back to back credit），又称背对背信用证或从属信用证（subsidiary credit，secondary credit），是指中间商收到进口方开来的信用证后，要求该证的通知行或其他银行，以原证为基础另开立一张内容近似的新证给供货人，另开的新证称为对背信用证。

8. 对开信用证

在以一种出口货物交换另一种进口货物，货款需要逐笔平衡时，交易双方互相开立的信用证为对开信用证（reciprocal credit）。当交易双方进行互有进出口和互有关联的对等交易时，可使用对开信用证，即双方都对其进口部分向对方开出信用证。对开信用证的特点是两张信用证互相联系、互相约束、互为条件。任何一张信用证的开证人和受益人分别为另一张信用证的受益人和开证人；任何一张信用证的开证行通常就是另一张信用证的通知行；两证的金额大致相等；两证往往同时生效。对开信用证多用于易货贸易、补偿贸易和来料加工、来件装配等业务。

9. 预支信用证

预支信用证（anticipatory credit，prepaid credit）是开证行授权付款行，允许出口商在装货交单前支取全部或部分货款的信用证。这种信用证与其他信用证相反，是受益人收款在前而交单在后。等货运单据交到付款行后，付款行再扣除预交货款本息。为引人注目，这种预交货款的条款常用红字打出，故习惯称为“红字条款信用证”。不过，现在信用证的预支条款并非都是用红字表示，但效力相同。

10. 备用信用证

备用信用证（standby L/C）是代表开证行对受益人承担一项义务的凭证。备用信用证是一种特殊形式的信用证，实际上是银行保函性质的支付承诺：支付债务人承担的负债；债务不履约时负责偿付。备用信用证是美国创造的，是在债务出现违约时使用的信用证。

11. 付款信用证、承兑信用证和议付信用证

付款信用证（payment credit）、承兑信用证（acceptance credit）、议付信用证（negotiation credit）分别是指采用即期或延期付款、承兑、议付来使用信用证金额的信用证。

四、西联汇款

西联汇款是西联国际汇款公司（Western Union）的简称，是世界上领先的特快汇款公司，迄今已有150年的历史，它拥有全球最大最先进的电子汇兑金融网络，代理网点遍布全球200多个国家和地区。西联汇款是美国财富五百强之一的第一数据公司（FDC）的子公司。中国光大银行、中国邮政储蓄银行、中国建设银行、中国农业银行、浙江稠州商业银行、吉林银行、哈尔滨银行、福建海峡银行、烟台银行、龙江银行、温州银行、徽商银行、浦发银行等多家银行是西联汇款中国合作伙伴。

（一）汇款

西联汇款有三种汇款方式可供选择：合作银行网点汇款、电子渠道（网上银行和手机银行）汇款。

办理汇款需到西联合作网点，填写汇款人的详细信息，其余的工作由西联完成。西联汇款在全球共有500 000多个合作网点，遍及200多个国家和地区，所以很可能在附近的银行或邮局就设有办事处。

1. 填写汇款表单

填写提供的表单，然后向合作伙伴出示身份证或其他证件。

西联汇款还提供直接到账汇款服务，即新加坡的客户可以汇款到中国的银行卡账户。汇款人应在新加坡的某一西联合作网点填写直接到账汇款表单，并提供收汇人的必要信息，包括收汇人的姓名、电话号码及银行卡账户信息（包括银行名称和银行卡号码）。

2. 支付汇款手续费

将要汇出的款额连同必要的服务费用一起交给合作伙伴。

3. 签名并接收收据

在确认收据上的所有信息均无误之后，需要签署一张收据。收据所打印的内容之一是

汇款人的汇款监控号码（MTCN）。汇款人可使用 MTCN 联机（在网上）跟踪汇款的状态。

4. 通知收款人

与汇款人的收款人取得联系，将一些必要信息告诉他/她，如汇款人姓名、汇款金额、汇款监控号码和汇款国家/地区。直接到账汇款服务——新加坡的客户可以汇款到中国的银行卡账户，如收汇人第一次使用直接汇款至中国的银行卡账户的服务，则应在中国时间早 8：00 和晚 8：00 之间拨打中国服务热线核实如下信息：

（1）收汇人的中文姓名和汇款监控号码。

（2）收汇人的有效身份证号码。

（3）收汇银行名称和银行卡账号。

同一收汇人第一次使用直接到账汇款服务以后，再次使用时则不需再拨打中国服务热线核实必要信息。但如果收汇人的必要信息有所改变（例如，汇款至同一银行的另一银行卡账户），则需要拨打中国服务热线，核实其必要信息。

5. 跟踪汇款

转到西联网站主页上的“跟踪”链接后，可通过键入汇款人姓名的拼音和汇款监控号码来跟踪汇款的状态。

6. 检查汇款的状态

还可以拨打中国地区服务热线来了解汇款状态。

查询直接到账汇款服务（西联只提供从新加坡汇至中国的该汇款服务），请拨打中国地区服务热线。

请注意：

（1）在某些国家/地区尚未提供汇款服务，客户只能接收汇款。

（2）受限于适用的电话服务商的费用（如有）。

（3）首次采用直接到账汇款服务的收汇人需拨打中国服务热线核实发汇人信息（如发汇人的姓名、汇款监控号码和发出汇款的国家）及收汇人信息（如收汇人的姓名、电话号码和银行账户信息）。

（4）收汇人首次直接到账汇款交易通常需要 24～72 小时到达收汇人的银行账户，但受限于收汇人与中国服务热线确认必要信息的时间、银行营业时间、银行和当地的节日，以及其他限制。

（5）发汇人提供的收汇人姓名和银行卡账户信息必须和到达银行记录的收汇人信息完全一致。若提供的信息不符，或发汇人提供不完整或难于辨认的银行信息或银行卡号码，汇款将无法到达银行卡账户。在此种情况下，西联将向发汇人退回汇款金额但仍收取汇款手续费。

（6）如果收汇人被要求核实其必要信息，但在第三个银行工作日（自发汇之日起算）中国时间下午四点前仍未进行信息核实，汇款将被拒绝。

（7）采用直接到账汇款服务汇款至不同银行卡账户（包括同一银行的不同卡账户），收汇人均需拨打中国服务热线核实各不同银行卡账户的必要信息。

（8）西联汇款或合作伙伴不会通知发汇人及收汇人汇款已经到达指定的银行卡账户。

（9）如果是向国外汇款，除手续费外，西联通过将当地货币兑换成外国货币时所产生的汇差获利。

（二）取款

西联汇款有四种收款方式可供选择：合作银行网点收款、电子渠道（网上银行和手机银行）收款、直接到账收款服务。

1. 确认款项

在前往西联合作网点之前，请确保汇款已经可以提取。可以直接联系汇款人进行确认，也可在网上跟踪汇款状态。

直接到账汇款服务核实如下信息：

（1）收汇人的中文名字。

（2）汇款监控号码。

（3）收汇人的有效身份证号码。

（4）收汇银行的名称和银行卡账号。

同一收汇人此后通过同一银行卡账户使用直接到账汇款服务，则不需再拨打中国服务热线核实必要信息。但如果收汇人的必要信息有所改变（如汇款至同一银行的另一银行卡账户），则需要拨打中国服务热线，核实其必要信息。

2. 前往合作网点

切记携带以下信息：汇款人的姓名（包括姓、中间名和名）、汇款国家/地区、汇款金额、汇款监控号码、带有照片的身份证。

3. 填写表单

只需填写该表单并向合作伙伴提供汇款监控号码和带有照片的身份证。

4. 签署收据

合作网点将会给收汇人一张收据，收汇人阅读其全部内容后在上面签名。

5. 取款

合作伙伴随后会将款额连同收据一同交给收汇人。交易完成。

第三节　跨境电子商务线上支付

一、信用卡收款

跨境电商平台可通过与维萨卡、万事达卡等国际信用卡组织合作，或直接与海外银行合作，开通接收海外银行信用卡支付的端口。

优点：是欧美最流行的支付方式，信用卡的用户人群非常庞大。

缺点：接入方式麻烦，需预存保证金，收费高昂，付款额度偏低。黑卡蔓延，存在拒付风险。

适用范围：从事跨境电商零售的平台和独立 B2C 平台。目前国际上五大信用卡品牌为维萨卡、万事达卡、美国运通卡、JCB、大莱卡，其中前两个信用卡为大家广泛使用。

二、PayPal

PayPal 与支付宝类似，在国际上知名度较高，是很多国家客户的常用付款方式。它允许在使用电子邮件来标识身份的用户之间转移资金。

优点：交易完全在线上完成。适用范围广，尤其受美国用户信赖。收付双方必须都是 PayPal 用户，以此形成闭环交易，风控好。

缺点：PayPal 用户消费者（买家）利益大于 PayPal 用户商户（卖家）利益，交易费用主要由商户提供，对消费者过度保护；电汇费用较高，每笔交易除手续费外还需要支付交易处理费；账户容易被冻结，使商家利益受损失。

适用范围：跨境电商零售行业，几十到几百美元的小额交易更划算。

三、CashPay

优点：加快偿付速度（2～3 天），结算快；支持商城购物车通道集成；提供更多支付网关的选择，支持以商家喜欢的币种提现。

缺点：在中国市场知名度不高。

安全性：有专门的风险控制防欺诈系统 Cashshield，一旦出现欺诈 100%赔付。降低退款率，专注客户盈利，资料数据更安全。

特点：安全，快速，费率合理，第三方支付行业数据安全标准（PCIDSS）规范，是一种多渠道集成的支付网关。

四、Moneybookers

优点：安全，因为是以电子邮件为支付标识，付款人不需要暴露信用卡等个人信息；只需要电子邮箱地址就可以转账；客户必须激活认证才可以进行交易；可以通过网络实时地进行收付款。

缺点：不允许客户多账户，一个客户只能注册一个账户；目前不支持未成年人注册，需年满 18 岁才可以注册账户。

安全性：登录时以变形的数字作为登录手续，以防止自动化登录程序对账户的攻击；只支持高安全级别——128 位加密的行业标准。

五、Payoneer

Payoneer 是一家总部位于纽约的在线支付公司，主要业务是帮助其合作伙伴将资金下发到全球，同时也为全球客户提供美国银行/欧洲银行收款账户，用于接收欧美电商平台和企业的贸易款项。

优点：便捷，使用中国身份证即可完成 Payoneer 账户在线注册，并自动绑定美国银

行账户和欧洲银行账户；合规，像欧美企业一样接收欧美公司的汇款，并通过 Payoneer 和中国支付公司的合作完成线上的外汇申报和结汇；便宜，电汇设置汇款费单笔封顶价，人民币结汇最多不超过 2%。

适用范围：单笔资金额度小但是客户群分布广的跨境电商网站或卖家。

六、ClickandBuy

ClickandBuy 是独立的第三方支付公司，收到 ClickandBuy 的汇款确认后，在 3～4 个工作日内会收到货款。每次交易金额最低 100 美元，每天最高交易金额 10 000 美元。如果客户选择通过 ClickandBuy 汇款，则可以通过 ClickandBuy 提款。客户和商家保留选择通过 ClickandBuy 退款的权利。

七、Paysafecard

Paysafecard 主要是欧洲游戏玩家的网游支付手段，是一种银行汇票，购买手续简单而安全。在大多数国家，其大多可以用在报摊、加油站等场所。用户用 16 位账户数字完成付款。要开通 Paysafecard 支付，需要有企业营业执照。

八、WebMoney

WebMoney 是俄罗斯最主流的电子支付方式，在俄罗斯各大银行均可自主充值取款。

九、CashU

CashU 主要用于支付在线游戏、VoIP 技术、电信和 IT 服务，以及实现外汇交易。CashU 允许用户使用任何货币进行支付，但该账户将始终以美元显示资金。CashU 现已为中东和独联体广大网民使用，是中东和北非地区运用最广泛的电子支付方式之一。

十、LiqPay

LiqPay 是一个小额支付系统。其一次性付款不超过 2 500 美元，且立即到账，无交易次数限制。LiqPay 以客户的移动电话号码为标识。账户存款以美元为单位，所以如果你存入另一种货币，它将根据 LiqPay 内部的汇率进行折算。

十一、Qiwi Wallet

Qiwi Wallet 是俄罗斯最大的第三方支付工具。它使客户能够快速、方便地在线支付水电费、手机话费，以及网购费用。它还能用来偿付银行贷款。

十二、NETeller

NETeller（在线支付方式或电子钱包）免费开通，全世界有数以百万计的会员选择了NETeller的网上转账服务。

案例　　亚马逊收款方式选择分析

很多亚马逊卖家在没有销量的时候为销量发愁，有销量的时候发现收款提现也挺麻烦，不知道如何选择收款方式，今天这里为卖家们对比亚马逊收款最常用的几种提现方式。

目前市面上最重要的五种亚马逊收款方式是美国银行账户、香港银行账户、World First、Payoneer和PingPong金融。

一、发展历史

Payoneer，简称P卡，是一家在2005年于美国成立的跨境资金下发公司，是亚马逊目前官方推荐的收款方式，提供全球支付解决方案，还可以像美国公司一样接收美国B2B资金。

World First，简称WF卡，是一家在2004年于英国成立的外汇兑换公司。

PingPong金融是一家在2014年成立的国内首家跨境收款平台，专注于为中国跨境电商提供亚马逊收款服务。

二、安全性

Payoneer公司持有美国货币兑换（Money Transmitter）执照，并在美国金融犯罪执法局（FinCEN）注册为MSB（Money Service Business，货币服务企业）以及国际万事达卡组织授权的服务商。

World First的母公司World First UK公司是由英国金融行为监管局（FCA）依据《2011年电子货币条例》授权发行电子货币的（许可证号：900508)。(FCA是英国金融投资服务行业的中央监管机构，负责监管银行、保险以及投资业务。)

PingPong金融总部位于杭州，按照央行和外管局的监管要求开展业务。PingPong金融拥有注册于纽约的金融服务子公司（PingPong Global Solutions)，接受美国金融犯罪执法局的监管。PingPong金融是一家在2014年成立的国内首家跨境收款平台，专注于为中国跨境电商提供亚马逊收款服务。

三、开户

(1) 美国银行账户开户需要本人到美国或找中介公司代理注册美国公司，然后开通美国银行账户。整个周期需要一个月以上，且费用为1万～3万人民币。

(2) 香港银行账户目前个人开户已经比较难。由于大量个人账户用于接收境外的商业款项，因此，香港各银行严控严查内地个人开户。公司开户需先注册香港公司，费用为几千元人民币，周期在一个月以上。

(3) World First 目前开户非常灵活，账户分为两种，即个人账户和公司账户，个人账户持个人身份证即可开通，公司账户需提交公司营业执照方能开通。开通时间一般在1～3天。World First 支持开通美元、英镑、欧元、加元、日元五个币种账户。开户过程全免费。

(4) Payoneer 目前开户也比较灵活，可开通个人账户和企业账户。Payoneer 提供美元账户、欧元账户、英镑账户、日元账户四个收款账户，可以分别从美国、欧盟、英国和日本公司接收资金。一般情况下，开通 Payoneer 账户时就默认开通美元、英镑、欧元、日元四个币种账户。

(5) PingPong 金融目前仅支持开通美元账户。亚马逊现在暂时只能注册企业账户，Wish 可支持开通个人账户和企业账户。

亚马逊各种收款方式对比可见表1。

表1　　亚马逊收款方式对比

名称	美国银行账户	香港银行账户	World First	Payoneer	PingPong 金融
提现人民币	×	×	√	√	√
注册费	1万～3万元人民币注册美国公司的费用	500～5 000 元人民币不等注册香港公司的费用	免费	免费	免费
入账费	无	3%～5%兑换成港币的费用（亚马逊资金需要强制兑换成港币）	无	无（累积入账 20 万美元以下的，只有美元入账收1%）	无
提现费用	45 美元/笔	与具体银行有关	1%～2. 5%	最高 2%，根据累计入账量可调低至 1%	最高 1%，提现越多越便宜
年费	有	有	无	无，有实体卡才有年费	无
直接收取	否	否	是	是	是
支持币种	仅支持美元	均需要先兑换成港币	美元、欧元、加元、英镑、日元	美元、欧元、英镑、日元	仅支持美元
提现速度	7 个工作日内	7 个工作日内	1～3 个工作日	1～3 个工作日	1 个工作日，最快可当天到账
备注	需要注册美国公司	强制兑换成港币，有美元账户也需先兑换成港币	最低费用仅 2.5%	总费用最低 1%	最高费率 1%，无任何汇损

四、卡的性质

在 Payoneer，可以开通无卡账户，也可以申请实体卡用于海外消费；而在 World First 和 PingPong 金融均只能开通无卡账户；在美国银行账户和香港银行账户只能开通实体卡。这里所述的无卡账户，均是指虚拟账号。

五、年费与转账费率

Payoneer、World First、PingPong 金融三家收款账户均可通过登录各自官网进行网上自助转款，但在转账费率方面存在区别，具体如下：

1. Payoneer 的年费与转账费率

（1）Payoneer 实体卡收费。Payoneer 实体卡账户管理费每年 29.95 美元。没有申请实体卡的则无须收取年费。Payoneer 实体卡可在国内 ATM 取现，但跨境提现费用较高。如无须要则无须办理实体卡，同时也不建议在境内提现或刷卡。

（2）Payoneer 无卡账户收费。美元账户入账收 1%费用，其他账户免费入账；在提现费用方面，全部账户（美元账户、欧元账户，英镑账户、日元账户）均收取 2%的转账费率，最低可至 1%；无汇损。

2. World First 的年费与转账费率

（1）World First 卡无年费，卖家登录 World First 卡后台提现的手续费用为 1%～2.5%；无汇损。

（2）如果是通过 World First 的客户经理提现，除了要收取 1%～2.5%的手续费用以外，当英镑或欧元的单笔转账金额小于 500 英镑或欧元时，需收取 10 英镑或欧元费用；当美元和加元的单笔转账金额小于 1000 美元或加元时，需收取 30 美元或加元费用。

3. PingPong 金融的年费与转账费率

PingPong 金融无年费，转款时 1%费用封顶，无其他附加费用，目前是亚马逊全球收款费率最低的收款账户。

六、注册地址

（1）Payoneer 官网申请注册地址为：https：//www. payoneer. com/zh/。

（2）World First 官网申请注册地址为：https：//www. worldfirst. com/cn/online-sellers/。

（3）PingPong 金融官网申请注册地址为：https：//www. pingpongx. com/zh/index. html。

七、注册后是否提供多个子账户

假设在亚马逊开店的卖家在同一个站点运营两个店铺，如果都用同一个收款账户容易引起关联，所以就需要有两个美元账户分开收款，那么 Payoneer、World First、PingPong 金融都支持多个收款账户吗？答案是支持的，详情如下。

1. Payoneer

（1）针对美国站，卖家如有需要，可以向 Payoneer 公司申请多个美元账户（类似子账户，可以在账户里添加备注防止弄混），分开绑定亚马逊店铺，只要卖家没有操作失误是不会关联的。

（2）欧洲站和英国站需要 KYC（了解客户）审核，同一个站点只能一个公司对应一个店铺和一个 Payoneer，子账户无意义。

2. World First

卖家如有需要，可向 World First 公司申请多个美元账户，分开绑定亚马逊店铺，并且不关联，但只针对美国站。

3. PingPong 金融

注册时提供店铺链接，成功绑定 PingPong 金融账户后，PingPong 金融会给卖家的亚马逊店铺分配不同的唯一美国银行收款账户。为了防止关联，卖家在绑定店铺时，需要在常登录亚马逊店铺的电脑上进行操作。而且要等主账号审核通过后才能申请子账号，并且千万不能绑定错误。

八、其他说明

1. 关于 Payoneer

(1) 从 Payoneer 提款，到银行最低 50 美元起提，VIP 客户有自动提现功能，设定好提现频次和金额后即可自动提现到银行账户。

(2) 用 Payoneer 公司账户只能提现到注册公司对公账户或者法人、股东的个人银行账户。

(3) 如有需要，个人和公司账户都可以申请实体卡。这属于附加服务，收取 29.95 美元的年费。

2. 关于 World First

(1) World First 卡无须缴纳年费，没有有效期限制，没有提款额度限制。

(2) 以个人名义申请的 World First 卡只可以提款到申请人的银行账户；以公司名义申请的 World First 卡只能提款到公司银行账户，不能提款到任何私人银行账户。

3. 关于 PingPong 金融

PingPong 金融可以提出美元，也可以提出人民币。如果是提美元到香港公司或内地公司的对公账户，内地公司必须要有进出口资质证明，并且 10 000 美元起提；如果是提人民币到内地公司的对公账户或者企业法人的个人账户，则 500 美元起提，而且接收金额的账户必须是借记卡，不能是信用卡。

关键术语

跨境支付　支付机构　线下支付　线上支付

复习思考题

1. 简述跨境电商平台及其主要支付方式。
2. 简述跨境电商的国际结算风险。
3. 简述信用证方式支付的一般程序。
4. 简述 Paypal 支付方式的适用范围及其优缺点。

第九章

跨境电子商务法律法规

跨境电子商务的迅速发展给企业带来了巨大的经济效益，同时跨境电子商务交易流程各个环节也面临着一系列的法律法规问题，如知识产权保护问题、消费者权益保护问题等。相关法律法规的出台不仅推动了整体跨境电子商务的健康发展，也让从业企业在业务流程、企业同税等方面获得了有力保障。

当前，我国跨境电商涉及的法律、法规、规范、文件包括三类：第一类是电子商务活动相关的法律、法规，重点在于关于电子商务本身的一般性法律问题，从本质上讲，跨境电子商务也属于电子商务，其关键在于信息技术应用带来的新模式；第二类是跨境电商涉及的贸易、商务、运输类法律法规，主要是针对跨境电商活动中的跨境贸易属性，解决涉及跨境贸易的基础问题；第三类是跨境监管涉及的有关法律规范，主要是针对跨境电子商务中的通关、商检、外汇、征税等问题，此类法规对跨境电商交易具有约束作用。

第一节　电子商务相关法律法规

跨境电商作为电子商务跨越国境的一种延伸商业活动，仍需遵守电子商务的相关法律法规。我国电子商务活动涉及的主要法律法规包括以下方面。

一、电子商务登记、准入、认定相关法律制度

此类法律制度主要以部门规章或规范性指导文件的形式存在，对参与交易的企业以及各类第三方服务商都有一定的登记和准入要求，个人准入条件则比较模糊。若涉及设立网站行为，应主要依据《中华人民共和国电信条例》[2000 年 9 月 25 日中华人民共和国国务院令第 291 号公布，根据 2016 年 2 月 6 日《国务院关于修改部分行政法规的决定》（国务院令第 666 号）第二次修订] 和《互联网信息服务管理办法》（2000 年 9 月 25 日中华人民共和国国务院令第 292 号公布，根据 2011 年 1 月 8 日《国务院关于废止和修改部分行政法规的决定》修订）进行审批和登记。从参与交易或服务经营的角度，应符合《网络交易管理办法》（2014 年 1 月 26 日国家工商行政管理总局令第 60 号公布）。电子商务各项活动的

参与者应参照《电子商务模式规范》（商务部公告 2009 年第 21 号）中关于成立、注册、身份认定审核的条件。第三方平台服务商还需要符合《第三方电子商务交易平台服务规范》（商务部公告 2011 年第 18 号）的其他准入条件。

二、电子商务合同、签名、认证相关法律

目前，电子商务合同主要参照《中华人民共和国合同法》中的相关条文。电子商务合同中的多数内容可以在《中华人民共和国合同法》中找到对应的条文，其他如点击合同、确认规则等问题应借鉴国际上有关电子商务法律所规定的关于电子商务合同的条文，如联合国《电子商务示范法》和美国《统一计算机信息交易法》等。我国已出台了《中华人民共和国电子签名法》（中华人民共和国第十届全国人民代表大会常务委员会第十一次会议于 2004 年 8 月 28 日通过，自 2005 年 4 月 1 日起施行，2019 年 4 月 23 日第十三届全国人民代表大会常务委员会第十次会议修正），对规范电子签名行为、确立电子签名的法律效力、维护有关各方的合法权益作出了详细规定。

三、电子商务支付相关法律

电子商务支付主要参照的文件是《电子支付指引（第一号）》（中国人民银行公告〔2005〕第 23 号），该文件为规范电子支付业务、防范支付风险、保证资金安全、维护银行及其客户在电子支付活动中的合法权益、促进电子支付业务健康发展起到了积极作用。

四、知识产权、安全隐私、消费者权益保护类相关法律

知识产权相关的法律除遵守一般的《中华人民共和国商标法》《中华人民共和国著作权法》《中华人民共和国专利法》等相关规定外，还需要参照一些关于域名管理、网络信息传播管理的有关规定。

保护安全隐私类的法律主要涉及《中华人民共和国宪法》《中华人民共和国刑法》《中华人民共和国民法》《中华人民共和国侵权责任法》等法规。我国宪法没有对隐私权作出明确直接的保护性规定，但间接地从其他方面对公民的隐私权不容侵犯给予了确认。《中华人民共和国刑法》主要是通过追究侵害隐私权行为的刑事责任来实现对隐私权的保护。《中华人民共和国民法》，在所有保护隐私权的法律法规层面中，是对隐私权的保护最充分最完整的法律。《中华人民共和国民法》对隐私权的保护主要体现在三个方面：一是对公民的民事权利尤其是人身权进行原则性规定，确立了公民隐私权不容侵犯的民法保护精神；二是通过确定侵害隐私权的民事责任而实现对隐私权的保护；三是通过法律解释明确对隐私权的保护。《中华人民共和国侵权责任法》根据我国国情及国外有关资料，列出了可归入侵犯隐私权范畴的行为。

消费者权益保护类法律主要是《中华人民共和国消费者权益保护法》，主要保护消费者的合法权益，维护社会经济秩序，促进社会主义市场经济健康发展。该法调整的对象是

为生活消费需要购买、使用商品或者接受服务的消费者和为消费者提供其生产、销售的商品或者提供服务的经营者之间的权利义务关系。

我国电子商务类法律法规可见表 9-1。

表 9-1　　电子商务类法律法规

类型	名称
法律	《中华人民共和国电子签名法》
法律	《中华人民共和国侵权责任法》
规章	《电子支付指引（第一号）》
法规	《中华人民共和国电信条例》
法规	《互联网信息服务管理办法》
规章	《网络交易管理办法》
规章	《第三方电子商务交易平台服务规范》
规章	《电子商务模式规范》
法律	《中华人民共和国合同法》

第二节　跨境电子商务贸易、商务、运输、知识产权相关法律法规

一、规范对外贸易主体、贸易规范、贸易监管的一般性法律

很多跨境电子商务的参与者具有贸易主体的地位，因而对跨境电子商务而言，其仍然适用于货物贸易的情形，在这方面，我国最重要的立法是《中华人民共和国对外贸易法》。修订后的《中华人民共和国对外贸易法》，规范了贸易参与者、货物进出口、贸易秩序、知识产权、法律责任等。该法从根本上确立了从事货物进出口或者技术进出口的对外贸易经营者，应当向国务院对外贸易主管部门或者其委托的机构办理备案登记、对货物进出口的许可管理和监督、保护知识产权等措施。针对外贸经营者的备案登记，我国自 2004 年 7 月 1 日起开始施行《对外贸易经营者备案登记办法》，规范了登记需要递交的材料和审核细节。为了规范货物进出口管理，维护货物进出口秩序，促进对外贸易健康发展，我国还制定了《中华人民共和国货物进出口管理条例》（中华人民共和国国务院令第 332 号，自 2002 年 1 月 1 日起施行），具体规定了对禁止进出口、限制进出口、自由进出口等的管理措施。

二、贸易合同方面的法律

跨境电商的合约除了电子合同的属性外，还具有贸易合同的性质。当前国际上通行的公约是《联合国国际货物销售合同公约》，该合约实际规范的是一般贸易形态的，商业主体之间的，非个人使用、非消费行为的货物销售合同订立。合约的主要内容包括合同的订立、买方和卖方的权利义务、买方和卖方违反合同时的补救办法、风险转移的几种情况，明确了根本违反合同和预期违反合同的含义以及当这种情况发生时，当事人双方所应履行

的义务等。此外，也应参照《中华人民共和国合同法》进行规范。《中华人民共和国合同法》不仅规范了销售合同，而且对商事代理方面的合同行为提出了专门的条款，对运输过程中的问题也有相应规定。

三、知识产权方面的法律和规范

跨境电子商务活动中涉及的交易商品要遵守知识产权保护的法律和规范，主要涉及商品的专利、商标、著作权保护等问题。为了保护知识产权，我国相继出台了《中华人民共和国专利法》、《中华人民共和国商标法》和《中华人民共和国著作权法》。为了与国际接轨，我国于1985年加入《保护工业产权巴黎公约》，1989年加入《商标国际注册马德里协定》，在2001年加入WTO后，也接受《与贸易有关的知识产权协定》的约束。这些法律和规范详细规定了知识产权的性质、实施程序和争议解决机制。

四、跨境运输方面的法律法规

跨境电商交易后期必然会涉及跨境物流、运输问题，因而会涉及海洋运输、航空运输方面的法律，此类法律包括《中华人民共和国海商法》、《中华人民共和国民用航空法》和《中华人民共和国国际货物运输代理业管理规定》。这些法律法规对承运人的责任、交货提货、保险等事项作了具体规定，同时也对国际贸易中的货物运输代理行为作了规范，厘清了代理人作为承运人的责任。这部分的法律规范同时还需要参照《中华人民共和国合同法》，解决代理合同当中委托人、代理人、第三人之间的责任划分问题。货运代理的代理人身份和独立经营人/合同当事人的双重身份也需要参照《中华人民共和国合同法》进行规范。跨境电商贸易、商务、运输、知识产权类法律法规参见表9-2。

表9-2　　跨境电商贸易、商务、运输、知识产权类法律法规

类型	名称	业务
法律	《中华人民共和国对外贸易法》	对外贸易
规章	《对外贸易经营者备案登记办法》	对外贸易
法规	《中华人民共和国货物进出口管理条例》	对外贸易
国际公约	《联合国国际货物销售合同公约》	对外贸易
法律	《中华人民共和国合同法》	商事合同
法律	《中华人民共和国海商法》	商事海事
法律	《中华人民共和国民用航空法》	商事运输
法律	《中华人民共和国知识产权法》	知识产权
法律	《中华人民共和国商标法》	知识产权
法律	《中华人民共和国产品质量法》	质量责任
国际公约	《保护工业产权巴黎公约》	知识产权
法律	《中华人民共和国专利法》	知识产权
法律	《中华人民共和国著作权法》	知识产权

第三节　跨境电子商务监管相关法律法规

跨境电商交易仍然需受到跨境贸易监管部门的监管，主要涉及通关、商检、外汇、税收方面的法律法规。

一、通关方面的法律法规

跨境电子商务所涉及的物品需要经过海关的查验。我国 1987 年出台了《中华人民共和国海关法》，此后历经五次修正，并通过《中华人民共和国海关企业分类管理办法》《中华人民共和国海关行政处罚实施条例》进一步细化相关细节。《中华人民共和国海关法》涉及海关的监管职能，对进出境运输工具、进出境货物、进出境物品、关税、海关事务担保、执法监督、法律责任等方面都作出了具体规定。《中华人民共和国海关企业分类管理办法》于 2011 年 1 月 1 日起施行，该办法对海关管理企业实行分类管理，对信用较高的企业采用便利通关措施，对信用较低的企业采取更严密的监管措施。此外，在通关环节，加强了知识产权的海关保护，出台了《中华人民共和国知识产权海关保护条例》及其实施办法。针对空运快件、个人物品邮件增加的情况，也出台了一些专门的管理办法，如《中华人民共和国海关对进出境快件监管办法》以及海关总署公告 2010 年第 43 号《关于调整进出境个人邮递物品管理措施有关事宜》等。

二、商检方面的法律法规

跨境电子商务交易的较多货物都需要通过商检的检验环节，目前依据的主要法律是《中华人民共和国进出口商品检验法》。该法于 1989 年 8 月 1 日开始施行，2018 年第三次修订。该法明确规定了商检机构监督管理的内容和范围，对法定检验范围内的出口商品，企业可派检验员参与监督出厂前的质量检验工作；对法定以外的进出口商品可以抽查检验，出口商品经抽查检验不合格的不准出口。明确商检机构和其指定的检验机构可以接受对外贸易关系人和外国检验机构的委托，办理进出口商品鉴定业务。《中华人民共和国进出口商品检验法》还规定了违反该法的法律责任。同时依据《中华人民共和国进出口商品检验法》出台了《中华人民共和国进出口商品检验法实施条例》，对《中华人民共和国进出口商品检验法》的实施拟定了细则。此外，还出台了一些针对邮递和快件的检验检疫细则，如《进出境邮寄物检疫管理办法》和《出入境快件检验检疫管理办法》等。

三、外汇管理方面的法律

跨境电子商务主要涉及向外汇管理部门、金融机构的结汇问题，因此需遵守外汇管理相关法规，参照的主要法律是《中华人民共和国外汇管理条例》。该条例自1996年颁布实施，2008年8月1日国务院第20次常务会议修订通过，自2008年8月5日起施行。《中华人民共和国外汇管理条例》中对经常项目外汇收入与支出、资本项目外汇收入保留或者售卖都作出了规定，这些都会直接影响跨境电子商务的支付问题。

四、税收方面的法律法规

跨境电子商务在进出口和经营环节都面临着征税问题，该类法律法规主要有《中华人民共和国进出口关税条例》，以及涉及出口退税的各类规章制度。《中华人民共和国进出口关税条例》在《中华人民共和国海关法》和国务院制定的《中华人民共和国进出口关税税则》的基础上确定关税征收的具体细则，包括进出口货物关税税率的设置和适用、进出口货物完税价格的确定、进出口货物关税的征收、进境物品进口税的征收等方面。针对跨境电子商务企业的征税和退税问题，税务部门也出台了一些文件。2015年6月，国务院发布《关于促进跨境电子商务健康快速发展的指导意见》，在明确规范进出口税收政策方面，该意见提到将继续落实现行跨境电子商务零售出口税收政策，按照有利于拉动国内消费、公平竞争、促进发展和加强进口税收管理的原则，制定跨境电子商务零售进口税收政策。

跨境电商监管类法律法规见表9-3。

表9-3　跨境电商监管类法律法规

类型	名称	相关业务
法规	《中华人民共和国外汇管理条例》	外汇
法律	《中华人民共和国海关法》	通关
规章	《中华人民共和国海关企业分类管理办法》	通关
法规	《中华人民共和国海关行政处罚实施条例》	通关
法律	《中华人民共和国进出口商品检验法》	商检
法规	《中华人民共和国进出口商品检验法实施条例》	商检
法规	《中华人民共和国进出口关税条例》	通关/税务
法规	《中华人民共和国知识产权海关保护条例》	通关

第四节　世界主要国家和地区跨境电子商务法律法规

一、美国

美国是世界上最早发展电子商务的国家，同时也是全球电子商务发展最为成熟的国家。美国政府出台了一系列法律和文件，采用鼓励投资、税收减免等措施营造促进电子商务发展的政策环境。

美国在电子商务方面制定了《统一商法典》、《统一计算机信息交易法》和《电子签名法》等多部法律，其中，《统一计算机信息交易法》为美国网上计算机信息交易提供了基本的法律规范。《统一计算机信息交易法》属于模范法的性质，本身并没有直接的法律效力，但在合同法律适用方面，比如格式合同法律适用等，融合了意思自治原则和最密切联系原则，可以最大限度地保护电子合同相关人的合法权益。

美国在电商的课税问题上一直坚持税收公平、中性的原则，给予电商一定的自由发展空间。1996 年，美国财政部发表了《全球电子商务选择性的税收政策》，强调税收中性原则、国际税收协调原则、电子商务免税等原则，将互联网宣告为“免税区”。从 1996 年开始，美国实行电子商务国内交易零税收和国际交易零关税政策。1997 年，美国又发布了《全球电子商务纲要》，也称为《全球电子商务框架》报告，再一次明确了美国对于无形商品或网上服务等经由互联网进行的交易全部免税；对有形商品的网上交易，其税赋则参照现行规定。1998 年美国国会通过《互联网免税法案》，这是美国历史上第一个正式的有关网络经济税收方面的法律，该法案明确“信息不应该被课税”，规定三年内禁止对电商课征新税、多重课税或实施税收歧视。2001 年，国会决议延长了该法案的时间，直到 2004 年，美国各州才开始对电子商务实行部分征税政策。2013 年 5 月 6 日，美国通过了关于征收电商销售税的法案——《市场公平法案》，此法案以解决不同州之间在电子商务税收领域划分税收管辖权的问题为立足点，对各州内年销售额达 100 万美元以上的网络零售商征收销售税（在线年销售额不满 100 万美元的小企业享有豁免权），以电商作为介质进行代收代缴，最后归集于州政府。2014 年 7 月，众议院通过了一项被称为“永久性互联网免税法”的法案，用以替代《互联网免税法案》。美国目前仍然沿用对无形商品网络交易免征关税的制度，在税赋上给予电商更多的发展空间。

针对跨境电子商务的监管，美国海关和边境保护局（CBP）是最重要的执法机构，主要负责商品安全、食品健康及知识产权侵权等方面的监管。电子商务交易通过邮寄渠道完成的，对于申报额在 200 美元以下的商品，进口人无须申报，CBP 随机抽检确定价格无误后直接放行；对于价值 2 500 美元以下的商品，CBP 允许以非正式报关的简化形式申报，进口人纳税后可当场放行；对于价值大于 2 500 美元的商品，进口人必须通过正式报关方式向海关申报。跨境电子商务交易通过快递渠道完成的，快递承运人需要替收货人完成海关申报手续并缴纳关税后，才能将商品送达收货人。跨境电子商务通过货运渠道完成的，商品申报价值低于 2 500 美元的，购买人可自行向海关进行申报，商品价值超过 2 500 美元的，一般需通过报关代理正式向海关申报，避免进口人由于不熟悉海关申报程序而造成损失。

美国电商征税历程见表 9-4。

表 9-4　美国电商征税历程

时间	事件
1996 年	实行电子商务国内交易零税收和国际交易零关税政策
1998 年	国会通过《互联网免税法案》
2001 年	国会决议延长该法案时间到 2004 年，美国各州才开始对电子商务实行部分征税政策
2013 年	通过《市场公平法案》，对各州年销售额达 100 万美元以上的网络零售商征收销售税

二、日本

1998 年，日本公布电子商务活动基本指导方针：在税收方面强调公平、税收中性及税制简化原则，避免双重征税和逃税。日本《特商取引法》规定，网络经营的收入也需要缴税，但如果网店的经营是以自己家为单位的，那么家庭的很多开支就可以记入企业经营成本。在这种情况下，如果网店一年经营收入不足 100 万日元，其收入是不足以应付家庭开支的，就可以不用缴税。据统计，日本年收益高于 100 万日元的店主都会自觉地报税。日本自民党和公明党确定的 2015 年度税制改革大纲明确，从 2015 年 10 月起，将对通过互联网购自海外的电子书及音乐服务等征收消费税。一般的做法是将消费税加到商品价格中去，由消费者承担。

2000 年 6 月，日本政府发布《数字化日本之发端——行动纲领》，从国家战略高度对电子商务的发展提出了方向性的意见，从本国国情出发，制定了适宜电子商务发展的政策法规，对电子商务的发展趋势、构筑电子认证系统、明确网络服务提供者的责任、规范网络平台、推进跨境电子商务等问题进行了详尽的论述，并对照欧美的做法提出了适合日本国情的建议。该行动纲领指出，为了发展跨境电子商务，除了要解决语言、税收、汇率等问题外，重点要明确电子合同具有法律认可的效力，合理解决跨境贸易中的合同纠纷。同时，为了克服在语言、司法管辖、适用法律等方面的障碍，该行动纲领建议草拟出适合跨境电子商务的格式合同文本，并建立不同于司法审判的其他更为便捷的纠纷处理机制。

三、欧盟

作为世界经济领域中最有力的国际组织，欧盟在电商领域的发展一直处于世界领先水平。欧洲的 8.2 亿居民中有 5.3 亿互联网用户，2.59 亿在线购物用户。电子商务为欧洲贡献了大约 5%的 GDP。从区域上看，欧洲地区已经成为全球最大的跨境电子商务市场。

在电子商务税收问题上，欧盟委员会在 1997 年 4 月发表了《欧洲电子商务动议》，认为修改现行税收法律和原则比开征新税和附加税更有实际意义。1997 年 7 月，在有 20 多个国家参加的欧洲电信部长级会议上通过了支持电子商务的宣言——《伯恩部长级会议宣言》。该宣言主张，官方应当尽量减少不必要的限制，帮助民间企业自主发展以促进互联网的商业竞争，扩大互联网的商业应用。该宣言规定不对国际互联网贸易征收关税和特别税，但对网上交易并不排除要征收商品税。这些文件初步阐明了欧盟为电子商务发展创建清晰与中性的税收环境的基本政策原则。1998 年，欧盟发布了《关于保护增值税收入和促进电子商务发展的报告》，开始对电子商务征收增值税，对于欧盟企业，无论其通过欧盟网站还是国外网站购入商品或劳务，一律征收 20%的增值税。非欧盟企业在向欧盟企业提供电子商务时，也需要缴纳增值税，而向欧盟个人消费者提供电子商务时则不用缴纳增值税。欧盟成为世界上第一个对电子商务征收增值税的地区。

1999 年，欧盟委员会公布网上交易的税收准则：不开征新税和附加税，努力使现行税特别是增值税更适应电子商务的发展。为此，欧盟加快了对增值税的改革。2000 年 6 月，欧盟委员会通过法案，规定对通过互联网提供软件、音乐、录像等数字产品的，应视为提供服务而不是销售商品，和目前的服务行业一样征收增值税。在增值税的管辖权方面，欧盟对提供数字化服务实行在消费地课征增值税的办法，也就是由作为消费者的企业在其所在国登记、申报并缴纳增值税。只有在供应商与消费者处于同一税收管辖权下时，才对供应商征收增值税。这可以有效防止企业在不征增值税的国家设立机构以避免缴税，从而堵塞征管漏洞。因个人无须进行增值税登记而无法实行消费地征收增值税，因而只能要求供应商进行登记和缴纳。为此，欧盟要求所有非欧盟国家数字化商品的供应商至少要在一个欧盟国家进行增值税登记，并就其提供给欧盟成员国消费者的服务缴纳增值税。

欧盟从 2003 年 7 月 1 日起施行欧盟电子商务增值税新指令，将电商纳入增值税征收范畴，包括网站提供、网站代管、软件下载更新以及其他内容的服务。增值税征收以商品的生产地或劳务的提供地作为判定来源地，并且对于电子商务收入来源于欧盟成员国的非欧盟企业，如果在欧盟境内未设立常设机构的，应在至少一个欧盟成员国注册登记，最终由注册国向来源国进行税款的移交。其中，德国对来自欧盟和非欧盟国家的入境邮包、快件执行不同的征税标准。除了药品、武器弹药等限制入境外，对欧盟内部大部分包裹进入德国境内免除进口关税。对来自欧盟以外国家的跨境电商商品，价值在 22 欧元以下的，免征进口增值税；价值在 22 欧元及以上的，一律征收 19%的进口增值税。商品价值在 150 欧元以下的，免征关税；商品价值在 150 欧元以上的，按照商品在海关关税目录中的税率征收关税。德国网上所购物品的价格已含增值税，一般商品的普通增值税为 19%，但图书的增值税仅为 7%。

欧盟电商征税历程见表 9-5。

表 9-5　　欧盟电商征税历程

时间	事件
1997 年 4 月	发表《欧洲电子商务动议》，认为修改现行税收法律和原则更有意义
1997 年 7 月	《伯恩部长级会议宣言》初步阐明欧盟为电子商务发展创建清晰与中性的税收环境的基本政策原则
1998 年	开始对电子商务征收增值税，对提供网上销售和服务的供应商征收增值税
1999 年	欧盟委员会公布网上交易的税收准则，不开征新税和附加税
2000 年 6 月	通过法案，规定对通过互联网提供软件、音乐、录像等数字产品的，应视为提供服务而不是销售商品，应征收增值税
2003 年 7 月	电子商务增值税新指令将电商纳入增值税征收范畴，包括网站提供、网站代管、软件下载等服务

在知识产权保护方面，针对跨境电商中行邮快递渠道通关的商品日益增多，侵权人大量选择通过旅客随时携带或分运行李或邮递快件等渠道化整为零地将侵权产品进行跨境运输与交付少量货运的情况，欧盟于 2013 年在《欧盟知识产权海关保护条例》中规定了对

假冒和盗版的少量货运采用“特殊销毁程序”，使海关有权以简单快捷的方式迅速销毁侵权货物。该特别程序是权利人在其边境保护申请中已提出总请求的条件下，允许各具体案件在没有权利人个案申请的情况下销毁涉嫌货物，并由权利人承担实施该程序所产生的费用。

案例　“洋码头”商品降价　售后退款遭拒

【案例】魏女士于2018年11月22日在“洋码头”店铺购买贝德玛粉水，因在未发货的状态下该商品在5小时内迅速降价，故魏女士退款重新购买，但商家拒绝退款。申请平台介入后，后台售后窗口被强制关闭，不予退款并强制发货交易。对此，“洋码头”表示，黑色星期五期间，买手推出了限时限量低价抢购的店铺促销，促销商品价格低于日常销售价。对于给用户造成的误解，买手已进行解释，并主动退还了差价，让用户以限时抢购的价格购买商品。

【点评】对此，电子商务研究中心法律权益部助理分析师蒙慧欣表示，消费者在购买商品后短时间内出现降价活动，平台商家应提供“保价”服务，给予消费者退还差价服务。

【适用法律】《中华人民共和国电子商务法》第三十四条规定，电子商务平台经营者修改平台服务协议和交易规则，应当在其首页显著位置公开征求意见，采取合理措施确保有关各方能够及时充分表达意见。修改内容应当至少在实施前七日予以公示。

平台内经营者不接受修改内容，要求退出平台的，电子商务平台经营者不得阻止，并按照修改前的服务协议和交易规则承担相关责任。

关键术语

知识产权保护　跨境电子商务监管　跨境电子商务监管相关法律法规

复习思考题

1. 我国跨境电商涉及的法律、法规、规范、文件包括哪几类?
2. 我国电子商务活动涉及的主要法律法规包括哪些方面?
3. 跨境电商监管相关法律法规主要包括哪些方面?
4. 查阅资料分析比较美国、日本、欧盟及中国在跨境电商法律法规方面的概况。

参考文献

1. 全球速卖通，百度百科.

2. 谷歌营销商学院. 世邦全球销量增加 20 倍，Google 如何帮助它大胆创新?. 雨果网，2019 - 08 - 29.

3. 敦煌网交易流程五步走. 敦煌网，2014 - 09 - 25.

4. kuka 亚马逊店群. 跨境电商亚马逊产品定价和成本计算方法解析!. 搜狐网，2019 - 05 - 17.

5. 跨运达物流. 亚马逊 FBA 卖家在跨境物流中遇到许多棘手的事!. 邦阅网，2019 - 08 - 30.

6. 徐文燕. 宁波推出全国首个跨境电商真品保险. 东南商报，2019 - 06 - 07.

7. i100ec. 跨境电商“刷单”第一案曝光！多位权威法律专家解读案例. 电子商务研究中心微信公众号，2018 - 05 - 14.

8. 亚马逊收款方式选择分析. 雨果网，2016 - 10 - 24.

9. 环球华品. 解读！千张图读懂——跨境电商进出口四类通关监管模式. 百度，2018 - 07 - 17.

10. 跨境电子商务海关监管，百度文库.

11. 宁波检验检疫局发布宁波跨境贸易电子商务检验检疫工作情况. 中国质量新闻网，2015 - 6 - 26.

12. 海关总署关税征管司、加贸司关于明确跨境电商进口商品完税价格有关问题的通知.

13. 国际商会. 国际贸易术语解释通则 2010. 北京：中国民主法制出版社，2011.

14. 常广庶. 跨境电子商务理论与实务. 北京：机械工业出版社，2018.

15. 柯丽敏，洪方仁. 跨境电商理论与实务. 北京：中国海关出版社，2016.

16. 阿里巴巴商学院. 跨境电商基础、策略与实战. 北京：电子工业出版社，2016.

17. 何叶. 国内外跨境电商运营模式和法律法规. 通信企业管理，2015 (11).

18. 张夏恒. 跨境电子商务法律借鉴与风险防范研究. 当代经济管理，2017 (03).

19. 董一臻. 跨境电子商务海关监管探究. 首都经贸大学硕士论文，2016.

20. 潘锦文. 跨境电子商务海关监管探讨. 商情，2017 (19).

21. 梁爽. 国际贸易保险. 大连：大连理工大学出版社，2013.

22. 柯丽敏，洪方仁. 跨境电商理论与实务. 北京：中国海关出版社，2016.
23. “E 揽全球”汇聚跨境电商保险服务，为企业出海拉起安全网. 杭州日报，2017-08-01.
24. 中国跨境电商行业发展十二大政策建议. 电子商务研究中心，2018-03-20.
25. 2017 年度中国跨境电商政策研究报告. 电子商务研究中心，2018-03-19.
26. 柯丽敏，王怀周. 跨境电商基础、策略与实战. 北京：电子工业出版社，2016.

教学支持说明

1. 教辅资源获取方式

为秉承中国人民大学出版社对教材类产品一贯的教学支持，我们将向采纳本书作为教材的教师免费提供丰富的教辅资源。您可直接到中国人民大学出版社官网的教师服务中心注册下载——http://www.crup.com.cn/Teacher。

如遇到注册、搜索等技术问题，可咨询网页右下角在线 QQ 客服，周一到周五工作时间有专人负责处理。

注册成为我社教师会员后，您可长期根据您所属的课程类别申请纸质样书、电子样书和教辅资源，自行完成免费下载。您也可登录我社官网的"教师服务中心"，我们经常举办赠送纸质样书、赠送电子样书、线上直播、资源下载、全国各专业培训及会议信息共享等网上教材进校园活动，期待您的积极参与！

2. 赠送"经管之家"论坛币

经管之家(http://www.jg.com.cn)于 2003 年成立，致力于推动经济学科的进步，传播优秀教育资源，做最好的经管教育。目前已经发展成国内最大的经济、管理、金融、统计类在线教育平台，也是国内最活跃和最具影响力的经济类网站。

为了更好地服务于教学一线的任课教师，凡使用中国人民大学出版社经济分社教材的教师，注册成为我社教师会员后，可填写以下信息调查表，发送电子邮件或者邮寄或者传真给我们，我们将会向您赠送经管之家论坛币 200 个。

教师信息表
姓名：
学校：
论坛 ID：
教授课程：
使用教材：
论坛识别码：pinggu _ com _ 1501511 _ 8899768

3. 高校教师可加入下述学科教师 QQ 交流群，获取更多教学服务

经济类教师交流群：140105952
财政金融教师交流群：一群：182073309（已满），或二群：766895628
国际贸易教师交流群：162921240
税收教师交流群：119667851

4. 购书联系方式

网上书店咨询电话：010—82501766
邮购咨询电话：010—62515351
团购咨询电话：010—62513136
中国人民大学出版社经济分社
地址：北京市海淀区中关村大街甲 59 号文化大厦 1506 室 100872
电话：010—62513572　010—62515803
传真：010—62514775
E—mail：jjfs@crup. com. cn